文明中国书典

人才中国

总主编 赵学文 曹韧 续小强

曹雨一 编著

山西出版传媒集团

山西教育出版社

图书在版编目（C I P）数据

人才中国/曹雨一编著. —太原：山西教育出版社，2012. 3
（文明中国书典/赵学文，曹韧，续小强主编）
ISBN 978-7-5440-4964-1
Ⅰ. ①人… Ⅱ. ①曹… Ⅲ. ①人物-生平事迹-中国-现代
Ⅳ. ①K820.7
中国版本图书馆 CIP 数据核字（2011）第 153294 号

人才中国
RENCAI ZHONGGUO

责任编辑 康 健
复 审 杨 文
终 审 刘立平
装帧设计 王耀斌
印装监制 贾永胜

出版发行 山西出版传媒集团·山西教育出版社
（太原市水西门街馒头巷7号 电话：4035711 邮编：030002）
印 装 山西新华印业有限公司
开 本 890×1240 1/32
印 张 9
字 数 237 千字
版 次 2012 年 3 月第 1 版 2012 年 3 月山西第 1 次印刷
印 数 1—5000 册
书 号 ISBN 978-7-5440-4964-1
定 价 18.00 元

为文明喝彩，为中国加油

五千年的中华文明，像一条奔腾不息的长河，汹涌澎湃。

五千年的华夏精神，像一片群星璀璨的夜空，平静安详。

我们的祖国，走过千年倥偬辉煌，历经百年屈辱阵痛，穿越共和国六十年沧桑巨变、三十载改革创新，抵达今天，走向明天。几多风霜雪雨，几多歌哭笑泪，从来不曾倒下，永远巍然屹立。——我们的祖国，何其壮哉！何其伟哉！

每一回首，都有不尽的留连；每一展望，都有无数的憧憬。

于是，就有了这套《文明中国书典》。

过去的祖国，龙章凤姿。四大发明书写精彩，圣贤伟人灿若星辰，文化典籍浩如烟海，传统美德源远流长。中华文化的博大和包容，绵长和柔韧，雕刻了自己独特的面孔和姿态——那些动人的传说，那些深邃的内涵，如何探寻，如何捕捉？

今天的祖国，万象更新。时代的列车高速前进，窗外的风景倏忽而过。太多的信息和热点在唇语间交汇，太多的观念和价值在头脑中碰撞，太多的期待和希望在闪亮的眼眸中迸射——那些日新月异的知识，那些温文尔雅的情怀， 如何知晓，如何拥有？

未来的神州，将走向哪里，这又是一个诱人的谜题。——那些远方的故事，那些未来的风流，那些人类的愿景，如何前瞻，如何预知？

亲爱的朋友，所有的答案，也许，都可以在这套书中寻觅呢！如果你愿意，请将其缓缓展开。

相信那一刻，五千年中华文明的蓝色火苗，会在你的心头悄然点燃。

为了这条长河，为了这片星空，为了将对民族崛起的信心和文明传承的信念传递给你——亲爱的读者朋友，打开这套百科全书式的图书吧，她是中华文明浓墨重彩的画卷，在那里，有锦绣河山、灿烂文化，有礼仪之邦、道德家园，有伟大历程、盛世美景……28册的书典，将向你展示美不胜收的景色。亲爱的读者朋友，畅游在“文明中国”的书海中，你会感到喜悦和自豪，会发出赞叹和微笑，

让我们一同——为文明喝彩，为中国加油！

目录

第一章　文史哲贤

第二章　数学智者

第三章　田园之神

第四章　生命天使

第五章　理化精英

第六章　军事号角

第七章　行业领军

第一章　文史哲贤

一、国学大师——季羡林

【光影星播客】

季羡林，中国著名文学家、语言学家、教育家和社会活动家、翻译家。精通12国语言，梵学、佛学、吐火罗文研究并举，中国文学、比较文学、文艺理论研究齐飞。他一生笔耕不辍，言有物，行有格。他把心汇入了传统，把心留在了东方。他是中国的“国学大师”“学界泰斗”“国宝”。

【成功语录】

◎你们的生命只有和民族的命运融合在一起才有价值，离开民族大业的个人追求，总是渺小的。

◎对待一切善良的人，不管是家属还是朋友，都应该有一个二字箴言：一曰真，二曰忍。真者，以真情实意相待，不允许弄虚作假；对待坏人，则另当别论。忍者，相互容忍也。

【生平回眸】

季羡林，1911年8月6日出生于山东省清平县康庄镇。7岁后，在山东省立第一师范学校附设新育小学读书。10岁开始学英文，高中开始学德文，并对外国文学产生兴趣。1930年，考入清华大学西洋文学系，专业方向德文。从师吴宓、叶公超学习东西诗比较、英文、梵文，并选修陈寅恪的佛经翻译文学、朱光潜的文艺心理学、俞平伯的唐宋诗词、朱自清的陶渊明诗。1935年9月，作为中德交换生到德国哥廷根大学读研。1936年，进入哥廷根大学梵文研究所主修印度学，学梵文、巴利文。1941年，获哥廷根大学哲学博士学位。后曾师从语言学家E.西克研究吐火罗语。1945年10月，经瑞士回国。1946年，被北京大学聘为东方语言文学系教授、系主任。1956年，任中国科学院哲学社会科学学部委员。1954年、1959年、1964年当选为第二、三、四届全国政协委员。并以中国文化使者的身份先后出访印度、缅甸、东德、前苏联、伊拉克、埃及、叙利亚等国家。“文化大革命”中受到“四人帮”及其爪牙的残酷迫害。1978年，继续担任北京大学东语系系主任，并被任命为北京大学副校长、北京大学南亚研究所所长。同年当选为第五届全国政协委员。1983年，当选为第六届全国人大常委。1988年，任中国文化书院院务委员会主席。2006年，被推选为“2006年度感动中国”人物。2009年7月11日8时50分因突发心脏病在北京301医院逝世。

【成功路上】

我是一个农民　我喜欢农民的淳朴

季羡林先生以其谦逊朴实的人格魅力，赢得世人仰慕。这样一位学贯中西的大师，始终以身为一个农民而自豪。他说：“我是农民出身，我并不是多么了不起的人，我是一个十分平常的人，从来没有什么大志。今天虽然做了一些事情，但离国家、离父老乡亲对我的期望还有很大距离，因此我感到很惭愧。”一代国学大师如此谦虚，不得不让人生敬。

季老对庄稼、对下雨有特殊的感情。每当看到遍野的庄稼，听到淅沥的雨声，心里就特别高兴，特别敞亮，他似乎触摸到了农村醇醇的民风。

在季老的生活中处处都透着农民的忠诚和淳朴。他做学问就像是农民耕作,一分耕耘换来一分收获。在“文化大革命”期间,他冒着危险翻译出印度史诗《罗摩衍那》,成为世界翻译史上的一件盛事。多年来的积累、学贯中西的文化素养让他厚积薄发,才思泉涌。年事虽高但笔耕不辍,他连续写出700多万字的著作,创造了学术界的奇迹。

在他的内心里,忠诚的分量很重很重。在他看来,中华民族有许多优秀之处,概括起来就是:忠诚。中华民族、中华文化的基础是忠诚。他把他一生的成就为归结“忠诚”二字:“我这一辈子忠诚于我们的祖国,忠诚于我们的山东,忠诚于家乡临清。”

在他的生活中没有大功告成的浮躁,他的骨子里始终透着农民的忠诚、憨厚和淳朴!

灵感源于勤奋

季羡林高中毕业后,到北平去考大学。当时考一个名牌大学十分困难,录取的比率很低。为了得到更多的录取机会,季羡林的八十多位同班毕业生,几乎每人都报了七八个大学。季羡林却只报了北大和清华,结果两个大学都考上了。经过一番深思熟虑,季羡林选了清华。

在清华的日子里,季羡林游走在各类学院之间,听各种各样的课。在所有的课程中,季羡林受益最大的是朱光潜先生的文艺心理学和陈寅恪先生的佛经翻译文学。这两门课对季羡林以后的发展有深远影响。或许他并不是未雨绸缪,他只是单纯地喜欢,但喜欢背后的坚持是需要汗水浇灌的。季羡林日后在比较文学、文艺理论以及佛教史、佛教梵语和中亚古代语言上的成就和这一阶段旁听经历是分不开的。

季羡林从清华毕业后,受母校山东济南高中校长宋还吾先生邀请回母校任国文教员。一年后,上天又赐给他一个良机,清华大学与德国签订了交换研究生的协定。季羡林报名应考,被录取。这一年的深秋,季羡林到了德国哥廷根大学,开始了国外的学习生活。在国外,季羡林还兼任哥廷根大学汉学系讲师。1946年回国后，季羡林一直在北京大学任教。

季羡林一生的经历似乎是顺风顺水，但机遇只垂青于有准备的人。季羡林的经验压缩成两个字就是“勤奋”。具体讲就是：争分夺秒，念念不忘。灵感这东西不能说没有，但是，它不是从天上掉下来的，而是出于勤奋。

淡泊一生　五十年旧雨衣仍在穿

季羡林的工资是北大教师中最高的，但他在生活上却向来没有太高的追求。对吃，一如既往，早晨是烤馒头片或面包，一杯清茶，一碟炒花生米。他有清晨早起的习惯，但从来不让家人或保姆陪他4点起床，为他做早饭。早餐是几十年的“一贯制”，从来不变化。午晚两餐，素菜为多，很少吃肉。饮食如此简单，他全家的伙食费不过500元。

至于穿，季羡林简直是个“清教徒”。他的衣服多是穿过十年八年或者更长时间的，有一件雨衣是他1946年从德国回到上海时买的，一直都在穿。有一天，一位专家说，你的这件雨衣，款式真时髦！他听后大惑不解。专家一解释，他才知道：原来50多年前流行的款式，经过了漫长的沧桑岁月，在不知经过多少变化之后，在螺旋式上升的规律指导下，现在又回到了50年前的款式。

季羡林的穿衣哲学是我行我素，就是这一身打扮，你爱看不看，反正不能让你指挥我。在穿衣方面，他是个完全自由自主的人，他的一身蓝色卡其布中山装，春、夏、秋、冬，永不变化。他的用品也是如此，只要能用，他决不丢弃，敝帚自珍是他的用物哲学。他的穿戴和用品，也正因为观看者的审美能力和审美标准不同，有了两种针锋相对的评论：赶潮流者说他是老古董、老保守、老顽固，而学者层却认为他是一个典型的儒者。儒雅的风度，从其学识和人品中来，而不是从其衣着中来。

季羡林消费哲学的核心是：如果一个人成天想吃想喝，仿佛人生的意义与价值就在于吃喝二字，他觉得无聊，“斯下矣”。他的潜意识永远是:食足以果腹,不就够了吗?衣足以蔽体而已,何必追求豪华。

【背后的故事】

国学泰斗　心念旧恩

季羡林是世界上极少数精通梵巴语、吐火罗语的学者之一,在世界上享有盛誉,在国内堪称"国学泰斗"。他虽然大半生都生活在外面的世界,但在内心深处对家乡永远保留着一份挥之不去的依恋。

季羡林对母亲怀有深切的思念,6岁离别母亲,8年后回家,母亲已离开人世,从此再无缘相见。在一篇散文中,他引用"子欲孝而亲不在",表达了缠绕自己终生的切肤之痛。而对家乡,季羡林先生的眷恋之情也溢于言表。他深情地回忆说:"早年我考上清华,家庭很困难,清平县每年给考上大学的学生补助150元钱。没有那150元,我很难上完清华。对家乡我永远心存感激。"

投之以桃,报之以李。多年来,季先生心系故土,为家乡孩子捐赠了数千册图书,并设立了奖学金,奖励优秀教师和学生,盼望家乡多出人才。季羡林面对淳朴的农家孩子一口一个"老爷爷"、"太爷爷",那一刻,他的眼眶里充满了泪水。

二、中国学者的典范——任继愈

【光影星播客】

任继愈，著名哲学家、宗教学家、历史学家，曾任国家图书馆名誉馆长。他一生致力于总结中国古代精神遗产，领导了大规模的中国传统文化资料的整理工作。他把传统贤人的风范转化为新时代知识分子的情操，把传统道德的忠孝转化为对国家和人民的忠诚。堪称“中国学者的典范”。

【成功语录】

◎年轻人要有一点理想，甚至有一点幻想都不怕，不要太现实了，一个青年太现实了，没有出息。只顾眼前，缺乏理想，就没有发展前途……不考虑工作性质，缺乏敬业精神，这很不好。小到个人，大到国家，都要有远大理想。

◎有效的生命方能使人幸福。

【生平回眸】

任继愈，字又之，1916年4月15日出生于山东省平原县。1934年考入北京大学哲学系，1938年毕业。1939年考取西南联大北京大学文科研究所第一批研究生，攻读中国哲学史和佛教史。1941年毕业，获硕士学位。1942~1964年在北京大学哲学系任教，先后在北京大学讲授中国哲学史、宋明理学、中国哲学问题、朱子哲学、华严宗研究、佛教著作选读、隋唐佛教和逻辑学等课程。1955~1966年担任《北京大学学报》人文科学版编辑。1956年加入中国共产党。1956年起兼任中国科学院哲学研究所研究员，为新中国培养了第一批副博士研究生。1964年负责筹建国家第一个宗教研究机构——中国社会科学院世界宗教研究所，任所长。1978年起招收宗教学硕士生、博士生，为国家培养大批宗教学研究人才。1987年至2005年1月任国家图书馆馆长，并先后当选为第四、五、六、七、八届全国人大代表。1999年当选为国际欧亚科学院院士。1991年6月他和其他150余名与会专家共同揭开了关于孙子故里的千古之谜。2009年7月11日4时30分因病医治无效，在北京医院逝世，享年93岁。

【成功路上】

认真潜学　默默报国

任继愈小学就读于山东济南的省立第一模范小学（现大明湖小学）。在那里，曹景黄先生为他打下了古汉语的基础。到了中学，他遇到了几位对他的国文功底产生深远影响的老师：任今才、刘伯敭、张希之。在他们的影响下，任继愈开始阅读胡适、梁启超、冯友兰等人的著作，接受更深层次的思想启蒙。中学自由的学习风气，给任继愈提供了充分的自主空间。每次考完试后，他总要检查错在哪里，就像下围棋复盘一样，这成为他求学生涯中始终坚持的习惯，认真仔细的态度让他的学习成绩越来越优秀。

1934年，任继愈考入北京大学哲学系，学习西方哲学。1937年，“七七”事变爆发，北京大学、清华大学和南开大学先后迁往湖南长沙和云南昆明，成立西南联大。时在北大哲学系读书的任继愈报名参加了由长沙出发步行到昆明的“湘黔滇旅行团”。经过了体检、写志愿书、打防疫针等一系列程序之后，200多名师生开始了这次“小长征”。

行程1400多里，历时60余天，任继愈在这次特殊的旅途中充分接触到了社会最底层的普通民众。国难当头，生活于困顿之中的民众却能舍生取义，拼死抗敌，这种淳朴执著的精神让他深受震撼。他于危难中看到了中华民族不屈的精神。从那时开始，他坚定了自己的人生理想和学术追求。

任继愈将自己的研究方向从西洋哲学转向了中国传统文化与传统哲学。在西南联大浓厚的学术氛围中，他静心研究，为日后的学术研究打下了良好的基础。他还将自己的书房命名为“潜斋”，意思是要以打持久战的抗战精神，潜下心来研究中国的传统文化。他坚信，这其中一定有他想要找寻的答案。

不图虚名　事必躬亲

1987年，任继愈出任中国国家图书馆馆长，他将传播知识和文明视为一位严肃知识分子的最高使命。作为一名德高望重的资深学者，他是图书馆界的一面旗帜。然而在任继愈看来，一切荣誉，一切光环都不足挂齿，他始终都把自己当成一个最平常、普通的人。

他谦逊、和蔼，采取平等的态度来研讨，跟学生在一起也特别随和，从来不强迫别人接受他的观点。他乐观、温逊，他始终认为：有效的生命方能使人幸福。

他以一种服务大众的心态管理国家的书城。为了给读者讲得清楚明白，他坚持从高高的书架上取下一部部厚厚的“砖头”，然后站在读者身边一一指点。他关心青年，乐意为青年服务。

文化建设，首先要有文化的积累。任继愈把总结中国古代精神遗产作为自己一生的追求和使命。中国的历史文化从古至今绵延不绝，他执著辛勤地致力于“前人栽树，后人乘凉”的古籍资料整理工作。从做选题到写提纲，从研究到句读点校，他总是亲力亲为，不做“挂名主编”。

【背后的故事】

“文化大革命”坎坷路　执著研究不辍

20世纪60年代，当时有着500人的北大哲学系除了任继愈从事佛教研究外，从福音书到基督教都没有人研究。根据毛泽东的批示，任继愈于1964年受命组建中国社会科学院世界宗教研究所，此后担任该所所长达20余年。但是在“文化大革命”期间，他于1970年被送往河南信阳干校接受“教育”，由于劳累过度和所处环境光线太暗，他的右眼患了严重的眼疾，以致失明；左眼视力也受到了损害。

任继愈回京后，世界宗教研究所恢复建制。他似乎忘却了过往的不幸，又一心扑在了哲学研究上。他始终有一种紧迫感，要寻找中华民族的民族精神，重塑国人的民族性格。从20世纪80年代起，他重新提出“儒教说”。他撰写了出一篇篇重要论文，出版了一系列学术专著。

耄耋之年他依然不得清闲，孜孜不倦地从事《中华大藏经》、《中华大典》两部鸿篇巨制的总编纂工作。尽管他的右眼20多年前就已失明，左眼视力也只有0.6左右，但他依然是每天早晨4点起床，一直工作到8点。

他滤去了苦难，他保持着乐观，他用一生构建着中华民族的精神家园。

三、中国的文化昆仑——钱钟书

【光影星播客】

钱钟书，中国现代著名作家、文学研究家。他博学多能，兼通数种外语，学贯中西，在文学创作和学术研究两方面均做出了卓越成绩。他毕生致力于确定中国文学艺术在世界文学艺术宫殿中的适当位置，从而促使中国文学艺术走向世界，加入到世界文学艺术的总格局中去。他淡泊名利，甘愿寂寞，辛勤研究，饮誉海内外，为国家和民族做出了杰出贡献；他培养了几代学人，是中国的宝贵财富，被誉为“文化昆仑”。

【经典名言】

◎围在城里的人想逃出来，城外的人想冲进去，对婚姻也罢，职业也罢，人生的愿望大都如此。

【生平回眸】

钱钟书，字默存，号槐聚，曾用笔名中书君等，1910年出生于江苏无锡。钱钟书出生于诗书世家，自幼受到传统经史方面的教育，6岁在亲戚家的私塾附学，13岁考入美国圣公会办的苏州桃坞中学，19岁被清华大学破格录取，就读于外文系。大学期间，因出众的才华受到罗家伦、吴宓、叶公超等人的欣赏，被看做特殊的学生。1933年从清华大学外国语文系毕业，任教于上海光华大学。1935年以第一名的成绩考取英国庚子赔款公费留学生，赴英国牛津大学埃克塞特学院英文系留学。1937年以《十七十八世纪英国文学中的中国》一文获B.litt学位。1938年秋回国，同年被清华大学破例聘为教授，次年赴国立蓝田师范学院任英文系主任，并开始了《谈艺录》的创作。抗战结束后，其短篇小说《人兽鬼》、长篇小说《围城》、诗文评《谈艺录》相继出版。1949年回清华任教，1953年调到文学研究所，其间完成《宋诗选注》，并参加了毛选翻译工作和《唐诗选》、《中国文学史》（唐宋部分）的编写工作。1966年“文化大革命”爆发，被“揪出”作为“资产阶级学术权威”，经受了打击折磨。1969年11月作为“先遣队”去河南省罗山县的“五七”参加劳动改造干校，在那里一度做信件收发工作。1972年3月回京，开始写作《管锥编》。1983年主持中美比较文学双边讨论会，作品《人兽鬼》和《写在人生边上》被列入“上海抗战时期文学丛书”。1998年12月19日因病在北京逝世，享年88岁。

【成功路上】

弯曲学前路　勤俭上学时

钱钟书的一生似乎冥冥中就和做学问有关。按照他们家乡的习俗，刚满周岁的孩子要“抓周”，钱钟书抓到了一本书，因而得名钟书。然而，他的启蒙求学之路并不顺利，走过弯路也犯过错误。或许就是骨子里对知识的那种钟爱，让他继续走了下去，直至走上了阳关大道。

因为伯父没有儿子，按照惯例，钱钟书一生下来就过继给了伯父。钟书4岁，伯父教他认字。6岁，被送入秦氏小学，不到半年，因为一场病，伯父让他待在家不再上学。后来进入私塾，伯父又嫌不方便，干脆自己教钟书。经常，上午伯父出去喝茶，给一个铜板让他去买酥饼吃，给两个铜板让他去看小人书。钱钟书经常跟伯父去伯母娘家，那儿有一个大庄园，钟书贪玩，耽误功课。伯母娘家人都抽大烟，总是半夜吃夜餐，生活无规律。每次回来，父亲见钱钟书染上许多坏毛病，总会责备大骂。钱钟书11岁，考取东林小学，而伯父不久也去世了。尽管父亲负责他的学杂费，但其他开支无法弥补。没有作业本，他就用伯父曾钉起的旧本子;笔尖断了,他就把竹筷削尖替用。14岁他考上了桃坞中学,父亲当时在清华大学任教,对他的作文始终不满意,从此他更加用功读书,阅读了大量书籍,渐渐地他可以代父亲写信、写诗,父亲的脸上也终于露出了笑容。

钟情于书　勤奋造就天才

面对钱钟书的《管锥编》,人们总会惊叹:“其内容之渊博,思路之开阔,联想之活泼,想象之奇特,实属罕见。一个人的大脑怎么可能记得古今中外如此浩瀚的内容?一个人的大脑怎么可能将中西文化如此挥洒自如地连接和打通?”

从钱钟书的散文到短篇小说,再到学术巨著,无不体现他独到的见解和高人一筹的眼光。他的睿智并非与生俱来,而是他的勤奋造就的。他的成就再一次雄辩地证明:唯有勤奋,才是真正成就天才的必要条件。

钱钟书嗜书如命,他总是想方设法,尽量广泛地汲取世界人文学术的前沿知识,用以激发和培植自己独立创新的能力。他足不出户,潜心读书研究,不拜客访友,客来常以病谢,积函多不作复。他惜时如金,不借口舌而扬名,不浪掷光阴于交游。他甘于寂寞,不求闻达。文学研究所图书馆馆藏线装书十分丰富,许多线装书的借阅卡上只有钱钟书一个人的名字。每次进入线装书库,钱钟书总拿着铅笔和笔记本,不断地翻检书籍,不断地抄录、做笔记,常常不知不觉就过了半天。他精读的每一部书都要反复批点,有的连页边都写满了,再也找不到一点空地方。在河南的“五七”干校时无书可读,他就反复地读随身所带的字典和笔记本。在学术事业上,钱钟书严肃认真、兢兢业业,他的书几乎没有一部在重印或再版时不作大大小小修改的。

历经风雨　爱国情怀终生不悔

钱钟书谙熟西方文化,但从不以此为傲;虽曾负笈西方,身上却不曾沾染半点洋博士的臭味;洋文读得滚瓜烂熟,血管里流的则全是中国学者的血液。他娓娓的叙述,激情的篇章,字里行间中处处渗透深深的爱国情感。

1938年，他留学生活结束，当时像他这样杰出的人才在英、法找个收入丰厚的工作是轻而易举的事。但是那时祖国正处在日寇侵略的水深火热之中，他怀着"相传复楚能三户，倘及平吴不廿年"(《槐聚诗存·巴黎归国》)的赤诚的爱国之心，毅然地回到了"忧天将压、避地无之""国破堪依、家亡靡噬"(《谈艺录》)的故国。新中国成立前夕，有人流亡国外，可是钱钟书执意留在祖国。"文化大革命"中，钱钟书受到冲击并被下放到"五七"干校劳动。有人曾问钱钟书悔不悔当初留下不走，钱钟书毫不犹疑地回答："时光倒流，我还是照老样！"他对祖国、对中国传统文化有着无限的深沉的热爱，不管国家怎样贫困落后，不管前进的道路上有多少曲折，也不管自己受到过多么不公正的对待，他都不更改自己的选择，无怨无悔。几十年来，他同共和国一起，历经风风雨雨，共渡艰难险阻，也共同分享收获与成功。他用满腹才华和生花妙笔为国家和人民提供着最好的精神产品，也为世界的知识宝库积累着财富。

【背后的故事】

他是"狂人"　但他谦虚而谨慎

钱钟书是中国现代文学史上两个"狂人"之一，他的狂，狂在才气，狂得汪洋恣肆，颇类古代庄生。他说话刻薄却俏皮，他批评同学、友人，他也批评师长、前辈。上大学时他就挑剔博学的父亲的学问，断定父亲的学问"还不完备"。大学快毕业时，清华挽留他继续攻读西洋文学研究硕士学位，他却说："整个清华，没有一个教授有资格充当钱某人的导师！"其狂如此！

其实，人们忽视了钱钟书性格中很重要的另一面，那就是谦虚、谨慎。他对自己要求很高、很严格，尤其在学问上，他不以自己的博学才华而故步自封、沾沾自喜。他的《谈艺录》、《管锥编》、《围城》，在学术界都得到了极高的评价，可谓尽善尽美了，但他并不满意，更不引以为傲。他说他对《谈艺录》"壮悔滋深"，对《围城》"不很满意"，对《宋诗选注》"实在很不满意，想付之一炬"，因此他对这些著作不厌其烦地修正、补订，不断自我完善。他对自己著作中每个字句，每一条中外引文都要逐条查找核对，从不轻易放过，因此人们戏称他为"文正公"，他却自谦为"文改公"。晚年，他立论愈加谨严，愈加认真。成果越大，他显得越是谦虚。

他是"狂人"，他的"狂"里注满了狷介。他淡泊、磊落，有着文人特有的可贵精神和品格。

四、敦煌的女儿——樊锦诗

【光影星播客】

樊锦诗，敦煌文物研究院院长。她放弃繁华优越的大都市，选择了千里之外的西部小需——甘肃敦煌。樊锦诗潜心于石窟考古、石窟科学保护和管理工作，40年的坚持，从前的青春少女如今已是满头银丝。她顶住各种压力，大胆构想"数字敦煌"；她用生命守护着中国的传统老文化；她用智慧展示了敦煌的魅力；她是"敦煌的女儿"。

【生平回眸】

樊锦诗，1938年7月出生于北京。1963年毕业于北京大学历史系考古学专业，同年9月到敦煌文物研究所工作，1977年任副所长，1984年8月任敦煌研究院副院长，1995年为兰州大学兼职教授，1998年为兰州大学敦煌学专业博士生导师，1999年被聘为教育部人文、社会科学重点研究基地兰州大学敦煌研究所名誉所长、学术委员会副主任，兼任中国敦煌吐鲁番学会副会长。1998年4月出任敦煌研究院院长，她带领科研人员初步形成了石窟科学保护的理论与方法。之后她提出利用计算机技术实现敦煌壁画、彩塑艺术永久保存的构想，用多媒体及智能技术把敦煌莫高窟展现在人们面前。从20世纪世纪80年代中期开始，她积极谋求敦煌石窟保护研究工作的国际合作，实现了敦煌石窟的保护研究与国际接轨。1985年获全国优秀边陲儿女银质奖章，1987年被选为中国共产党第十三次全国代表大会代表，1991年获全国文化系统先进工作者称号，1993年起任全国政协第八、九、十届委员，2005年被国务院授予"全国先进工作者"荣誉称号。

【成功路上】

理想和现实的距离

像每个年轻人一样，樊锦诗对人生充满幻想，伴着年轻的炽热，抱着美好的理想，她来到了敦煌。

想象中的敦煌与现实截然相反。莫高窟的洞穴的确很美，但上洞却没有梯子，只能把一个树干中间打成洞，穿过一根杆子，人踩着这种像蜈蚣样子的简易而原始的工具爬上去。洞里很暗，早上有点光线，晚上则是一片漆黑。敦煌外的世界已是灯火盏盏，但在敦煌他们却要用手电筒的光线照亮漆黑洞中的壁画，用这种有限的光亮进行研究。这里的生活条件很差，营养跟不上，没有糖，没有蔬菜，更见不到水果。水很硬，人喝过之后会很不舒服，肚子总是"咕噜咕噜"作响，这种水连头发也洗不干净，水土不服让人很不适应。

黄土高原上尘土飞扬的昏黄天幕，身形小巧的樊锦诗，古老而高大的莫高窟，这个画面整整在敦煌出现了四十多个年头。樊锦诗，这个有着绸缎一样柔软名字的江南女子把根扎在了大西北的黄土高原。理想与现实的距离在樊锦诗心里点点消磨，保留下来的是她对敦煌执著的守望。

未雨绸缪　打造数字敦煌

由于莫高窟深处黄土高原，特殊的自然环境几乎让所有的洞窟都不同程度地存在着病害。1998年左右，全国掀起“打造跨地区旅游上市公司”热潮，有关部门要将莫高窟捆绑上市。当时樊锦诗坚决不同意，她觉得自己有责任保护好祖先的遗产，“如果莫高窟被破坏了，那我就是历史的罪人”。

面对敦煌旅游开发的热潮，樊锦诗非常矛盾：敦煌作为世界独一无二的遗产，应该展示给公众。可是这些洞窟还经得起过多的参观吗？为了保护莫高窟文物和缓解游客过多给壁画、彩塑带来的影响，她带领敦煌研究院的同事们筹建了莫高窟游客服务中心，以让游客在未进入洞窟之前，先通过影视画面、虚拟漫游、文物展示等，全面了解敦煌莫高窟的人文风貌、历史背景、洞窟构成等，然后再由专业导游带入洞窟做进一步的实地参观。这样做不仅让游客在较短的时间内了解到更多、更详细的文化信息，而且极大地缓解了游客过分集中给莫高窟保护带来的巨大压力。

樊锦诗提出建设“数字敦煌”的构想，将洞窟、壁画、彩塑及与敦煌相关的一切文物加工成高智能数字图像，同时也将分散在世界各地的敦煌文献、研究成果以及相关资料汇集成电子档案。在她看来，敦煌的壁画文物不可再生，也不能永生。于是她未雨绸缪，用“数字化”永久地保存敦煌信息，让后人也能一睹敦煌的风采。

【背后的故事】

女人泪

别人都觉得樊锦诗是个坚强的女人，能孤独守望着茫茫大漠中的莫高窟。可她毕竟是个女人，她是女儿，她是妻子，她是母亲。为了工作她经常不回家，她对家庭、孩子、丈夫，未尽到一个女人应尽的责任。思念和愧疚让她的内心备受煎熬，她落泪了。

当年实习结束后，她拖着虚弱的身体回到北京，父母非常心疼。

在毕业分配的时候，她父亲为此还专门给学校写了一封信，但是这封信最后被樊锦诗扣了下来，她铁了心要去守着敦煌。但当樊锦诗真正住进莫高窟旁边的破庙之后，她有点傻眼了。那时候，敦煌保护研究所只有一部手摇电话，通讯困难。晚上只能用蜡烛或手电筒照明，上趟厕所都要跑好远的路。半夜里，房梁上的老鼠“吱吱”叫着掉在被子上，她因为水土不服她整天病恹恹的。樊锦诗望着透过窗纸的月光，还是掉了泪。她想念父母，想念安逸的家。

1967年，樊锦诗与同学彭金章结合，不久他们有了两个孩子。但彭金章在武汉大学工作，而樊锦诗在敦煌工作。一家人常常分作三处或是四处，孩子要么在上海，要么在老家，要么跟着父亲或者母亲。女人柔弱的心再怎么坚强终是会被这种种情感牵扯，樊锦诗一度思想摇摆不定，为了孩子，为了家庭，她似乎必须离开敦煌，和家人生活在一起。但对于敦煌，她难以割舍，她选择留在敦煌，敦煌的美丽把她紧紧系在这里。

黄沙漫漫，她踽踽行走在风沙间，她心里藏着亲情，藏着爱情，但更载着敦煌情。她用女性特有的情感历程，诠释了舍小家为大家的别样含义。

五、中国现代考古学的奠基人——夏鼐

【光影星播客】

夏鼐，考古学家、社会活动家，中科院院士。他是新中国考古工作的主要指导者和组织者，主持并参加了河南辉县商代遗址、北京明定陵、长沙马王堆汉墓的挖掘工作。他对中国各地新石器时代文化的年代序列作了全面研究，创造性地利用考古学的资料和方法阐明中国古代在科技方面的卓越成就，并对当时中西交通的路线提出创见。夏鼐是一位学识渊博、视野广阔、治学严谨的考古学家，他是中国现代考古学的奠基人之一。

【生平回眸】

夏鼐，1910年2月7日出生于浙江温州。1934年清华大学历史系毕业，获文学学士学位。1935年春，夏鼐在河南安阳参加殷墟发掘，同年到英国伦敦大学留学，获埃及考古学博士学位。1941年回国，曾任北京大学教授、中央研究院历史语言研究所研究员。新中国成立后，历任中国科学院考古研究所所长、中国科学院哲学社会科学部委员、国务院学位委员会委员、国家文物委员会主任委员、中国考古学会理事长、中国社会科学院副院长兼考古研究所名誉所长等职。1944年开始在甘肃省敦煌、宁定、民勤、武威、临洮、兰州各地对新石器时代、青铜时代、汉代至唐代的遗址和墓葬进行为期一年的调查发掘。1945年，他通过甘肃阳洼湾齐家文化墓葬的发掘，第一次从地层学上确认仰韶文化的年代早于齐家文化，纠正了原来关于甘肃远古文化分期问题的错误判断。1951年秋在湖南长沙领导战国和汉代墓葬的发掘。1956~1958年在北京昌平主持明代定陵的发掘。1959年起，被选为第二至第六届全国人民代表大会代表。1974~1985年，先后被选为英国学术院通讯院士、德意志考古研究所通讯院士、瑞典皇家文学历史考古科学院外籍院士、美国全国科学院外籍院士、第三世界科学院院士、意大利中东远东研究所通讯院士等。

【成功路上】

在考古的春天里尽心地付出

1949年新中国成立后，中国的文物考古事业迎来了春天。当时专业考古人员奇缺，作为既具有国外系统理论知识，又具备野外实践经验的宝贵人才，夏鼐先生挑起了指导、组织新中国考古事业的重任。他在这个自己热爱的领域里如春蚕一样静静地吐着蚕丝。仅仅一年的时间，1950年在河南辉县主持战国时代车马坑发掘时，他成功剔出19辆大型木车的遗存，第一次展示了新中国田野考古的水平。夏鼐创造性地运用考古学方法和资料，精辟阐明了中国古代在天文、数学、纺织、冶金、化学等科技领域的成就。这些成就推动了世界文明，在世界考古界影响很大，但他永不止步。当他了解到“碳14测年法”在测定古代遗物年代上的利用价值后，就马上着手筹建我国第一所碳14实验室。在他的倡导下，一所具备当时国际领先水平的碳14实验室在20世纪上世纪60年代的中国建成，为中国考古学研究带来了质的飞跃，具有革命性的深远影响。“文化大革命”期间，他身处逆境，但依然顶住压力，排除干扰，主持了马王堆二、三号汉墓的发掘。

拳拳故园情

“直道世人男子业，异乡加饭兄弟心。”夏鼐在家乡的时间并不多，但他对自己根之所系、情之所寄的故乡的爱恋一分不减。不管走到哪里，他永远牵挂着那一方热土，永远对故乡充满深情。

1942年，久离故乡的夏鼐回家挥亲，不料正值日寇发动了“浙赣战役”，温州第二次沦陷，他不得不在温州郊外双屿山的岳母家中避难。一天，日寇先头部队经过双屿山，挨家挨户地搜刮掠夺。夏鼐忍无可忍，挺身而出，仗义执言，激怒了日寇。日寇恼羞成怒之下，目露凶光，拔出刀来。夏鼐见势头不对，躲进周围密密的橘林中，才逃过了此劫。但家中木箱上那一道深深的刀痕，却永远记录下这惊心动魄的一幕。抗战结束后，为了准确掌握温州周边文物的分布情况，他在1947年第二次返乡，不辞辛劳地前往旸岙寻觅义冢碑碣，并登上西山勘察了唐宋西山窑址群。在实地踏访海坛山麓时，他发现了北宋元丰三年海神庙石碑，并对残断石碑进行了拼合，填补了温州宋代台风灾害的史料空白。新中国成立后，他举家迁往北京，但仍在工作之余关心乡邦的史料收集。1956年，夏鼐再次回到温州，为文物管理协会鉴定一批文物，并将自己收藏的汉至清的百余枚古钱币和手书《温州先哲著述见存书目》全部捐献给了温州文管会。

夏鼎的故乡情含蓄而婉转，没有赤裸裸的金钱，没有违心的赞美，他的情全部承载在对故乡考古事业的关注和付出中。

【背后的故事】

夯实基础　做有准备的人

夏鼐是新中国考古事业的领军人物，他为建立黄河流域有关新石器时代的年代序列打下了基础。他的考古发掘扩大了人们对商文化的认识，奠定了研究楚文化的基础。他的研究硕果，得到了世人的称赞，但荣誉的背后是他夯实的基础和所做的充分的准备。

夏鼐治学严谨。他广读书，读群书，不仅具有扎实的自然科学和技术科学知识，而且还通晓中国传统的文史学、金石学。他深入实践，熟练掌握现代考古学的理论、方法和技术。他好动脑，总是把各方面知识紧密地结合起来，创造性地思考问题。他夯实自己的外语水平，以让自己能与国外著名学者保持联系，通晓国际学术界的研究成果和各种动态。

夏鼐刻苦的学习坚固了自己，他的努力成就了他，也推动了中国的考古事业。

【信息链接】

1.夏鼐设立奖项

设立时间：1985年；设立意义：用于奖励对中国考古学作出突出成绩的中国境内的中国籍学者，以推动中国考古学研究和考古学事业的发展。

2.夏鼐故居

故居建于19世纪下半叶，位于温州市鹿城区仓桥街130号。占地约500平方米，为坐北朝南的五间两进建筑，前进为五间门厅式平房，后进为五间楼房。后进南面两侧各有三间厢楼，北面两侧各有单间厢楼。门厅前为石板道，东西各有砖砌门台。夏鼐出生于此，结婚时住在后进楼下东正间。

六、蜚声国际的汉学泰斗——饶宗颐

【光影星播客】

饶宗颐，我国当代著名的历史学家、考古学家、文学家、经学家、教育家和书画家，是集学术、艺术于一身的大学者，又是杰出的翻译家。他长期致力于学术研究，涉及文、史、哲、艺各个领域。他精通诗、书、画、乐，造诣高深，学贯中西，著作等身，硕果累累。他是“潮学”的倡导者和奠基人，为潮汕文化的发展和进步作出了不可磨灭的贡献。他是蜚声国际的国学大师、汉学家，在中国研究、东方学及艺术文化多方面成就非凡。学术界称他为“国际瞩目的汉学泰斗”“整个亚洲文化的骄傲”。

【生平回眸】

饶宗颐，字固庵，号选堂，1917年8月9日出生于广东潮州市潮安县。他幼耽文艺，18岁续成其父所著《潮州艺文志》，刊于《岭南学报》。1929年从金陵杨栻习书画。1930年以优异成绩入省立金山中学。1949年移居香港，任教香港大学，并先后在印度班达伽东方研究所、新加坡大学、美国耶鲁大学、法国高等研究院工作。1973年任香港中文大学讲座教授及系主任。1962年获法国汉学儒莲奖，1982年获香港大学颁授荣誉文学博士，后任香港中文大学艺术系荣誉讲座教授。1993年接受巴黎索邦高等研究院颁予的人文科学博士学衔和法国文化部颁授的文化艺术勋章，同年被上海复旦大学聘为顾问教授。1994~2009年先后被北京广播学院、南京大学、首都师范大学、武汉大学、东北师范大学聘为名誉教授。1999年获香港公开大学荣誉人文科学博士。

2000年获香港特区政府“大紫荆勋章”。国家文物局及甘肃省人民政府颁发其“敦煌文物保护研究特殊贡献奖”，并受聘为北京大学古代文明研究中心顾问及北京大学客座教授。饶宗颐学术范围广博，甲骨文、敦煌学、古文字、上古史、近东古史、艺术史、音乐、词学等，均有专著。艺术方面于绘画、书法造诣尤深。绘画方面，擅山水画；书法方面，植根于文字，自成一格。

【成功路上】

苦为行僧只为求知

饶宗颐刚上小学时，在回家路上的街角有一位画师在画白描，小小的他很是好奇、羡慕。每天回家途经都要站在一旁看好长时间，看得入神。久而久之，画师被这个小童感动了。有一天，画师对小宗颐说：“来来来，我教你。”从那时起，他就学着用白描的手法画起佛像来。因此他自幼与佛结缘，同时也与佛学、学问结缘。他选择了做学问，其钻研精神有如苦行僧。为了研究一门学问，他可以跋山涉水，到发源地考察。为了研究敦煌艺术，他多次往返莫高窟；为解读敦煌乐谱，他刻苦学习古琴；为解决问题，他冥思苦想，饭不进、茶不思、觉不睡。他对很多学问都有兴趣，为了外国古代的一些问题，他会穷追不舍，专门学习他们的语言，甚至用上几十年去找答案。“为了他饥渴的知识，他苦苦求索，其中艰辛与曲折、苦闷与快乐，唯他知也。

对知识的渴望让他不畏艰苦，让他执著、疯狂。恒心、凝志、思辨、博览、实证是他成功的代名词。

根植中华文化

饶宗颐深植中华文化的沃土，从世界人类文化的高度审视本民族文化及其与各民族文化的关系。他学兼中西，知古而不泥古。他标新立异，超越民族文化的局限，跳出中国看中国，而这种超越建立在他对自己民族文化的深入了解。他以自己的中华文化之心去深刻理解和感受各民族不同文化的差异。他认为要在文化研究领域看得远，就要站得高，在面对各国文化时能有一个正确的站位，植根于本位文化，更要高于本位文化。“国学”就是本国的文化，每个国家都有本国的文化，把中华文化称为“国学”放到世界上就不通了，就没有标记意义了，因此称“汉学”或“华学”更准确。

饶宗颐重视“国本”，又能会通古今，学兼中西。他治学所涉及的时代，从上古史前到明清，几乎没有一个时代是“交白卷”的。他通晓普通话及闽、粤等多种方言和英、法、日、德、印度等外国语言文字，对古梵文、古巴比伦楔形文字也颇有研究。他史识广博，了解西方和东方一些国家的历史文化，能在古今中外文化的交会比照中，互动认知，不断发现，提出和解答中国历史文化的新问题，想他人所未想，道他人所未道。

不亦步亦趋　用心诠释

饶宗颐幼年跟随金陵杨栻先生学画，杨先生收藏有很多古代名画，但对古画的学习，饶宗颐不是亦步亦趋地照摹原作，而是在其中掺和了自己对古人作品的独特理解与体会。从古人处下工夫，更从造化处得事物的精神。他知道没有深厚根基，翻新花样只是过眼云烟。他在学术、艺术交流或研究过程中，游历亚、欧、北美、澳洲诸地，所见所闻或发于诗词吟咏，或信笔作画。他在巴黎观摩研究伯希和昔日从敦煌运走的经卷，从中发现了卷背及卷尾唐人所绘白描画稿；又数度亲往考察敦煌、榆林壁画及楼兰、吐鲁番等地木简。

他的作品蕴含着他的人格、学问、胸襟和气魄。半世纪的磨炼，饶宗颐师古人、师造化、得心源，在画中他诠释着自己的心灵理解。他的学养、性情及人生观圆通无碍地融在画中。

【背后的故事】

心系灾区，寿礼捐舟曲

2010年8月8日，甘肃省舟曲县发生特大泥石流灾害，造成严重人员伤亡和财产损失。而这一天也是饶宗颐95岁生日，来自中国内地和香港、台湾、澳门地区的500多名学者及日本、法国等国的学者，在敦煌莫高窟为饶宗颐庆贺生日。在敦煌的饶宗颐得知舟曲发生特大泥石流灾害后，当即决定将160万的寿礼捐赠灾区。

【信息链接】

饶宗颐学术馆：

“饶宗颐学术馆”在潮州古城区的下水门城脚，有“翰墨书香”的美誉。2003年，香港大学饶宗颐学术馆落成。

七、中国现代最负盛名的历史学家——陈寅恪

【光影星播客】

陈寅恪，中国历史学家、古典文学研究家、语言学家。他治学面广，宗教、历史、语言、人类学、校勘学等方面均有独到的研究和著述。长期致力于教学和史学研究工作，治学严肃认真。实事求是，为人们开拓了历史的视野，对我国史学研究作出了贡献。

【成功语录】

◎独立之精神，自由之思想。

【生平回眸】

陈寅恪，1890年7月3日出生于湖南长沙，1902年随兄衡恪东渡日本，入日本巢鸭弘文学院。1905年因足疾辍学回国，后就读于上海吴淞复旦公学。1910年考取公费留学，先后到德国柏林大学、瑞士苏黎世大学、法国巴黎高等政治学校就读，1914年回国。1918年得到江西

官费资助，再度出国游学，先在美国哈佛大学学梵文和巴利文；1921年转往德国柏林大学攻读东方古文字学，同时学习中亚古文字、蒙古语。1925年再次回国。1926年6月，36岁的陈寅恪与梁启超、王国维一同应聘为清华国学研究院的导师，并称"清华三巨头"。1930年清华国学院停办，陈寅恪任清华大学历史、中文、哲学三系教授兼中央研究院理事，历史语言研究所第一组组长、故宫博物院理事等职。1937年抗日战争爆发，陈寅恪随校南迁。1938年他随西南联大迁至昆明。1942年春，他拒绝到已被日军侵占的上海授课，出走香港，取道广州湾至桂林，先后任广西大学、中山大学教授，不久到燕京大学任教。抗战胜利后，他应聘去牛津大学任教。1949年回国，任教于清华园，继续从事学术研究。新中国成立后，先后被选为中国科学院社会科学部委员、中国文史馆副馆长、第三届全国政协常务委员等职。"文化大革命"遭到迫害，他珍藏多年的大量书籍、诗文稿多被洗劫。1969年10月7日在广州逝世。

【成功路上】

背负家国使命　漫漫游历求学

陈寅恪出生在新旧中国的夹缝期，经历了家族门庭的兴衰荣辱，他的肩上担负着家国的双重使命。

"洋务运动"时期，陈寅恪的爷爷任湖南巡抚，他率先在湖南实施变法，兴学、办报、开矿、建工厂。在戊戌变法失败后，陈寅恪的爷爷遭朝廷革职并"永不叙用"，这一年寅恪9岁。这个中国近代历史上的显赫门庭在风云突变的大环境中结束了往日的荣光。但与传统仕宦不同，陈寅恪的父亲陈三立不要孩子应科考，求功名，在陈寅恪13岁时就和哥哥去了日本读书。

后来陈寅恪因病回国，考入上海的一所新式学堂——复旦公学。陈寅恪成绩优秀，掌握了德语、法语两门语言。1909年陈寅恪毕业，登上了去西洋的轮船。父亲陈三立赶到上海送别儿子，他把父辈两代人变法图强的希望全部寄托在儿子身上。

陈寅恪无论走到哪里都以家族为荣，他终生背负着家国的使命。漫漫求学路，他辗转游学13年，从德国到瑞士，再到法国、美国，最后再到德国。他学物理、数学，也读《资本论》。13年里他总共学习了梵文、印第文、希伯来文等22种语言。

13年的游学，在浩瀚的西方学术中他发现了东方学的精深和魅力。他发现在世界学术中，中国文化的地位很高，他主张中国学术应“吸收输入外来之学说，不忘本来民族之地位”。

国可以亡　史不可断

他是“最优秀的中国学者”，他是“天生的导师”，他身处战火依然工作不辍，他在艰苦的工作环境中仍忘我地工作。他的工作室是一个茅草房，风雨一来整个房子都能被刮塌，里面没有桌子，就拿一个箱子搬一个小凳写文章。他沉浸在工作状态中，于知识间感受一种远离战乱的欢愉。

由于长期工作，陈寅恪的视力急速下降。他已经难以把学生的成绩无误地填入成绩单里了，他只能让大女儿代他把批好的分数抄到表格上。

有一天，陈寅恪起床后痛苦地发现，他的右眼看不清了。他先后在成都和伦敦做了手术，然而数月的奔波，他的双目还是没能看见光明。陈寅恪是倔强的。眼睛瞎了，他失去了学者治学读书第一需要的双眼，这对他几乎是一种毁灭。在艰难的境遇里，陈寅恪不停地写，不停地整理资料，虽然双目失明了，但他仍顽强地为后世留下了他对中国唐代历史的系统研究。新中国成立后，他在病床上又口述了中国的史诗《再生缘》。陈寅恪的一生，恪守着一个民族的史学传统：“国可以亡，史不可断，笔耕不辍，民族的文化就绵延不绝。”

【背后的故事】

中国文化的守望者

“独立之精神，自由之思想，反对曲学阿世。”这是陈寅恪坚守一生的学品。自他学成归国后，灾难深重的中国，竟不能给他提供一张安静的书桌。盛年时遭逢两次世界大战，内战不断，过着颠沛流离的生活。正值学术创造高峰之际，因营养缺乏而失明给他以致命的打击。晚年，连绵不断的政治运动和精神迫害，使他的身心陷于超乎常人想象的痛苦和孤寂之中。但观其一生，他的学品却始终未曾改变过。

他凄惨离世，他孤独坚守，他是中国文化忠实的守望者，他代文化立言立德，代历史立言立德，记录下了其身处之世华夏文化衰微的轨迹。

八、现代新儒学的开创者——梁漱溟

【光影星播客】

梁漱溟，著名思想家、哲学家、教育家、社会活动家、爱国民主人士，著名学者、国学大师。主要研究人生问题和社会问题。开创了现代新儒家学派，是现代新儒家的早期代表人物之一，有“中国最后一位儒家”之称。他领导了构思宏大的社会改造试验——乡村建设运动。在反传统的浪潮中，他挺身而出，坚信中国文化能够继续存在并复兴，相信中国本身拥有走向现代化的力量。

【成功语录】

◎我愿终身为华夏民族社会尽力，并愿使自己成为社会所永久信赖的一个人。

【生平回眸】

梁漱溟，1893年10月18日出生于北京，原名焕鼎，字寿铭。早年颇受其父梁济的影响，5岁开始读《三字经》、《地球韵言》。青年时代一度崇信康有为、梁启超的改良主义思想。1911年中学毕业，毕业前参加了同盟会京津支部。1912年任《民国报》编辑兼外勤记者。总编辑孙炳文为其拟“漱溟”作笔名。20岁起潜心于佛学研究，经过几年的沉潜反思，重兴追求社会理想的热情，逐步转向了儒学。1917年任北京大学印度哲学讲师，后升为教授，发表《东西文化及其哲学》一书，阐发其“东方精神文明论”和新儒家思想。1924年辞去北大工作，到山东菏泽办高中，又成立了山东乡村建设研究院，发表《中国民族自救运动之最后觉悟》《乡村建设大意》《乡村建设理论》等著作，推行乡村建设运动。1928~1929年担任广东省立第一中学校长，他将广雅精神提炼为"务本求实"四个字，成为延续至今的校训。1939年发起组织"统一建国同志会"，1940年参加发起"中国民主同盟"，任中央常务委员。次年赴香港办"民盟"刊物《光明报》并出任社长。1946年参加重庆政治协商会议，并代表"民盟"参与国共两党的和谈。新中国成立后，出任中国人民政治协商会议委员。1950年后任全国政协常委、中国孔子研究会顾问、中国文化书院院务委员会主席等职。后主要从事理论研究，出版了《人心与人生》《东方学术概观》、《中国人》等著作。上世纪80年代后期仍然著文、演讲，继续宣传复兴中国传统文化的思想。1988年6月23日在北京逝世，享年95岁。

【成功路上】

郑重的人生态度

梁漱溟在晚年曾说："人有今生、前生、来生，我前生是一个和尚。"在出世与入世之间徘徊，让他以后的人生经历充满了传奇色彩。

梁漱溟曾经杜门研佛三年。释迦牟尼出家的故事让他心有所戚，他是看见别人穷苦就受不了的人。梁漱溟终身不坐人力车，据他自己说，是因为年轻时碰见一个老人拉着人力车，他内心感到痛楚难忍。信佛的梁漱溟有着自己的规矩，他没有礼佛行动，从来没有去寺庙烧香拜佛，他是在自我修养上下工夫。在抗战时梁漱溟曾带着学生深入前线，他写信给儿子梁培宽说："时人说一不怕苦，二不怕死。此行盖践之矣。"尽管对佛学有很深研究，但梁漱溟认为："佛学只能让少数人受益，可孔子的学说是对大多数人说的，他肯定人要付出努力，下一番工夫是可以过得好的"。于是他开始研究儒学。这"下工夫"其实也是修身，也就是他自己总结的人生第三种态度：郑重。梁瀨溟郑重而严谨，他将"为往圣继绝学，为万世开太平"作为一生的使命，不断地思考。他经常彻夜思考问题，脑子一开动起来，就很难刹住车。

梁漱溟一生笔耕不辍，致力沟通中西文化，他的著作对中国乃至世界都产生了深远影响。

乡村自治运动

梁漱溟的一生充满了传奇色彩，他在城市出生成长，然而却长期从事乡村建设。他在他的著作《东西文化及其哲学》中显露出入世济人的胸怀，称"吾辈不出如苍生何"。他认为解决中国问题的重点在于社会改造上，在于"乡村自治"。

克服重重困难，梁漱溟在河南、山东开始他的"乡村自治"试验。他的"乡村自治"核心是乡村建设。他的理想是要教育全民，创造新文化，改造思想。梁漱溟认为，要改造中国，改造思想是关键。因此他把乡村建设运动的主旨定为八个字："团体组织，科学技术，"他把散漫的、只顾自家自身的农民组织起来搞生产，让他们在生产中学习和应用科学技术。

在山东邹平研究院，梁漱溟在推行自己的试验时，将乡、村一级的行政机构全部去掉，只保留了一个县政府，实施一种"无为而治"之法。他把更多的工夫用在对农村人的精神教育上。梁漱溟办学校，宣布穷人的孩子可以不交钱上学，当时农民的孩子都去上学了；让大人和老人去认字；还开展了手工业，有了化工厂、医院……后来，梁漱溟发起的这一运动因为抗战被迫中断。

梁漱溟的乡村自治运动理想主义的成分更多一些，但他把握了国民教育对于中国崛起的重要作用和意义，也付诸了实践，其行动本身具有历史价值，也为后世的乡村运动提供了借鉴。

【背后的故事】

父亲是他成功的导师

梁漱溟小时候有点呆笨、执拗，6岁了还不会自己穿裤子，经常是妹妹帮他系连裤腰带。有一天早晨，迟迟不见梁漱溟跨出房门，母亲在门外喊:“为什么还不起床啊?”哪知梁漱溟理直气壮地回答:“妹妹不给我穿裤子!”惹得全家哄堂大笑。对似乎有些呆笨的儿子,父亲不是生气、埋怨,也不是厉声训斥,而是采取提醒、暗示的方法,尽量通过启发思维,让儿子自己觉悟和懂得如何去做。后来梁漱溟回忆道:“遂成我自学者,是我父亲。”父亲成就了他一生的自学、自进和自强,父亲是他成功的导师。

梁漱溟9岁时,有一次他发现一小串铜钱不见了,四处寻问,且向人吵闹,也没有找到。隔一天,梁漱溟的父亲在庭院前桃树枝上发现了这串钱,知道是他挂在树枝上遗忘了。父亲并没有斥责,也没有喊他来看,只写了一张纸条。梁漱溟看了,马上省悟,跑去一看,那串钱还挂在树枝上,不禁十分羞愧。此事的教益长久留在梁漱溟的记忆里,培养了他事事认真的人生态度。

梁父对梁漱溟的影响最大、最为直接。父亲的“不耻恶衣恶食,而耻匹夫匹妇不被其泽”品格气魄,在无形中影响着梁漱溟。父亲通过传统文化熏陶,使之具有笃实秉性和超俗品格。父亲不仅用古戏文故事与人物启发梁漱溟如何做人,而且经常带他上街,或做些小事,教育他习得社会人情。这些点点滴滴如春雨润物,给予梁漱溟深远的影响。

第二章 数学智者

一、中国“非线性科学”首席科学家——谷超豪

【光影星播客】

谷超豪，数学家，复旦大学教授，中国科学院院士。研究成果突出，是中国“非线性科学”的首席科学家。他提出了数学家和其他领域的科学家有共同语言的新观点。他凭借自己敏锐的洞察力和数学修养，为数学直接服务经济建设提供了有效的途径。

【成功语录】

◎国家最需要的事情都要努力去做，做学问总是要耐得住寂寞，不是每个人都能很快得到认可和重视。搞研究就是要对创造感兴趣，对新鲜事物感兴趣，才可能有新的研究成绩出来。

【生平回眸】

谷超豪，1926年5月15日出生于浙江省温州市，幼年由婶母抚养。婶母的性格对谷超豪起到了潜移默化的影响，使他从小善良、纯真，助人为乐。他5岁入私塾接受启蒙教育，性格文静，聪慧过人，对各门功课都有兴趣。1937年，全面抗战开始，谷超豪进入温州中学。1943

年，考上了浙江大学龙泉分校。1948年大学毕业后，苏步青选留他做助教。同年3月，在浙江大学加入了中国共产党。1953年到复旦大学任教。1957年赴前苏联莫斯科大学力学数学系进修。1959年获苏联莫斯科大学物理数学科学博士学位。1960年后历任复旦大学数学系主任、数学研究所所长，中国科学技术大学校长等。1980年当选为中国科学院院士(学部委员)。1994年当选为国际高等学校科学院院士。获得2009年国家最高科学技术奖。

【成功路上】

永不止步的求知欲

谷超豪从小聪慧过人，对各门功课都很感兴趣，有着强烈的求知欲。小学三年级时，他被除法中的现象迷住了：1被3除，那就是0.3333……一直循环下去，除不尽的，但是可以用循环小数表示。这让谷超豪觉得数学里面有非常神奇的东西，有着不尽的想象空间。到了六年级的时候，诸如鸡兔同笼、童子分桃等数学应用题是很难的。好多同学为了应付考试就背解题公式。但是谷超豪觉得，数学不应该是背公式，而应该动脑子找到更好的方法。当时谷超豪的哥哥在读初中，他抽屉里面有中学的代数教科书，谷超豪就把代数教科书拿出来看，觉得书上的知识并不难懂，设一个未知数X，用这个X把那些算术问题列作方程式，很方便就解出来了。这件事让小超豪非常高兴，他对数学更着迷了。还有一次，数学老师出了一道题，说一个四边形，每边边长都是1，问面积是不是1？许多同学都肯定地回答是1，谷超豪却说不是。他说四边形每边都是1，你可以把它压扁，变成一条线，这样面积就差不多没有了，所以面积不一定是1，可以是1，也可以比1小很多。

进入初中的谷超豪更是如鱼得水，数学和物理这些具有思维挑战性的学科为他提供了施展平台。他不满足于课本知识，看了不少课外书，如刘熏宇著的《数学园地》，其中介绍了微积分和集合论的初步思想，使他初步了解到数学中无限的三个层次：循环小数，微积分，集合论。这使他对数学产生更浓厚的兴趣。在谷超豪初一时，老师讲完乘方的知识后，出了道习题：用4个1组成一个最小数，但不能用运算符号谷超豪举手回答："是1的111次方。"老师又问"那3个9组成的最大数呢？""是9的9次方的9次方"。他强烈的求知欲望和先天的数学天赋推动他不断发现问题，又在问题中不断解决问题。

到了大学，谷超豪的求知欲而更强烈、更开阔。他在学好本专业数学的同时，开始辅修物理，他认为物理和数学是相互促进的。在理论力学上，他做了许多题目，但他不满足于做对，还常常探索其他比较别致的做法。谷超豪在大学三四年级时选修了物理系的量子力学、相对论、理论物理等课程，这在数学系的学生中是极少的。他一直认为，数学需要从其他自然科学中吸取营养，这是"数学直观"的一个重要组成部分，既能得到好课题，又可以发现新方法。

他喜欢思考，有着永不停止的求知欲；他热爱数学，喜欢物理，但他还喜欢古典文学，尤其是诗歌。在他眼中，一切都和数学有联系，诗歌的对仗是一种规律，非常优美，这和数学具有规律性是一样的。他喜欢看《三国演义》，他认为这是一本聪明的书，教你如何做聪明的人、如何做聪明的事。

聪明人必有其聪明之处，但聪明不是神秘而不可知的东西，或许它就是一个好习惯、一种好品质……谷超豪的智慧就在于他永远都不满足的求知欲。

时刻以国家需要为己任

谷超豪曾经对青年人说，国家最需要的事情都要努力去做。作为一名数学家，他总是以国家需要为第一位调整自己的研究领域。在前苏联留学的时候，谷超豪因为研究K展空间的新方法受到了学术界的关注，当时他的主攻方向是微分几何。然而，当时计算数学、概率论、偏微分方程都是新中国比较薄弱的学科，国家希望在这些领域能有所突破。从前苏联回国时，他对微分几何的研究水平已经接近巅峰了，如果继续从事微分几何的研究的话，很快就可以出新的成果。但谷超豪毅然放弃已有成绩，自觉地承担起建设薄弱学科的使命。他带领当时复旦大学数学系的几个年轻人一起从微分几何转向了偏微分方程研究，并取得重大突破。

谷超豪的研究横跨数学、物理学科的多个领域，为我国数学科学的发展作出了巨大的贡献。几十年的研究过程中，他为中国高校和科研机构培养出一大批高级数学人才和教学科研人才，为我国数学科学的发展提供了不竭的发展动力。

谷超豪始终认为，数学研究要适应国家建设的需要，要不断创新和不断提高，并为此目标而努力奋斗。

【背后的故事】

解题岂一法　寻思求百通

研究数学需要严谨，需要细心，谷超豪就是生活中的有心人。他时刻不忘思考，时刻将生活中的现象同数学研究联系起来。每次台风来临，他都注意听预报，并且非常留心当时的风向。他会根据当时的风向和台风的几何特性，与天气预报作同步判断。他把此事作为一种乐趣，在运用数学思维判断的同时，还不忘和天气预报比试一下谁更准确，谁更及时。有一次强台风向我国东南沿海靠近，在登陆之前，谷超豪就判断台风会在浙江或者福建登陆，这和预报的完全一致。当时上海非常紧张，谷超豪看到朝南的窗口打着雨点，风向正朝东南方向转变，就认定这个台风已经在浙江登陆，而且中心正向西或西北方向移动，上海不会有大问题。事实证明，这个判断很正确。

在谷超豪的思想中，数学不是孤立存在的，数学随处可见。解题岂一法，建立多重联系就是寻找更多的突破口，延伸拓展更多的交叉领域。

【信息链接】

谷超豪星

2009年10月20日，复旦大学以谷超豪的名字命名的小行星。此小行星是2007年9月11日由中科院紫金山天文台盱眙观测站发现的一颗小行星，国际编号为171448，该小行星绕日运行周期为3.47035年。经国际小行星中心和国际小行星命名委员会于2009年8月6日批准，这颗小行星被命名为“谷超豪星”，以此作为对这位著名数学家的褒奖。

二、中国数学机械化研究的创始人——吴文俊

【光影星播客】

吴文俊，世界著名数学家，中国数学机械化研究的创始人之一。他在拓扑学、自动推理、机器证明、代数几何、中国数学史、对策论等研究领域均作出杰出贡献。他在几何定理机械化证明研究中提出的“吴方法”，在国际机器证明领域产生巨大的影响，有广泛重要的应用价值。他为数学研究开辟了一个新领域，对数学革命产生了深远影响。

【成功语录】

◎搞科研就是“敲地狱之门”，要搞科研就要有“敲地狱之门”的心理准备。这是一个艰辛的过程，眼界要开阔，同时要有持之以恒的精神。

【生平回眸】

吴文俊，1919年5月12日生于上海。1936~1940年，在第一交通大学（现西安交通大学和上海交通大学的前身）数学系学习。毕业后，先

后在上海育英中学、培真中学任教员。1946年初,任上海临时大学教授)郑太朴的助手,8月陈省身吸收他到数学所任助理研究员。1947年赴法国留学,同年完成一项重要拓扑学研究,证明Whitney乘积公式和对偶定理。1949年获法国国家博士学位。1950年发表关于流形上Stiefel–Whitney示性类的论文,后通称为吴类与吴公式。1951年在北京大学数学系任教授。1952~1979年任中国科学院数学研究所研究员。1954年开始非同伦性拓扑不变量的研究。1956年因示性类及示嵌类的工作获国家第一届自然科学奖最高奖。1967年完成“示嵌类理论在布线问题上的应用”的研究。1974年开始进行中国数学史的一系列研究,写成《中国古代数学对世界文化的伟大贡献》一文,明确指出,近代数学之所以能够发展到今天,主要是靠中国式的数学,而非希腊式的数学”。1978年发表微分几何定理的机械化证明,提出数学机械化问题。1957年当选为中国科学院学部委员。1984年当选中国数学会理事长。1991年当选第三世界科学院院士,次年获得第三世界科学院数学奖。1993年获陈嘉庚数理科学奖。1997年获自动推理的最高奖Herbrand奖。2000年获首届国家最高科学技术奖。2006年获邵逸夫数学奖。

【成功路上】

不失时机地学习

“文革”时期,一切研究工作都被中断,吴文俊被下放到北京无线电一厂劳动。虽然离开了科研第一线,但他依然不失时机地寻找学习机会。

当时,他所在的工厂正在生产一种混合式电子计算机,用于援助阿尔巴尼亚。在那里,吴文俊亲眼看到了计算机的高效性。当时他就想:能否把计算机应用到数学上来?吴文俊萌发了用计算机来证明几何定理的想法,并开始了一系列研究。

吴文俊大量阅读与数学相关的历史书。在对中国数学史的研究中,他发现,中国古代数学中蕴含着数学机械化的思想,元代数学家朱世杰在《四元玉鉴》一书中已提出这种思想。吴文俊投入了验证自己想法的工作中。1977年,他发表《初等几何判定问题与机械化问题》的论文。

知识无处不在,做生活的有心人。吴文俊的成功不是一蹴而就的,而是其发现生活、不失时机学习的结果。

战火中颠沛　宁弃学业不弃祖国

1919年5月,吴文俊出生在上海,在他儿时的记忆里父亲很少讲话,只是时而一声长叹,他不懂得这叹息中的对国家的忧患和对世事艰难的无奈。1932年,日本在上海不宣而战,一时间硝烟弥漫,枪声四起,正读初中的吴文俊开始了战火中颠沛的日子。

虽然战火中的课堂肃静如初,但经受颠沛流离之苦的吴文俊依旧惶恐不安。纷乱的时局,让他无法静心学习,其他课还能对付,但数学对他来说却是天方夜谭,以至于那学期的数学考分为零。同学的讥笑,家长的失望,对他内心触动很大。他知耻而后勇,整个寒假,他闭门苦读,居然于他深恶痛绝的数字中中发现了无穷乐趣。第二年,他的数学成绩名列前茅。到高中毕业,他成了全校的"数理王子"。

国难当头,社稷飘摇,吴文俊凭借优异的成绩顺利进入上海交通大学数学系深造。四年寒窗,吴文俊卧薪尝胆,发奋钻研。1940年他以优异的成绩从大学毕业。上海当时是日本占领的沦陷区。日本人早已注意到这个貌不惊人、聪慧异常的学生。他们愿提供奖学金,让他到日本去深造,或者去日本的数学研究所工作。但吴文俊毅然选择留在上海。留在上海就意味着穷困潦倒,也意味着从此告别神圣的数学研究殿堂。此后整整五年半,他再也没有接触数学研究,而是迫于生计到处奔波,只是长夜梦醒,浮现的毅然是a、b、c、x、y、z……

兴趣引领光大古代数学

1974年,吴文俊开始研究中国古代数学史。起初他也是随兴趣涉猎有关古代数学的史书,但不久他发现中国数学自成一体,与西方理论是完全不同的两套思路，对于现代数学的研究有巨大的启发意义。也许这是命运之神的最大恩赐，他对中国古代数学史的研究，开创了中国别具一格的数学机械化领域，也铸成了他人生之途的第二块里程碑。

吴文俊提出：中国传统数学虽没有素数和因子分解这一类概念，却用求“等”之法，创立了大衍求一术，即中国的剩余定理；中国传统数学虽没有平行线和角度的概念，但在解决实际的测量、面积、体积和圆周率的计算中却发展了与欧几里得完全不同的几何学原理；中国传统数学中有世界最早的线性方程组矩阵解法和以勾股术、天元术、四元术为主的高次方程解法；中国最早完善十进位制记数法，引入负数、分数和小数，是最科学的实数系统…… 当世界电脑发展初露端倪之时，他把电脑与中国古代算术思想联系起来，开辟了一条与西方迥然不同的数学机械化定理——机器证明的道路。吴文俊曾经说，我国古代机械化和代数化的光辉思想和伟大成就是无法磨灭的。而他的行动是对这句话的践行，更是对中国古代数学的继承发扬。

【背后的故事】

对生日的失忆

吴文俊对日期的记忆力是很强的，但对于他自己的生日，他却失忆了。在他六十寿辰的那天，他仍如往常一样，黎明即起开始工作，一整天沉浸在运算和公式中。这天有人特地在晚上登门拜访，寒暄之后，说明了来意：“听您夫人说，今天是您六十大寿，特来表示祝贺。”吴文俊一愣好像听了一个新闻，恍然大悟地说：“哦，是吗？我倒忘了。”来人暗暗吃惊，心想：“数学家的脑子里装满了数字，怎么连自己的生日也不记得了？”

吴文俊是真的记忆力不好吗？他在将近花甲之年的时候，还攻破了一个难题——机器证明，这一成就改变了数学家“一支笔、一张纸、一个脑袋”的劳动方式，取而代之的是运用电子计算机来实现数学证明。他在进行这项课题的研究过程中，对于电子计算机安装的日期、为计算机最后编成的300多道“指令”程序的日期，都记得一清二楚。他是选择性失忆，只因为他太投入了。

【信息链接】

吴文俊星

2010年5月4日，国际小行星中心发布公，将国际永久编号第7683号小行星以数学家吴文俊的名字命名，永久命名为“吴文俊星”，作为对这位著名数学家的褒奖。

三、中国巨型计算机之父——金怡濂

【光影星播客】

金怡濂，我国高性能计算机领域的著名专家，中国巨型计算机事业的开拓者之一。他参加了中国第一台大型电子计算机104机的研制。半个世纪以来，金怡濂致力于多种类型的大型、巨型计算机系统的研究，为我国高性能计算机技术的跨越式发展和赶超世界计算机先进水平作出了重要贡献。他领导的“神威”计算机的成功研制让中国巨型计算机水平跨入了世界先进行列。金怡濂是中国巨型计算机之父。

【成功语录】

◎科学的精神是永恒的，是不会过时的，科学的发展也是永无止境的。正因为这样，我们作为科技工作者，必须永远攀登，永远向前。

【生平回眸】

金怡濂，1929年9月出生于天津市，原籍江苏常州。中共党员。1951年毕业于清华大学电机系。1956~1958年在前苏联科学院精密机械与计算技术研究所进修电子计算机技术。1958年归国后开始他的计算机研制生涯。上世纪20世纪50年代到60年代末，相继参加了我国第一台大型电子计算机和多种通用机、专用机的研制。70年代初，提出了双机并行计算设计思想和实现方案。70年代后期，与其他科学家一起，主持完成了多机并行计算机系统的研制，取得了我国计算机技术的突破。80年代中期，提出了基于通用CPU芯片的大规模并行计算机设计思想、实现方案和多种技术相结合的混合网络结构，研制出了运算速度达到当时国内领先水平的并行计算机系统，实现了我国巨型计算机向大规模并行处理方向的发展，中国巨型计算机研制进入与国际同步发展的时代。90年代，倡议发展大规模并行计算机，并主持研制了国家重点工程——“神威”巨型计算机系统。1999年9月，“神威”巨型计算机系统研制成功，将计算机运算速度提高到每秒3000亿次以上，使中国的巨型计算机水平跨入世界先进行列。1994年金怡濂当选为中国工程院首批院士。1994~2000年当选为中国工程院主席团成员和中国工程院信息与电子工程学部主任。现任国家并行计算机工程技术研究中心主任、研究员，中国计算机学会名誉理事。

【成功路上】

无悔付出

1946年，世界上第一台全电子数字计算机在美国问世。这标志着人类走出了迈向信息时代的第一步。新中国的领导人敏锐地预见到这一科技的广阔前景开始采取多种途径培养计算机专门人才，包括选派一支20人的实习队赴苏联学习。1956年，金怡濂作为我国第一批学者赴苏联学习计算机。

那时，刚刚大学毕业的金怡濂不完全理解计算机对世界革命性的影响，但他知道祖国需要发展计算机事业，他必须为祖国努力，为祖国服务。爱国之情是他全部的学习动力。一年半的前苏联实习生活，他和同学们没日没夜地学习，就连那首前苏联最流行、最著名的歌曲《莫斯科郊外的晚上》，他还是后来回国后才知道的。当时他们住在莫斯科南边的苏联科学院宿舍区，而研究所在北边。每天早晨，他们都很早起床，先倒两次公交车，再坐地铁，然后再转乘公交，路上一般要花一个半小时。在研究所做完各种实验，回宿舍时，他们还要借些资料看，尽管已是很累，但他们常常学习到深夜。他和同学们每天辗转奔波于位于莫斯科南北两端的宿舍和研究所之间,废寝忘食,心无旁骛,埋头钻研。

1958年7月,金怡濂回国,作为运算控制部分的负责人之一,参加了我国第一台大型电子计算机——104机的研制。当时由于种种原因,我国的计算机研制工作远离城市,全在条件较差的大山里进行,但是他从未停止过追求事业的脚步。当时金怡濂主要负责巨型机硬件部分的设计把关。大山里没条件,搞科研需要的元器件,有的由玩具厂生产,有的由纸箱厂生产,数以万计的组件,要靠钳子、螺丝刀、电烙铁甚至是指甲刀,一个一个组装起来。仅组装一台机器,他指导设计和要审看的图纸不下万张,摞起来像座小山。为了到外地查询资料,他先坐大卡车爬半天山路,然后再挤火车才能走出大山。查完资料,他再背上同事们让他捎带的肥皂、牙膏、糖果回到大山里。就是在这样的条件下,金怡濂和他的同事们从事着高科技的研究工作。在大山里,他们完成了我国大型晶体管通用计算机、大型集成电路计算机的研制,实现了我国计算机研制技术的重要突破。

大山里的20年,金怡濂的头发白了,三个孩子也长大成人了,但他对这一切都没有太多的记忆。他把大把的时间、大量的记忆给了大型计算机事业。

大胆设想

20世纪90年代,世界巨型计算机的最快运算速度已经达到每秒百亿次以上,美国和日本的巨型计算机的运算速度已达到每秒上千亿次,而中国自己开发成功的巨型计算机的运算速度仅达每秒10亿次。为了缩小这一差距,赶超世界先进水平,中国决定研制“神威”巨型计算机。获此消息后,大家争论不休。很多同志认为,根据我国现有的技术条件和经验,研制运算速度百亿次的计算机是比较现实的,但当时已过花甲之年的金怡濂却提出了一个大胆的思路:“我们应当有能力造一台千亿次的巨型机!而且必须有一个大的跨越,否则我们会被世界越甩越远。”这场争论的结果是:研制千亿次巨型机的意见被采纳，金怡濂被任命为“神威”计算机的总设计师，成为站在巨型机帅旗下的人。

为了实现“制造一台世界上最先进的计算机”的目标，金怡濂常常为了弄清楚一个问题，十几天吃住在办公室；一年里他出差的时间超过三分之二，有时候一天要跑两三个城市查找资料；他每天还要听取课题组几十个人的工作汇报，并对他们提出的一些棘手问题进行分析和解答。天道酬勤，1999年，运算速度每秒3840亿次的“神威”机成功问世。“神威”的诞生标志着我国巨型计算机的水平已经进入了世界先进行列。

金怡濂的魄力，金怡濂的胆识，金怡濂的忘我付出，成就了他，也成就了中国的巨型计算机。

【背后的故事】

花钱买不来技术

有一件事让金怡濂至今刻骨铭心。中国有关部门花大钱从国外进口了一台巨型计算机，但同时还必须花钱向对方雇两个“监工”，以确保中方不能接触到机器的核心技术。机器也只能用于合同上规定的用途，甚至连开机、关机也得由“监工”来做。当时外国专家有 个小房子，中国人是不准进的。这件事大大伤害了金怡濂和他的同事们，极大地挫伤了他们的民族自尊心。他们深感自己没能为国分忧，也深知他们责任的重大。他们下定决心一定要自己开发关键部件，国运昌则科技兴，科技兴则国力强。

面对美国等西方发达国家的技术封锁，金怡濂责无旁贷地承担了发展中国自己的高性能大型计算机的历史使命。半个世纪以来，他一直致力于研究多种类型、各个时期国内领先或国际先进水平的大型、巨型计算机系统的设计思想和技术方案。金怡濂常常告诫他的助手们：真正的高技术是花钱买不来的，中国一定要加速发展巨型机，否则，祖国建设会因此受到严重影响。

1999年9月是振奋人心的月份，中国自行研制的巨型计算机“神威”研制成功并投入运行。中国的巨型计算机拨开迷云，跨入世界先进行列，

【信息链接】

“神威”计算机

“神威”的研制成功是我国巨型计算机研制和应用领域取得的重大成果，峰值运算速度为每秒3840亿次，其主要技术指示和性能达到国际先进水平。它标志着我国继美国、日本之后，成为世界上第三个具备研制高性能计算机能力的国家。

“神威”计算机为气象气候、石油物探、生命科学、航空航天、材料工程、环境科学和基础科学等领域提供了不可缺少的高端计算工具，为我国经济建设和科学研究发挥了重要作用。国家气象中心利用“神威”计算机精确地完成了极为复杂的中尺度数值天气预报，在国家级重大活动的气象保障中发挥了关键作用。

四、“哥德巴赫猜想”第一人——陈景润

【光影星播客】

陈景润，中国著名数学家，被称为“哥德巴赫猜想”第一人。他的研究如同行走在喜马拉雅山山巅上，他攻克了二百多年悬而未决的世界级数学难题“哥德巴赫猜想”中的“1+2”他摘取了世界瞩目的数学明珠——“哥德巴赫猜想”，创造了数论史上的奇迹。

【成功语录】

◎在科学的道路上我只是翻过了一个小山包，真正的高峰还没有攀上去,还要继续努力。

【生平回眸】

陈景润,1933年 5月22日出生于福建福州。1953年毕业于厦门大学数学系。1953~1954年在北京四中任教,因口齿不清,不允许授课,只可批改作业。后调回厦门大学任资料员,同时研究数论。1957年进入中国科学院数学研究所，并在华罗庚教授指导下从事数论方面的研究。1966年发表《表达偶数为一个素数及一个不超过两个素数的乘积之和》(简称“1+2”),成为“哥德巴赫猜想”研究上的里程碑,他的成果也被称为“陈氏定理”。1974年被周恩来总理亲自推荐为第四届人大代表,并被选为人大常委。1979年完成论文《算术级数中的最小素数》,将最小素数从原有的80推进到16。1981,年当选为中科院学部委员。陈景润在解析数论的研究领域取得多项重大成果,曾获国家自然科学奖一等奖、何梁何利基金奖、华罗庚数学奖等多项奖励。2009年9月14日,他被评为100位新中国成立以来感动中国人物之一。1984年 4月27日,在横过马路时,陈景润被一辆急驶而来的自行车撞倒,后脑着地,诱发帕金森氏综合征。1996年 3月19日因病住院,经抢救无效逝世。

【成功路上】

家贫受歧视　立志成栋梁

陈景润出生在贫苦的家庭,因为奶水不够,他生下来靠向邻居借米汤才活过来。快上学的年龄,因为家庭收入太少,只供得起大哥上学。白天母亲背着不满两岁的小妹妹下地干活挣钱,陈景润就在家照看3岁的弟弟。晚上,哥哥放了学,他就求哥哥给他讲算术。稍大一点,陈景润在帮母亲下地干活的空隙,忙着练习写字和演算。母亲见他学习心切，就把他送进了城关小学。他学习十分用功，成绩很好，因而引起有钱人家孩子的嫉妒，又因为他长得瘦小，常常遭这些有钱子弟的拳打脚踢。他打不过那些人，就淌着泪回家要求退学。母亲心疼地抚摸着他说："孩子，只怨我们没本事，家里穷才受人欺负。你要好好学，争口气，长大要有出息，那时他们就不敢欺负咱们了！"小景润擦干眼泪，又去做功课了。之后他学习更加刻苦，成绩一直名列前茅，并以全校第一的成绩考入了县立初级中学。

到了初中，陈景润的语文老师看他勤奋刻苦，就经常给他讲述中国五千年文明史，讲述他所目睹的日本人横行中国、屠杀百姓的无人道行为，激励陈景润好好读书，肩负起拯救祖国的重任。陈景润深知老师的用意，他立志长大以后，一定作祖国栋梁，报效祖国！陈景润的天赋同样让他的数学教师欣赏，老师曾对他说："一个国家，一个民族，要想强大，自然科学不发达是万万不行的，而数学又是自然科学的基础。"这句话更加激发了陈景润的爱国热情，也让他更加热爱数学。

家贫出贵子，少年立大志。艰难困苦终是强大爱国精神的"俘虏"。

纵荆棘挡路誓要撷取数学明珠

陈景润在福州英华书院念高中时，有幸得到著名教授沈元的启发，也是从那时起，他开始了追求哥德巴赫猜想的历程。

大学毕业的陈景润被分配到北京的一所中学当老师。由于生性不善与人交流，当他站在讲台上时，茫然不知所措。因身体和不适合教学，他无奈病退回家。尽管要忍受生活种种艰难的困扰，但他永远以沉浸在自己的数学世界里为乐趣。回到福州老家的陈景润为了生计，在福州摆起了书摊。这段日子里他被人误会过，也被人不理解过，甚至还被当成特务调查……但他不忘立下的人生目标。或许上天眷顾这个执著的小伙子，1957年陈景润幸运地被调进中科院，他终于可以向哥德巴赫猜想进军了。即使在"文化大革命"期间，他依然全身心投入到哥德巴赫猜想的工作中，丝毫感受不到随之而来的暴风骤雨，造反派的几次威逼利诱都无法让他放弃他的原则。但厄运终究还是来了，他的“1+2”手稿被造反派销毁了。陈景润万念俱灰，跳楼自杀。万幸的是几根电线的遮挡，将他救了下来。此后陈景润一度过着离群索居的生活。后来在院领导的鼓励下，陈景润又上路了，为了梦想成真，不管是酷暑还是严冬，在不足6平方米的斗室里，他废寝忘食，潜心钻研，光是计算的草纸就足足装了几麻袋，终于用三年的时间完成了“1+2”的简化稿。

披荆斩棘，漫漫长路，陈景润终成“哥德巴赫猜想”第一人，实现了撷取数学明珠的人生目标。

分秒必争　勤俭节约

1979年，陈景润应美国普林斯顿高级研究所的邀请，去美国做短期的研究访问工作。普林斯顿研究所的条件非常好，为了充分利用这样好的条件，陈景润挤出一切可以节省的时间，分秒必争，拼命工作。有时候外出参加会议，旅馆里比较嘈杂，他就躲进卫生间里，继续进行研究工作。仅在美国短短的5个月里，他就完成了论文《算术级数中的最小素数》，把最小素数从原来的80推进到16。而这一研究成果是当时世界上最先进的。

那段时间，陈景润每个月可以从研究所获得2000美金的报酬，但他依旧保持着在国内时的节俭作风。中午，他从不去研究所的餐厅就餐，而是吃自己带去的干粮和水果。他如此节俭，等他回国时，一共节余了7500美元。拿着这笔数目不小的钱，他没有像其他人一样，从国外购买高档家电，而是他把这笔钱全部上交给国家。他说：“因为我们的国家还不富裕，我不能只想着自己享乐。”

陈景润正直、谦虚，在科学的道路上他分秒必争，在生活中他勤俭节约。他心系科研，心系祖国。

【背后的故事】

祖国利益高于一切

1977年的一天，陈景润收到一封国外来信，是国际数学家联合会主席写给他的，邀请他出席国际数学家大会。这次大会有3000人参加，都是世界上著名的数学家。大会共指定了10位数学家作学术报告，陈景润是其中之一。这对一位数学家而言，是极大的荣誉。

因为当时中国在国际数学家联合会的席位，一直被台湾占据着，所以细心的陈景润没有擅作主张，而是立即向研究所党支部作了汇报，请求党的指示。院领导的回复是：你是数学家，党组织尊重你个人的意见，你可以自己给他回信。陈景润经过慎重考虑，决定放弃这次难得的机会。他在答复国际数学家联合会主席的信中写道："我们国家历来是重视跟世界各国发展学术交流与友好关系的，我个人非常感谢国际数学家联合会主席的邀请。但是世界上只有一个中国，唯一能代表中国广大人民利益的是中华人民共和国，台湾是中华人民共和国不可分割的一部分。因为目前台湾占据着国际数学家联合会我国的席位，所以我不能出席。如果中国只有一个代表的话，我是可以考虑参加这次会议的。"为了维护祖国母亲的尊严，陈景润牺牲了个人的利益。

陈景润是国际知名的大数学家，但他深知自己的成就源于祖国，源于人民。在个人利益和祖国利益的天平上，他选择了维护祖国的利益。

【信息链接】

1. 电视剧《陈景润》

电视剧《陈景润》，以人物传记的形式，以写实的手法，把陈景润一生坚韧不拔的钻研精神，以及他那宽容、善良的性格，真实地展现给观众，使人们得到启迪和激励。

2. 陈景润星

紫金山天文台将一颗行星命名为"陈景润星"，以此纪念陈景润。

五、中国的爱因斯坦——华罗庚

【光影星播客】

华罗庚，当代自学成才的科学巨匠，蜚声中外的数学家。他是中国解析数论、矩阵几何学、典型群、自安函数论等多方面研究的创始人和开拓者。他的研究范围涵盖了分析、代数，包括了纯粹数学和应用数学。他是难以比拟的天才，他为中国数学的发展做出了巨大的贡献。他被称做是中国的爱因斯坦，被誉为“人民科学家”。

【成功语录】

◎在寻求真理的长征中，唯有学习，不断地学习，勤奋地学习，有创造性地学习，才能越崇山、跨峻岭。

◎日累月积见功勋，山穷水尽惜寸阴。

◎学习和研究好比爬梯子，要一步一步地往上爬，企图一脚跨上四五步，平地登天，那就必须摔跤了。

【生平回眸】

华罗庚，1910年11月12日出生于江苏太湖。因家境不好，1924年初中毕业后当了店员。1930年后在清华大学任教。1936年赴英国剑桥大学访问、学习。1938年回国后任西南联合大学教授。1946年赴美国，任普林斯顿数学研究所研究员、普林斯顿大学和伊利诺伊大学教授。1950年回国后历任清华大学教授、中国科学院数学研究所、应用数学研究所所长、名誉所长、中国数学学会理事长、名誉理事长、全国数学竞赛委员会主任、美国国家科学院国外院士、第三世界科学院院士、联邦德国巴伐利亚科学院院士。1955年被选聘为中国科学院学部委员(院士)。曾任第一至六届全国人大常务委员,第六届全国政协副主席。被授予法国南锡大学、香港中文大学和美国伊利诺伊大学荣誉博士学位。20世纪40年代,解决了高斯完整三角和的估计这一历史难题,得到了最佳误差阶估计;对G·H·哈代与J·E·李特尔伍德关于华林问题及E·赖特关于塔里问题的结果作了重大的改进,至今仍是最佳纪录。从20世纪60年代开始,致力于优选法和统筹法的研究。1985年6月12日在访日期间心脏病突发,在日本东京大学讲坛猝然倒地,结束了他为祖国数学事业奋斗不止的一生。

【成功路上】

精益求精　认真细心

读书时,华罗庚善动脑,肯用心。在做数学习题时,他力求不断改进和简化自己的解题方法。他曾对传统的珠算方法进行了认真思考。他认为:珠算的加减法难以再简化,但乘法还可以简化。乘法的传统打法是"留头法"或"留尾法",即先将乘数打上算盘,再用被乘数去乘;每用乘数的一位数乘被乘数,就在乘数中将该位数去掉;将乘数用完了,即得出最后答案。华罗庚觉得,如果将每次乘出的答数逐次加到算盘上,这样就节省了乘数打上算盘的时间。例如:28×6,先在算盘上打上2×6=12,再退一位,加上8×6=48,立即得168,只用两步就能得出结果。对于除法,也可以同样化为逐步相减来做,节省的时间就更多。

他不仅对数学肯动脑筋,对语文也很用心。有一次,他读到了胡适《尝试集》中的《序诗》:"尝试成功自古无,放翁这话未必是。我今为下一转语,自古成功在尝试。"读后他尖锐地指出,胡适的这首诗概念混乱,第一句中的"尝试"与第四句中的"尝试"是两个完全不同的概念。第一句中的"尝试"是指初次尝试,当然一试就成功是比较罕见的;第四句中的"尝试"则是指经过多次尝试或失败之后的一次成功尝试,所以它们具有不同的含义。单独来看,两个"尝试"都是有道理的,但胡适将二者放在一起,则是拿自己的概念随意否定别人(陆放翁)的概念。善于动脑,精益求精,不断创新,这些良好的品质是华罗庚成功的精神基础,也是值得我们借鉴学习的精神食粮。

家贫辍学 如渴学习

华罗庚出生在一个小商人家庭,父亲华瑞栋开一间小杂货铺。初中毕业后,因家境贫寒,无法进入高中学习。为了能谋个职业养家糊口,华罗庚只好到上海一所职业学校学习会计。只不到一年的时间,又因为生活费用昂贵,他被迫放弃了学业,回家帮助父亲料理杂货铺。

他回家后,一面帮助父亲在杂货店里干活、记账,一面继续钻研数学。尽管是寒冷的冬天,华罗庚依然在账台上看他的数学书。冷得鼻涕流下来,他就用左手在鼻子上一抹,往旁边一甩,没有甩掉,就这样伸着,右手还在不停地写……在这单调的站柜台生活中,他如饥似渴地自学数学。

顾客来了,华罗庚就站在柜台前帮助父亲做生意,打算盘、记账,顾客一走他就又埋头看书,演算起数学题来。有时入了迷,他竟然忘了接待顾客,甚至把算题结果当做顾客应付的货款,让顾客吓一跳。因为经常发生这样莫名其妙的事情,街坊邻居给他起了个绰号,叫"罗呆子"。每次遇到怠慢顾客的事情,父亲便大发雷霆,要强行把书烧掉。但华罗庚总是死死地抱着书不放,似乎是抱着他的命根子。

正值接受教育的年岁,但一个"穷"字剥夺了华罗庚的梦想。然而他始终不忘学习,顽强地自学到18岁。正如他所说的,学习好比爬梯子,要一步一步地往上爬,日月积累见功勋。

深深爱国情 孜孜育人才

1949年新中国成立,华罗庚感到无比兴奋,克服了来自美国政府的种种阻挠,携一家五口乘船离开美国,踏上回国之路。

回国后,华罗庚担任清华大学数学系主任。接着,他受中国科学院院长郭沫若的邀请开始筹建数学研究所。回国后短短几年时间,他就在数学领域里硕果累累。他完成了论文《典型域上的多元复变函数论》,并先后出版了中、俄、英文版专著;又先后出版专著《数论导引》《指数和的估计及其在数论中的应用》《典型群》。他以高度的爱国热情参加新中国的各项社会活动。

由于青年时代受到过"伯乐"的知遇之恩,华罗庚对于人才的培养格外重视。为培养青少年学习数学的热情,他在北京发起组织了中学生数学竞赛活动,从出题、监考、阅卷,他都亲自参加。他还写了一系列数学通俗读物,在青少年中影响极大。他潜心为新中国培养数学人才,他主张在科学研究中要营造学术氛围,开展学术讨论。教学中,他一面在课堂上讲授理论知识,一面亲自带领学生到生活中去实践学习,并培养出多位世界知名数学家。

深深爱国情,使"一切为了祖国"成为华罗庚的座右铭;深深爱国情,让华罗庚在培养人才之路上孜孜不倦。

【背后的故事】

坎坷"双法"推广路

1966年春,华罗庚正率领推广小分队在南方推广"双法",突然被一封加急电报叫回北京,宣布禁止他们推广"双法"。"文化大革命"开始后,华罗庚家被抄,数学手稿被盗,他也被迫离开了研究岗位。白天,他被当做"资产阶级学术权威"受批斗,晚上又被红卫兵勒令不准睡床只准睡在地上。更让他揪心的是,他精确计算出的苏联人造卫星方位与数学模型的机密手稿被窃。不仅如此,女儿、女婿、姐姐均受到不同程度的迫害。

1970年3月4日,周总理在华罗庚要求追查被盗手稿的来信上作了批示:国家将给予他保护,让他试验他所主张的数学统筹法。华罗庚激动不已,他火速飞往上海炼油厂搞试点,后又去北京、武汉、沙市、大庆等地推广优选法。试验搞得很成功,华罗庚以为成果可以说明一切，但造反派又以“冲击政治运动”为名，扬言要下令解散推广优选法小分队。正当华罗庚和他的学生们一筹莫展之际，胡耀邦同志到中国科学院主持工作，他明确表示支持华罗庚走理论联系实际的道路。

次年，“双法”推广小分队被解散了。愤怒、忧伤、劳累终使华罗庚的心肌梗塞发作了，他昏迷了6个星期，一度病危。病稍好，他便伏枕写信给毛泽东同志，请求主席批准他继续学习前进。

“双法”推广坎坷波折，但华罗庚却坚毅而执著，这一切源于他对数学的无限热爱和追求。

【信息链接】

1. 华罗庚数学奖

华罗庚数学奖设立于1991年，为纪念世界著名数学家华罗庚对中国数学事业的杰出贡献，旨在奖励中国有杰出学术成就和社会贡献的50岁以上的资深数学家。每两年评奖一次。1992年11月4日，中国首届“华罗庚数学奖”在北京颁奖。到2009年，中国共有16位数学家获此殊荣。

2. 华罗庚纪念馆

华罗庚纪念馆原位于江苏省金坛市市中心的中山公园内，共设有3个展厅，总面积615平方米。后迁至城南风景区建立新馆，占地25000平方米，建筑面积2050平方米，是一座现代纪念性建筑。展厅呈圆形，与外部向四面延伸的墙体构成类似数学直角坐标系，也象征华罗庚立足圆点、多方发展的大师精神。展厅中的展览共分六部分：第一部分，当代自学成才的科学巨匠；第二部分，我国知识分子的优秀代表；第三部分，著名的社会活动家；第四部分，精心扶持新一代成长的杰出教育家；第五部分，工作到生命的最后一刻；第六部分，华罗庚与故乡。

六、微分几何之父——陈省身

【光影星播客】

陈省身，国际著名数学家，20世纪世界级的几何学家，被誉为继欧几里得、高斯、黎曼、嘉当之后又一里程碑式的人物。他开创并领导了整体微分几何、纤维丛微分几何、“陈省身示性类”等领域的研究。他是唯一一位获得世界数学界最高荣誉“沃尔夫奖”的华人，被国际数学界尊为“微分几何之父”。

【成功语录】

◎做学问不一定要选择什么领域，但是要有自己的计划。

◎我读数学没有什么雄心，我只是想懂得数学。如果一个人的目的是名利，数学不是一条捷径。

【生平回眸】

陈省身，1911年10月28日出生于浙江省嘉兴市。1923年考入扶轮中学（今天津铁路一中）。1926年，考入南开大学本科研修数学。1930年毕业后到清华大学任助教并读清华大学研究生，随孙光远先生研究射影微分几何。1934年夏清华大学研究生院毕业，去德国汉堡，一年后完成博士论文《关于网的计算》和《2n维空间中n维流形三重网的不变理论》。1936年9月到巴黎大学做学术访问。1937年受聘为清华大学数学教授。1943年在美国普林斯顿大学开始大范围微分几何研究。1960年到加州大学伯克利分校工作直到退休。一年后被美国科学院推举为院士,并加入美国国籍。1972年偕夫人回国。1984年5月获世界数学最高奖项——沃尔夫奖。同年被聘为南开大学数学研究所所长,并受到邓小平同志的会见。1995年当选为首批中国科学院外籍院士。2000年回国,定居天津。2004年9月获得首届邵逸夫奖,同年12月3日因病逝世。

【成功路上】

上过一天小学的他选择攀登数学高峰

陈省身出生在嘉兴秀水河畔的一个书香世家。幼时因为祖母的宠爱,陈省身一直没有上学,只在家里跟随祖母、姑姑识字,背唐诗。1919年秋天,祖母觉得该送他上学了,于是就把他送到县立小学,但只上了一天他就不肯去学校了,在家又玩了一年。

1920年,只上过一天小学的陈省身凭着自学的底子考入秀州中学。当时他只有9岁,但他刻苦,好胜心又强,不但跟上同龄人,而且还是班里的数学尖子。1922年,陈省身举家来到天津,次年进入扶轮中学。当时,陈省身的数学天赋已经崭露头角。在学习中他习惯自己主动去看书,而不是老师指定要看什么参考书才去看。他喜欢去图书馆看书,看各种各样的书,历史、文学等都有涉猎。

因为成绩优秀,现学的东西不能满足他的求知欲,在中学时他连跳两级,15岁时他考入了南开大学理学院。当时的南开大学理学院有数学、物理、化学、生物4个系,但由于当时对这些学科的了解甚少,也不知道毕业后要做什么,加上是连跳两级后考的大学,陈省身对于自己的目标很是茫然。大学一年级的一次化学实验课,却让他作出了人生一个至关重要的抉择。这堂化学课是做“内吹玻璃管”实验,陈省身对着手中的玻璃管和面前用来加热的火焰一筹莫展。后来在老师的帮忙下,总算是勉强吹成了,他又觉得吹成后的玻璃管太热了,就拿去用冷水冲,结果玻璃管瞬间“哗啦啦”全碎了。这件事对陈省身触动很大,他发现自己缺乏动手能力,于是决定放弃物理、化学,专攻数学。这也成为他终身献身数学的起点。

学术路上不断求索

在清华大学就读期间，陈省身学业成绩优秀，得到了公费出国留学的机会。1934年9月，陈省身到达德国汉堡。刚到德国，他不会德语，又适逢中国领馆休假，一时十分艰难。在那里，他四处奔波，最后师从德国最有名的几何学家布拉施克。第一次见到布拉施克，老师就给了他一大沓自己最新的论文。但令这位德国老师没想到的是，这个来自中国的青年学生一下子就发现了一篇论文中的漏洞，这让他感到又惊又喜，立刻让陈省身就此问题写篇论文。很快，陈省身完成了论文并将其发表。布拉施克对陈省身大为欣赏，不到一年半，陈省身就拿到了博士学位。

毕业后，陈省身放弃了留在汉堡大学研究代数数论的好机会，做出了又一次重大选择：追随嘉当，研究几何。当时嘉当研究的是超时代的，陈省身认识到了嘉当的数学天分，他前往法国巴黎大学，跟随嘉当搞研究。陈省身从这位伟大的几何学家那里学到的东西使他终身受益，他与嘉当也结下了终生之谊。

1943年，陈省身受美国普林斯顿高等研究院数学研究所的邀请，去做学术访问。在普林斯顿，陈省身与爱因斯坦同在一个研究所，常常见面、聊天。在长时间的切磋学习中，他发现爱因斯坦建立的相对论用到四维的黎曼几何，与数学的关系很密切。陈省身不失时机地探索学习，他离几何学主峰的距离也越来越近，最终他完成了一生中最出色的工作——为高维的高斯邦内公式做出新证明。

陈省身在学术道路上不断求索，创造了一个又一个数学奇迹，他的硕果累累，泽被后世。

【背后的故事】

痴迷数学　不畏艰险

1937年抗日战争爆发，战争几乎会影响和改变每个人的命运，但是战争却没有影响陈省身的数学方向。当时陈省身随西南联大南迁。那里设备、图书什么都没有，条件很差，就连房子也很少，要三四个人挤一个小房间。但就是在这样的环境里，陈省身也做出了成绩。他在昆明的煤油灯下写出的两篇文章，发表在普林斯顿大学与高级研究所合办的刊物《数学纪事》上。数学家H.外尔和A.韦伊认为陈省身的研究工作达到了“优异数学水准”，极力促成陈省身前往普林斯顿。当时的普林斯顿世界数学中心汇集了爱因斯坦、冯·诺依曼、E.诺特等优秀的科学家。

虽然美国也卷入世界大战，但为了数学事业，陈省身毅然决定前往美国的普林斯顿。那时的整个世界都陷入战争泥潭，去美国先要从昆明坐飞机飞到印度，然后再从印度坐船经过大西洋到美国，当时这条路上有德国潜水艇，但这条路有相当大的危险。然而陈省身决心赴美，不顾一切困难。这一次的离别，他甚至没来得及回上海和妻子孩子告别。最后陈省身选择了乘坐美国飞虎队的军用飞机前往美国，但是就算是乘坐军用飞机也是非常艰难的旅行。军用飞机每到一个空军基地，乘坐者就要在基地的房子住下，然后拿一个条子看布告，有自己的名字，才能继续往前飞下一段，否则将被扣留。这样，经印度、中非、南大西洋、巴西，用了一个星期陈省身最终到达了美国。

【信息链接】

1. 陈省身数学奖

陈省身数学奖设立于1986年，由中国数学会设立并承办，是以著名华人数学家陈省身教授的名字命名，对为数学界做出杰出贡献的青年数学家颁发的奖项。“陈省身教学奖”已连续举办了八届，每届2人，每人奖金为2.5万港币。

2. 陈省身纪念馆

2009年10月12日，南开大学将陈省身生前的最后一处寓所——南开大学宁园，改为陈省身纪念馆。宁园坐落于南开大学校园东部，

20多年前专门为迎接陈省身回国而建。陈省身1985年在南开创办数学所，与夫人居住于此。陈省身生前好友、著名画家范曾专门为其题写了“陈省身故居”。

3. 陈省身星

2004年11月2日，经国际天文学联合会下属的小天体命名委员会讨论通过，国际小行星中心正式发布第52733号《小行星公报》通知国际社会，将一颗永久编号为1998CS2号的小行星命名为“陈省身星”，以表彰他对全人类的贡献。

七、中国当代数学的铺路人——王元

【光影星播客】

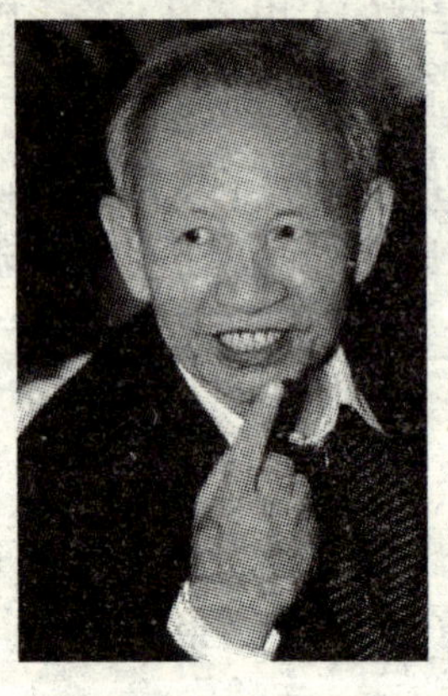

王元，著名数学家。他运用解析数论中的筛法研究世界级的数学难题——哥德巴赫猜想，证明了命题“3+4”，进而又证明了“2+3”。他的研究成果让中国学者首次在这一研究领域跃居世界领先地位。他是我国当代数学发展史上最重要的一块铺路石。他将数学这门科学通俗解析，让大众感受到数学中的乐趣。

【成功语录】

◎我们研究数学要有雄心壮志，树立远大的革命理想，无所畏惧，敢于攻关；还要在具体工作中一丝不苟，踏实苦干。唯有这样，才能做出应有的贡献。

【生平回眸】

王元，1930年4月30日出生于浙江兰溪一个知识分子的家庭，很早就受到启蒙教育。1948年，王元高中毕业考入浙江英士大学数学系。浙大的教学环境激发了王元对数学的兴趣。1952年，王元从浙江大学毕业，因成绩名列前茅，被推荐到中国科学院数学研究所。一年后又被分配到该所数论组，师从华罗庚先生。20世纪50年代至60年代初，他首先将解析数论中的筛法用于哥德巴赫猜想的研究，并证明了命题“3+4”。1957年，年仅27岁的王元又证明了命题“2+3”。这一命题的证明让中国学者首次在这一研究领域跃居世界领先地位，其成果为国内外有关文献频繁引用。其后，他与华罗庚合作致力于数论在近似分析中的应用，他们在1973年开创了用于高维数值积分近似计算的“华—王”方法，受到国际学术界推崇。20世纪70年代后期他们又对这方面的成果作了系统总结，产生了广泛的国际影响。20世纪80年代在丢番图分析方面，又将施密特定理推广到任何代数数域。1980年当选为中国科学院院士（当时称“学部委员”）。现在81岁高龄的王元依然在中国科学院数学所工作。

【成功路上】

立大志　刻苦破难关

1952年王元大学毕业，被分配到中国科学院数学研究所，师从著名数学家华罗庚先生。华罗庚让他搞数论，而且指导他研究解析数论中的筛法与哥德巴赫猜想。当时的王元还是一个22岁的青年，面对这搁置几百年的世界数学难题，他犹豫了：自己能行吗？弄不出成果怎么办？但强烈的爱国心和民族自尊心让他把个人得失抛在一边，毅然地向这一难题进攻。

关于哥德巴赫猜想的有关文献，不管是英文、俄文、德文、意大利文，能找到的，他都查了出来。然后，仔细琢磨，认真分析其中的思路和可能存在的欠缺。意大利文他不懂，就从数学公式去猜测文字的含义。为了工作，他没有休息日，累了，就趴在桌子上休息一下，经常一工作就是一宿。有几次，工作到几乎病倒了，他才强迫自己休息了几天。

在研究过程中，他需要布赫夕塔布1938年与1940年的两篇文章，但王元跑遍了北京的所有图书馆都没找到，这使工作陷入了困境。王元没有放弃，还是四处跑，到处打听。有一天他打听到科学院图书馆从苏联进了一批俄文版旧书籍和旧杂志。那时，科学院图书馆在王府井，而数学所在清华园，每天只有一趟公共汽车进城，朝发夕归。但他不放过任何机会，抱着碰运气的心态，一大早就从清华园赶到王府井。图书馆一开门，他就进去了。因为那批书籍刚到还没整理，所以需要到书库去找。五元一进书库，只见新到的旧书籍和旧杂志堆得满地都是，但为了找到资料他挽起袖子就在地上翻，功夫不负有心人，他最终找到了那两本杂志。当时没有复印机，只能靠手抄，两篇文章加在一起有二十多页，他赶紧拿出笔纸埋头抄，中午吃两个烧饼再接着干，两天终于抄完了。

就这样，一连苦干了两年，但是什么成果也没有取得。王元动摇了，自卑了，怀疑自己没有研究哥德巴赫猜想的天分，还不如做点力所能及的工作。正当他准备放弃对哥德巴赫猜想问题的研究时，华罗庚先生严肃地批评了他。他也为自己的动摇而惭愧，决心重新振作精神干下去。1955年，他终于证明了命题“3+4”，接着他又证明了更难的“3+3”与“2+3”，并在1958年全文发表了“2+3”的结果。这一成果很快得到国际承认。

关注数学研究　通俗解析数学

王元50岁时，当选为中国科学院院士。也许，对于其他学科的科学家来说，这个年龄还是有很大突破潜力的。但是王元深知，他必须有选择地分配自己的时间，所以他开始关注数学和数学家在教育、社会和人类发展中的影响，将数学这门科学进行通俗解析，让大众感受到数学中的乐趣。他把自己思考梳理的东西记录成书，有《王元论哥德巴赫猜想》《华罗庚传记》《王元文集》《华罗庚的数学生涯》等。

王元始终具有忧患意识，保持着对数学前沿的关注。陶哲轩是2006年获得菲尔茨奖的澳大利亚籍华人数学家，早在陶哲轩获奖之前，在两次中国数学界的集会上，王元都讲到陶哲轩。他告诉大家，陶哲轩的论文引用了陈景润的论文，由此可以认为中国数学与世界上最重要、最尖端的数学成就有关系。但是，当时他的话并未引起多大的关注，待陶哲轩真的获奖后，大家才惊讶于王元的“先知先觉”。王元说：“陶哲轩今天已经是一个明星了，在国内大家都知道他获得了菲尔茨奖，但绝大多数人包括数论学家在内，极少有人知道他的这项伟大证明究竟讲的是什么，以及这项工作与中国数学家的关系。”他这席话的背后流露出他对数学研究和数学普及的担忧，也足以证明他对数学事业的挚爱。

【背后的故事】

只为没能敞心评价　背负一生内疚

说到哥德巴赫猜想，很多人第一个想到的就是陈景润。但是这两个名字却都和王元有着紧密的联系。

哥德巴赫猜想被称为数学皇冠上的明珠，自哥德巴赫猜想提出后，250年来尽管曾有人悬赏100万美元求证明，但始终没有人成功。在中国，华罗庚早在20世纪30年代就开始研究这个问题。1952年王元师从华罗庚也开始夜以继日地“啃”这块硬骨头。陈景润调入数学所后，终于证明了“1+2”，取得了世界上关于证明哥德巴赫猜想的最好成果，而这一成果最终得以蜚声世界也得益于王元先生对陈景润论文的审阅。由于陈景润不善言辞，也不爱与人交往，要探讨论文的问题时，他总是愿意找华罗庚和王元。1972年，当陈景润证明“1+2”的论文写成后，拿给王元看，陈景润讲到一个公式，王元有疑问，就请陈景润解释，再发现问题就再请他解释。这样从早到晚，问答式的审阅一直持续了3天。王元感到“他是对的”,才为陈景润写了审查意见。

但是,在“文化大革命”期间他们的这类研究被视为“封资修”,王元在评审意见中仅写了“未发现证明有错误”这句话。尽管后来因为论文通过他的审查使得陈景润的结论震惊整个数学界，但王元一直为当时没能充分评价陈景润的成果而感到内疚。

【信息链接】

1.《华罗庚的数学生涯》

这本书是王元先生记述华罗庚数学研究的专著。华罗庚的成就遍及数学研究的很多重要领域，他的特殊的学术思想和方法论已作为中华民族文化的一部分而载入史册。本书分一、二两篇。第一篇介绍华罗庚在纯粹数学方面的成就,并附有国外数学家的评语。第二篇主要介绍他在应用数学和数学普及方面的贡献。

2.《王元论哥德巴赫猜想》

《王元论哥德巴赫猜想》是王元多年来在国内外各种刊物上发表的部分论述性文章的汇集。内容分为四大部分:第一部分是全书的核心,论述哥德巴赫猜想的历史、意义、研究方法与进展;第二部分“综合论述”,这部分包括以青少年为对象的关于如何学习与钻研数学的体会;第三部分“数学家”,收集了作者为我国现代数学史上一些著名数学家所写的纪念与评述文章,是中国现代数学的珍贵史料;最后一部分为作者个人成长经历与学术道路的自述。这本书是一本大众深刻理解哥德巴赫猜想的完整著作。

八、“熊氏无穷数”之父——熊庆来

【光影星播客】

熊庆来，中国数学家。他在“函数理论”领域造诣很深，是函数论方面的杰出人才。他定义了一个“无穷级函数”，被国际上称为“熊氏无穷数”。他是第一个代表中国出席瑞士苏黎世国际数学家大会的数学家，他是第一个获得法国国家博士学位的中国人。他的“熊氏无穷数”，被载入了世界数学史册，也奠定了他在国际数学界的地位。

【成功语录】

◎大学的重要，不在其存在，而在其学术之生命与精神。

◎要使国家富强，必须掌握科学，科学能强国富民。

【生平回眸】

熊庆来，1893年9月11日出生于云南省弥勒县息宰村，字迪之。1907年考入昆明方言学堂，1909年升入云南英法文专修科，1911年进入云南省高等学堂学习，1913年作为公费生赴比利时学习采矿。1914年第一次世界大战爆发，他从比利时经荷兰、英国，辗转到了法国巴黎。1915~1920年先后就读于法国格伦诺布尔大学和蒙彼利埃大学，获得理科硕士学位。1921年，熊庆来回国，先后在云南甲种工业学校、东南大学、南京高等师范大学、西北大学任教。1930年到清华大学任教并出任数学系主任。1932年开始研究无穷级函数。1934年，他的论文《关于无穷级整函数与亚纯函数》发表，论文中定义的"无穷级函数"，被国际上称为"熊氏无穷数"。1936年，熊庆来与另外几位数学界同仁倡议创办了《中国数学会刊》。这个会刊即是现今《数学学报》的前身，是中国的第一个数学学报。1937年抗日战争爆发，熊庆来出任云南大学校长。1939年他组织创办了云大附中。1949年出席在巴黎召开的联合国教科文组织会议，国民党反动政府趁熊庆来去巴黎参加国际会议的机会，解散了熊庆来苦心经营12年的云南大学，熊庆来遂留在法国从事数学研究。他于1957年由巴黎回国，在中国科学院数学研究所工作。1969年2月3日，熊庆来与世长辞。临终之前他还表示为人民鞠躬尽瘁，死而后已。

【成功路上】

从小善思考

熊庆来成长在一个废科举、开新学的时代。7岁时，他进了村里的私塾接受中国传统文化的教育，但他在启蒙时期，就已显出了对自然科学的兴趣。有一天，他进厨房端出一碗水，摆在桌子上，又拿出一支筷子立在碗中，问父亲："爹爹，这筷子怎么像断了？父亲说："像，是像断了。"熊庆来感到很奇怪，为什么筷子插在水里就像断了一样呢？看着儿子困惑的眼神，父亲自己也解释不出，但心里还是很高兴，他觉得儿子这样肯动脑筋，日后肯定会有出息的。

熊庆来13岁那年，父亲调赴赵州任儒学训导，带上了这个肯用功、勤勉的孩子。在赵州，他跟从父亲的两位朋友学习，这两位新派先生，除传授庆来经传典籍外，还教他法语和数学的初步知识以及其他一些自然科学的基础知识。这些知识让熊庆来着迷，也为他以后的发展奠定了坚实的基础。

1907年，熊庆来考入云南方言学堂，相当于今天的外语学校，课程有国文、数学、法语、英语。辛亥革命后，熊庆来以优异的成绩考入了英法文专修科，学习法文。1913年，时逢毕业，以蔡锷为首的初建的民国政府为培养人才，决定选拔成绩优异者到欧美留学，由云南教育司主持留学考试。在全省几百人应考的竞争中，熊庆来名列第三，赴比利时学习矿业。这一年，熊庆来刚刚20岁。

报效桑梓　甘入幽谷

1937年抗日战争爆发，战火纷飞，时局混乱，熊庆来收到一份电报，是云南省政府寄给他的聘书，聘请他回滇任云南大学校长。熊庆来心念桑梓，报效心切，决定放弃清华的优裕条件，回滇服务于桑梓。

1937年8月1日，熊庆来回到云南大学，自此，他陪伴着云南大学走过了风风雨雨的12个年头。一上任，他就从全国各地聘请专家充实云大教师队伍，动物学家崔芝兰，数学家华罗庚、赵访熊，社会人类学家吴文藻，文史专家顾颉刚、徐嘉瑞等各学科的专家陆续做了云南大学的教授，还延聘外国教授，使云大成为与西南联大同享盛名的又一处著名专家学者荟萃之地，教学质量因此跃入全国名牌大学之列。他扩充云大学科种类，设立了文法、理、工、医、农5个学院，使云大发展为多学院、多学科的综合大学。他充实硬件建设，使图书馆藏书达10余万册，理科各系都有比较完善的实验室和标本资料室，医学院拥有附属医院及解剖室，农学院有实验农场，数学系在东郊凤凰山建立了天文台，工学院有实习工厂，航空系有飞机3架，这在全国高校中是罕见的。熊庆来12年的努力耕耘，让云南大学日新月异，创造了云南大学历史上的第一个“黄金时代”。

身残志坚　尽瘁祖国

1949年，熊庆来在巴黎参加联合国教科文组织的一次会议期间，不幸因脑溢血而致右半身瘫痪，但他并未向病魔屈服。他开始学习用左手写字，凭借顽强的毅力继续投入他的数学研究工作中。

1949年以后由于国民党政府的反动迫害，熊庆来一直“流浪”海外。1957年在周恩来总理的亲切关怀下，他不顾台湾当局的引诱与威胁，毅然回到祖国大陆，耄耋之年的熊庆来以残而不废之身“尽瘁于祖国的学术事业”。

报国心切，却又命运多舛。在“文化大革命”中，熊庆来被打成“学术权威”和“熊华(罗庚)黑线”人物，受着无休无止的批斗和摧残。白天，他拖着残病的身体，被拉去开批斗会。到晚上，他还要在灯下，用左手辛苦地写“交代材料”，经常到凌晨才结束。

1969年2月3日的深夜，熊庆来慈祥而威严，静静地闭上了双眼。命运不济，身残志却坚；心系祖国，尽瘁却无悔。历史不会忘记这位为中国数学作出巨大贡献的人。

【背后的故事】

皮袍子的故事

熊庆来热爱教育事业，为培养中国的科学人才，作出了卓越的贡献。他打破常规，培养只有初中文化程度的华罗庚；他虽已半身不遂，但依然抱病指导研究生。

熊庆来惜才如命。1921年，他在东南大学当教授时，发现一个叫刘光的学生很有才华，经常指点他读书、研究。后来又和一位教过刘光的教授，共同资助家境贫寒的刘光出国深造，并且按时给他寄生活费。当时，熊庆来的经济条件也不是很好，有一次他甚至卖掉了自己身上穿的皮袍子，给刘光寄钱。当已成为著名物理学家的刘光知道这件事后，无语而凝噎，这件事让刘光刻骨铭心，永生不能忘怀。

熊庆来是慧眼伯乐，更是衣食父母，他为中国科学人才的培养，付了巨大的热情和挚爱。

【信息链接】

熊庆来故居

熊庆来故居在云南弥勒县城南50余公里的息宰村，始建于清代末期，占地1055平方米。坐西面东，有大小四院，砖木结构，硬山顶建筑，为当地民房样式。有正房、厢房、书房、客厅等。1993年公布为云南省文物保护单位。

第三章　田园之神

一、杂交水稻之父——袁隆平

【光影星播客】

袁隆平，我国著名农学家，中国工程院院士，我国杂交水稻研究领域的开创者和带头人，被誉为“杂交水稻之父”。他是真正的耕耘者，他在农业科研第一线辛勤耕耘、不懈探索。他提出的水稻杂交新理论解决了世界五分之一人口的温饱问题。他是当代神农氏，他让人类战胜饥饿，喜看稻菽千重浪，他为人类带来绿色的希望和金色的收获。

【成功语录】

◎人就像一粒种子，身体、精神、情感都要健康。种子健康了，我们每个人的事业才能根深叶茂，枝粗果硕。

◎科学研究是没有国界的，但科学家是有祖国的。不爱国，就丧失了做人的基本准则，就不能成为科学家。

【生平回眸】

袁隆平，1930年9月7日生于北京，祖籍江西省德安县。1949年在重庆相辉学院农学系读书。毕业后,到湖南省安江农校教书。1960年在安江农校实习农场早稻田中,发现特异稻株,受到启发开始从事水稻雄性不育试验。1964年在国内首创水稻雄性不育研究。1972年选育成中国第一个应用于生产"的不育系二九南1号"。1974年育成了中国第一个强优势杂交组合"南优2号"。1978年当选全国第五届人大代表。1979年12月,被国务院授予全国先进科技工作者与全国劳动模范的称号。同年,任农业部科学技术委员会委员、中国作物学会副理事长、中国遗传学会理事。1981年,他的籼型杂交水稻获国内第一个特等发明奖。1982年被国际同行誉为"杂交水稻之父"。1984年获国家级有突出贡献的中青年专家称号。1985~1988年连续三次获国际科学大奖。1989年被评为全国先进工作者。1995年1月,获首届"何梁何利基金生物学奖"。1995年5月,当选为中国工程院院士,10月,获联合国粮农组织"粮食安全保障"荣誉奖章,12月16日,"国家杂交水稻工程技术研究中心"正式成立,袁隆平任主任。2001年2月19日,获首届"国家最高科学技术奖"。

【成功路上】

历经艰辛坎坷　首育三系杂交水稻

1966年,"文化大革命"袭来,袁隆平被打成"自由散漫,典型的资产阶级知识分子",并准备把他关进"牛棚",他的试验田被搅得一片狼藉。

1968年5月18日,是袁隆平终生无法忘记的日子。就在这天,他视为自己生命的试验田里的秧苗全部被人连根拔起,整个试验田被彻底破坏。袁隆平痛不欲生,但困难面前才显强者风范,事发后第4天,他继续坚持试验。他认为要加快育种步伐,不能只局限于安江与长沙,要到气候炎热的地方去。也是从这一年起,每年冬天,袁隆平都要和助手一起到海南三亚搞水稻育种。在路上,他们甚至把珍贵的种子绑在腰上利用体温催芽。孩子出生,父亲病故,他也没有时间回去看一眼。焦灼和苦闷包围着袁隆平，但他不灰心，不放弃。

时间到了1971年11月23日，在海南岛茫茫野生稻丛里，袁隆平和他的两位助手发现了一株雄花？育的天然野生稻！袁隆平仔细观察后，最终确认这是一株十分难得的野生稻雄性不育株，他当即高兴地命名为“野败”，并向全国育种专家和技术人员通报了他们的最新发现。随即，袁隆平把“野败”材料贡献出来，组织全国性的攻关。1972年，在全国的协作配合下，袁隆平选育成了中国第一个应用于生产的“不育系二九南1号”。第二年，袁隆平在突破了“不育系”和“保持系”的基础上，广泛选用长江流域、华南、东南亚、非洲、美洲、欧洲等地的1000多个品种，进行测交筛选，终于首次育成了三系杂交水稻，将水稻产量从每亩300公斤提高到每亩500公斤。

成功是付出的，袁隆平用他的执著和坚韧，抒写了自己传奇一生，改写了农业历史。

【背后的故事】

他是个“小气鬼”

袁隆平淡泊名利，在他看来，金钱的多少，无非是一个数字。而他的金钱观渗透在生活中的点点滴滴。

他有一个“怪癖”——专挑便宜货买，价钱高的东西他不感兴趣。有一天，他与夫人邓哲逛商场，看到货柜里有打折到10块钱一件的衬衫，一口气买了10多件，他说这样的衬衣好，下田的时候穿起来方便，不用担心弄脏了。作为全国政协常委、湖南省政协副主席，袁隆平可以坐头等舱，但他从来都是买经济舱的票。有一次，买机票的同志考虑他工作操劳过度，为了能让他在飞机上休息得舒适一点，就买了头等舱的票。登机前，袁隆平才发现是头等舱，硬逼着送行的秘书退掉头等舱，换了经济舱。

袁隆平是个“小气鬼”，但他只对自己“小气”，对别人却一直乐于尽全力帮助。在学校，他是博士生导师，带过许多博士生，其中有一个是从农村来的,家里生活比较困难。有一次,这名学生打电话给他,说是父亲病重住院,急需用钱,他二话没说,从自己的工资收入中给那个学生寄去了两千块钱。

袁隆平大大小小、国内国际获奖无数,他几乎将所有大奖的奖金都捐赠给了以他的名字命名的农业科技奖励基金会,以表彰和扶掖对农业科研有贡献的人。1981年,袁隆平获得了我国第一个,也是迄今唯一一个特等发明奖,得了10万元奖金。生活并不富裕的袁隆平只给自己留了5000元,其他都分给了同事、同行。此外,他还将所获的12.5万美元的“世界粮食奖”的奖金,捐赠给了由他发起成立的科技奖励基金会……他还出资捐助教育事业、慈善事业。

淡看名利,静看荣誉。他是智“慧农夫”,他是善良“农夫”,一身布衣,大爱无疆。

【信息链接】

1. 电影《袁隆平》

影片通过再现“杂交水稻之父”袁隆平从20世纪50年代到70年代进行杂交水稻“三系配套”研究并取得成功的风雨历程,展示了中国科学家心忧天下、造福人类的宏大抱负,自强不息、勇攀高峰的创新精神,不畏艰辛、迎难而上的坚强意志,淡泊名利、奉献社会的高尚情操。该片是为纪念改革开放30周年而拍摄,表达方式颇多创新,尤其是袁隆平院士亲自出演老年时候的自己,成为影片的一大看点。

2. 袁隆平星

1999年10月,经国际小天体命名委员会批准,将编号为8117的一颗小行星命名为“袁隆平星”。这颗小行星是1996年9月18日在兴隆观测站发现的,发现后的暂定编号为1996SD1,其中SD正好是中文“水稻”的汉语拼音字头。当它获得8117这一永久编号后,为了表示对“杂交水稻之父”袁隆平先生的敬意,天文学家们决定把它命名为“袁隆平星”。

二、中国小麦远缘杂交之父——李振声

【光影星播客】

李振声，著名小麦遗传育种学家，中国小麦远缘杂交育种奠基人。55年的科学生涯中，他主要从事小麦遗传与远缘杂交育种研究，同时开展农业发展战略研究。他为牧草和小麦进行远缘“婚配”；他成功解决小麦利用过程中长期存在的两个难题，为小麦染色体工程育种奠定了基础。

【成功语录】

◎粮食生产是国民经济永恒的主题，这个思想任何时候都不能变。

◎搞科研，要把百分之九十九的时间花在调查研究上，这样得出的结论才算是水到渠成。

【生平回眸】

李振声，1931年2月25日生于山东淄博。1951年毕业于山东农学院。1956年，响应国家支援大西北的号召奔赴陕西杨陵，在中国科学院西北农业生物研究所开始了小麦育种研究。经过20年的努力，他带领课题组育成小偃麦八倍体、异附加系、异代换系、易位系和小偃4号、5号、6号、54号、81号等小偃系列小麦新品种。1985~1987年我国粮食产量出现了下降，李振声提出了在黄淮海地区进行中低产田治理的建议。该建议的实施促进了我国粮食增产，在解决贫困人口温饱方面取得了巨大成果。20世纪80年代，李振声培育出小麦新品种——小

偃54，解决了优质和高产之间的矛盾，为国家节约了资源，减少了化肥对环境的污染。20世纪90年代初，他提出了走资源节约型高产农业道路的可持续农业发展观。他所秉持的“少投入、多产出，保护环境，持续发展”的小麦育种新方向成为农业973项目研究的重要指导原则。他曾担任中科院原西北植物研究所所长，中科院西安分院副院长，中国科协副主席等职，他是中共十二大、十三大代表，全国政协第八届、第九届常务委员。现任中科院遗传发育所研究员，植物细胞与染色体工程国家重点实验室学术委员会主任。1978年获全国科学大会奖，1979年被授予“全国劳动模范”，1985年获国家发明一等奖，1989年获陈嘉庚农业科学奖。1990年当选为第三世界科学院院士，1991年被选为中国科学院院士。1995年获何梁何利基金科学与技术进步奖，2005年获农业部中华农业英才奖。

【成功路上】

生活节约　一心只为科研

李振声是一个生活俭朴节约的人。他常常讲，工作和生活要像山东人吃大饼卷葱一样，要边吃饼边把葱往下拉，要节约葱。他和他的研究小组育成的“小偃6号”，抗病性强，产量高，品质好，产生了显著的社会经济效益。为奖励他们的贡献，省里要给他几十万资金，但李振声却一分没要。当时他们课题组只有一辆自行车，单位离官村试验基地有15里路，大家来回都是步行，很辛苦。组员们向李振声提议，用这笔钱买几辆自行车改善办公条件。可李振声说：“我们的成果是在没这笔钱的时候做出来的，我觉得我们现在的条件挺好啊！要钱干啥？”做品比试验的时候，组员们想往袋子上印字，李振声说：“印字要掏钱的，挂个袋子就行。”

但在工作上，李振声却是细心而大方。组里有的同志工作不顺心，有情绪，他就出面做思想工作，解开他们思想上的疙瘩。基地村民有疑问，他就把村民领到实验基地一边实地讲解，一边认真地回答村民的问题,让村民带着满意的麦种回家。有同事生病,他总是左叮咛右嘱咐,还把保健品拿给他们,强调要保重身体。

山东大汉,心胸开阔,随和可亲。他生活勤俭节约,一心只为科研。

工作严谨认真

在工作上,李振声是一个要求严格、做事严谨的人。小麦播种时要划行,每年他组织生产,总要求划行要划得又直又端。没划直,抹平重划,直到满意为止。到冬季选种的时候,他和组员们一样在家里吃完早饭,带上馒头,拿点开水,步行15里到田里选种,午饭时间就和大家席地坐在田间地头,吃家里带的馒头和开水。

在接锈病的时候,为了保持湿度,李振声要求组员们在接的过程中,一个袋子里装一个棉球。他总结经验,发明了新叶涂抹法,在小麦的新叶上直接涂抹,省时省工。考种时,他要求必须把选单株时的牌子内容全部自摘录下来。遇到重要的株系时,他就亲自考察。晒种时要求组员们亲自看着,怕混杂。做小麦移栽试验,他亲自领着组员们到田间移栽,移栽技术也是李振声发明的。每个环节,每个步骤,他都反复叮嘱,仔细观察。

李振声曾过,搞科研,要把百分之九十九的时间花在调查研究上。他在用自己的行动践行他的信念。

【背后的故事】

国人喜　家人泪

2005年4月,李振声信心百倍地告诉世界:“中国人能养活自己!现在如此,将来我们相信凭着中国正确的政策和科技与经济的发展,也必然能够自己养活自己!”原来,在1994年,美国农业和环境问题专家莱斯特·布朗在《世界观察》上撰文提出了“谁来养活中国”的问题。他判定到2030年,不仅中国养活不了中国,世界也不能养活中国。

李振声在博鳌论坛上推翻了布朗的结论。他认为:布朗的推论不正确，不符合中国实际！第一，中国人口增长速度比他预计得慢了1/3；第二，人均耕地减少的速度不像布朗预计的那样严重；第三，我国粮食15年合计进出口基本持平，净进口量只有879.4亿斤，相当于总消费量的0.6%，微不足道！他有理有据的辩证，赢得了雷鸣般的掌声。国人阴云顿散，笑逐颜开，也为李振声的精彩演讲而自豪。

但是当从海南带着成功、激动的心情飞回北京的时候，李振声在机场看到的却是臂戴黑纱的女儿——相濡以沫几十年的老伴，就在他参加博鳌论坛的当天去世了。真是国人喜，家人泪。然而李振声说："粮食生产是国民经济永恒的主题，这个思想任何时候都不能变。中国的农民是很讲实惠的。要让他们尝到甜头，他们才会安心种粮。国家政策的稳定支持是最重要的。我做了我力所能及的事情，老伴会理解的！"

就在这年年底，联合国世界粮食计划署在北京正式宣布了停止对华粮食援助的期限，理由是：中国政府在解决贫困人口温饱方面已经取得巨大成果，不再需要联合国的援助了。铁的事实证明，我们中国人不但能养活自己，而且完全是自己养活自己，这是中国的无上骄傲。

李振声，山东汉子的豪气，祖国脊梁，国人骄傲，家人自豪。

三、中国植物的“活词典”——吴征镒

【光影星播客】

吴征镒，我国著名植物学家。70年从事植物学研究和教学，是我国植物分类学、植物系统学、植物区系地理学、植物多样性保护以及植物资源研究的权威学者。他是草木的知音，他为花木建立“户口簿”，10年里制作了一套3万余张的中国植物卡片，为人类认识自然，实现人与自然和谐共存做出了巨大的贡献。他是世界上最杰出的植物学家之一，被称做中国植物的“活词典”。

【成功语录】

◎什么叫科学，科学就是深入到最复杂的事物中去，找出其发生发展规律的一种工作。

◎为学无他，争千秋勿争一日。

◎人的一生不要以索取为目的，而是要以服务为目的。

【生平回眸】

吴征镒，1916年6月13日出生于江西九江。1933年考入清华大学生物系，1937年本科毕业。1940~1942年在西南联大理科研究所攻读研究生。从1936年起从事植物学诸多领域的研究，先后去过除非洲之外的四大洲观察植物。多次组织领导了全国植物资源调查，提出了指导植物资源合理开发利用的理论。他提出“东亚植物区”的概念，认为

这是最古老的植物区；还提出被子植物起源“多系—多期—多域”的理论。1950年任中国科学院植物研究所研究员兼副所长。1955年选聘为中国科学院学部委员（中国科学院院士）。1979年当选为中国科学院主席团成员，并兼任中国科学院昆明分院院长。1980年任美国植物学会终身外籍会员，瑞典植物地理学会名誉会员，前苏联植物学会通迅会员。现任中国科学院院士，中国科学院昆明植物研究所名誉所长兼研究员。1997年当选世界自然保护协会ISCN理事。1999年荣获号称世界园艺诺贝尔奖的日本花卉绿地博览会纪仿协会“考斯莫斯国际奖”，成为世界第七位、亚洲第二位获得该奖的学者。他历时45年组织完成了中国首部植被专著《中国植物志》。2008年1月8日，获得了2007年度国家最高科学技术奖。

【成功路上】

草木缘

谁也不会想到，一个从小就喜欢琢磨花花草草的孩子，竟然一辈子沉浸在草木的王国里，从懵懂孩童到耄耋老者，吴征镒缘定草木，践行着“极命草木”的人生追求。 家里的后花园是吴征镒的宝贝基地，是他和植物打交道的第一位启蒙老师。才五六岁的他最爱去花园里玩耍，他喜欢花草树木的自然色，喜欢植物生长的千姿百态，在那里他能感受到大自然的神奇。到了上小学的年龄，他开始在家塾读书，在书里他似乎发现了一个更大更深的世界，觉得书里的世界比外面的世界更远、更好。那时，吴征镒最爱读的书是家里收藏的一本清代吴其浚撰写的《植物名实图考》，后来他还找来日本的一些普及植物知识的图鉴。他对着这本书的图谱，去认识花园里那些以前叫不上名字的花草。他还采集了100多份标本，对物识名。也就是从这个时候，他与植物结下不解之缘。

初中的吴征镒最喜欢的是自然课程。生物老师讲的每一堂课他都极认真地去听，在课堂上他认知了植物的茎、花瓣和花蕊等等，他对植物有了初步的认识,对植物的好奇心和求知欲更加强烈。

大学时,吴征镒依然选择了他喜欢的生物系。1937年,大学毕业的他留任清华大学生物系助教。由于时局动荡,吴征镒随学校迁至云南,到西南联大工作。西南红土高原的山山水水、丰富的植物种类和复杂多样的植被景观把他深深吸引,近乎痴迷。1958年,42岁的吴征镒举家迁至云南,扎根这个"植物王国",践行他"极命草木"的誓言。

他是"摔跤冠军"

对于研究植物的吴征镒,野外考察、取样是他的家常便饭。西双版纳是云南植物种类最多的地方,也是他学术考察最常去的地方。云南多雨,每逢雨季,满地泥泞,但吴征镒天生平脚板,这个生理缺陷让他吃尽了苦头,在红泥巴路上不知滑了多少跤,全身糊满红泥。因此,大家都叫他"摔跤大王"。

吴征镒一到野外考察就好像置身于一个魔法世界,他完全忘记了自己,走路只顾眼前不顾脚下,生怕自己漏下一株小植物。有一次,他和他的考察组到云南文山考察西畴植物,走着走着,他又跌坐到了地上,大家都在为他捏着一把汗。他却一屁股坐在地上出神地看一株白色寄生植物。他拿在手上左看右看,认出是锡杖兰,他突然兴奋地对大家说:"这个植物,是中国的新纪录。"他这一跤摔出来一个植物新种。

吴征镒太爱大自然了,花甲之龄时还一次次到西藏、新疆等地考察,足迹留在了喜马拉雅山的雪峰和塔什库尔干的沙漠里。80岁高龄时,他还亲自带考察组去台湾考察植物。在他的记忆里,透明、湛蓝的天空,洁白的雪山,无际的大草原,成群的牛羊,永远是最美的。

他走过了除非洲以外的四大洲,走遍了全国所有省市,他用足迹丈量草木世界,他用热爱装点植物世界。

【背后的故事】

"牛棚"轶事

吴征镒虽是生物学家,但他广泛涉猎,不失时间地学习研究。中草药是中华文明的瑰宝,他认为植物学要跨学科发展,以更好地实现学科价值，于是他很早就涉足中草药研究领域，还在1945年完成了《滇南本草图谱》。

“文化大革命”时期,他被下放到“牛棚”劳动。没书读,他就想尽办法找书读，有一天他竟然找到了一本赤脚医生使用的中草药小册子,把他乐坏了。于是,他请朋友们帮他收集这种小册子。在“牛棚”的日子,他一边在“牛棚”烧开水,一边摘抄小册子上的内容。凭着他惊人的记忆力,他把新中国的中药、草药5000多种,按低等向高等的演化次序编出了详细的目录,并把植物名称和中草药名称统一起来,在古代医书及植物学有关书籍的记载中进行考证。在考证的过程中,他还发现了很多名不见经传或在经传中已经失传的中草药植物。

“文化大革命”结束后,他组织三个研究所的力量对这些中草药资料进行系统整理,编著出版了《新华本草纲要》(上、中、下册)。这为繁荣中华医学宝库,使中草药规范化、科学化并且走向世界做出了卓越的贡献。

【信息链接】

1.《中国植物志》

吴征镒参与组织领导编纂,是目前世界上最大型、种类最丰富的一部巨著,全书80卷126分册,5000多万字。记载了我国301科3408属31142种植物的科学名称、形态特征、生态环境、地理分布、经济用途和物候期等。它为中国的一草一木建立了户口本。

2. 中国西南野生生物种质资源库

由著名植物学家吴征镒1999年致信国务院总理朱镕基建议立项,2009年4月29日在中国科学院昆明植物研究所建成。它是中国第一座规模达83.95亩的国家级野生生物种质资源库。该种质资源库主要包括种子库、植物离体种质库、DNA库、微生物种子库、动物种质库、信息中心和植物种质资源圃。

第四章 生命天使

一、中国肝胆外科之父——吴孟超

【光影星播客】

吴孟超，中国科学院院士，著名肝胆外科专家。他发明了捆扎治疗血管瘤的新方法，创建了世界上规模最大的肝脏疾病研究和诊疗中心。他创立了独具特色的肝脏外科关键理论和技术，建立了中国肝脏外科的学科体系。他是中国肝脏外科的开拓者和创始人，被誉为“中国肝胆外科之父”。

【成功语录】

◎看病是人文医学，是人与人之间的沟通，一定要关心病人，爱护病人，热情接待病人。病人没有高低贵贱，医生对病人要有信心、耐心、爱心、细心。医生没有挑选和应付病人的权利，只有为他们解除病痛的义务。

◎病人就是一本书，从门诊、治疗、手术到康复，内容非常丰富。治好了一个病人就积累了一份财富，认真清理总结这笔财富，积蓄下来就是一部巨著，掌握了就是一名好医生。

【生平回眸】

吴孟超，1922年8月31日生于福建省闽清县，马来西亚归侨。1939年从马来西亚回国抗日。1943年考取同济大学医学院，1949年大学毕业。从1958年起，开始进行肝脏解剖的研究，后来创立了独具特色的肝脏外科关键理论和技术，建立了中国肝脏外科的学科体系。1959年，灌注了我国第一具完整肝脏血管模型。1960年，提出了具有创新性的“五叶四段”肝脏解剖新理论，同年，主刀做了长海医院第一次成功的肝外科手术。1975年，发明了捆扎治疗血管瘤的新方法，此方法让治疗肝海绵状血管瘤的成功率达到100%。1979年9月，代表中国参加第28届国际外科学术会议，同年被增选为国际外科学会会员。20世纪80年代，组建了国际上规模最大的肝脏外科专业研究所，研制了细胞融合和双特异性单抗修饰两种肿瘤疫苗，发明了携带抗癌基因的增殖性病毒载体。他从事肝脏外科领域研究近50年来，发表学术论文796篇，主编《黄家驷外科学》《Primary Liver Cancer》等专著15部。2006年，获得2005年度国家最高科学技术奖。

【成功路上】

意外的第一次手术

1960年，长海医院第一次成功的肝外科手术，也是全国肝脏外科成功的第一例手术。而这次手术，也是吴孟超第一次亲自主刀的外科手术。

因为是医院的第一例肝癌切除手术，医院格外重视。院长坐镇手术室，由外科主任郑宝琦亲自主刀，吴孟超为助手。

作为主刀医生的助手，吴孟超深知手术对医院的重要程度，手术那天他第一个来到医院，一切都按照程序进行：消毒、麻醉……大家进入手术室各就各位，郑宝琦站在主刀的位置，吴孟超则站在助手的位置。手术就要开始了，就在那一刻，郑宝琦突然把手术刀递到了吴孟超的手里。手术室里所有的人都愣了。这台手术的成败,事关整个医院的名誉,而手术失败,主刀医生的名誉也会受到影响。

太意外了,吴孟超不知所措,在主任眼神的一再暗示下,他明白了主任的用意:是信任与鼓励,是寄托和希望。这是恩师的一片良苦用心。这短短的几秒钟,吴孟超的信心和勇气似乎增加了,他自信地站到了主刀的位置。

接过小巧的手术刀,在今天却显得意义非凡,沉甸甸的,他稳定了一下情绪,用从"裘氏刀法"转化来的"吴氏刀法",划开了第一刀。随后,他用专业的手术程序进行手术。伸手摸显露出来的肿瘤,判断位置和大小;然后探查、剥离、切除、止血、结扎、冲洗、检查、缝合。手术有条不紊,如行云流水,只用了3个小时。手术结束后,检查患者的血压、脉搏、呼吸等体征,一切正常。手术成功了!

他是时刻准备着的人,"临危受命"足显他精湛水平。一次意外的手术,成就了他也成就了长海医院。

精彩演讲震惊世界

1979年9月,第28届国际外科学术会议在美国旧金山举行。这是世界外科的最高学术水平的集会。吴孟超以及他的3个战友代表中国,应邀参加了这次会议。

世界的集会,高水平专家的汇集,长期封闭的中国,让吴孟超他们全然不知世界的发展情况。但他深知,站在演讲台上的他不是代表个人,而是国家。在出国前的两三个月里,为了提高自己的外语水平,加强应对提问的能力,他练口语,听录音,改论文,整理材料,每天只睡两三个小时。

大会开始,虽然之前做了大量的准备,但吴孟超还是有些不自信,忐忑不安的。等轮到吴孟超时,他还是镇定地大步走上讲台。吴孟超?中国?肝胆外科?对于在场的与会代表,一切都那么陌生,那么突然。就在吴孟超准备开始演讲时,大会执行主席突然宣布:将原定的15分钟发言时间改为10分钟,吴孟超懵了。虽然他的论文精而又精,但里面容纳了18年来手术切除治疗原发性肝癌的体会，再加上配合的幻灯片，10分钟怎么也不够。他有些不知所措，台下的3位战友向他看来，短暂的对视，给了吴孟超精神力量。他定了定神，然后走向主席台，向主持人讲明了原因，要求延长5分钟。会议主席同意了他的要求。

"本文分析1960年1月至1977年12月手术切除治疗原发性肝癌181例……总手术成功率91.2%，手术死亡率仅占8.8%，手术后5年生存率达16%，有6例已生存10年以上……"一口流利的英语，一组惊人的数据，引起了台下的骚动，"181比18，中国人了不起啊！"15分钟一到，演讲戛然而止。短暂的安静之后会场掌声雷动。人们投以尊重，不停地提问。吴孟超和他的战友用流利的英语一一作答。

会后，吴孟超使旧金山刮起了一阵"吴旋风"，吴孟超用东方智慧，震惊世界。他用事实证明了中国的实力，让世界对中国刮目相看。

【背后的故事】

老资历却不摆谱　及时检讨虚心认错

吴孟超在医院算是元老了，医术高，资历深，但他从来不摆谱，以平常心对待每一件事。发现问题及时解决，出现错误虚心检讨。有一次，吴孟超给一位病人做了肝病手术后，病人出现了黄疸。一般情况下，肝功能不好的病人，有可能出现黄疸，但吴孟超却专为这事召开了全院大会。会上，很多人是吴孟超的学生，大家都不知如何发表意见，毕竟是师长，一阵沉默后大家不得不发言。有的说手术难度大，出现小问题也正常；有的说是病人的肝功能不好。吴孟超严肃地看着大家，沉默一阵，他说："你们说的都不对，我认为是手术中可能把胆管封住了。"一语既出，满场皆惊。一百多人的会场，其中学生无数，他承认自己手术中出现失误，那这个老资历的院长颜面何在？吴孟超心里满载病人，他知道如果按照治疗肝功能不好的保守疗法治下去，病人很可能会有生命危险。他需要对病人负责。会议结束后，他马上找到病人家属并坦诚地向他们说明了情况，征得家属同意，吴孟超对病人实施了第二次手术。再次手术证明了吴孟超的判断:胆管的确出现了粘连,但起因却不是上次手术失误,而是肿瘤恰好生在胆管附近,客观上造成胆管口狭窄。他是“冤枉”的,但他的敢于面对失败的大气,令人敬佩。

在吴孟超的概念中,尽心为病人服务是他的神圣责任,他不怕手术失败、不怕“晚节不保”。病人的康复是他莫大的喜悦。

【信息链接】

吴孟超医学科技基金会

吴孟超医学科技基金会成立于 2004 年 6 月 1 日，是以非公募集资金的形式,促进医学科技发展、资助健康公益事业的社会团体、社会公益组织。吴孟超医学科技基金会的宗旨是:弘扬吴孟超院士的高尚医德和精湛医术，推动中国医学科学事业不断进步。每两年受理、评选一次。

二、万颅之魂——王忠诚

【光影星播客】

王忠诚，神经外科专家，中国工程院院士。他是新中国培养的第一代神经外科专家，也是我国神经外科的开拓者之一。他是神经外科诊断、治疗、科研和教学等方面的领头人。他是“老少边”穷地区神经外科发展的推动者。从医六十载，他为建立发展我国神经外科事业作出了许多创新性贡献。他是唯一获得世界神经外科联合会“最高荣誉奖章”的中国人，被称为“万颅之魂”。

【成功语录】

◎所谓“好医生”，不是不犯错，只是不断总结成功经验，吸取失败教训，尽可能少犯错。

【生平回眸】

王忠诚，1925年12月2日出生于山东烟台。1942年，在山东烟台道恕街小学当教员。1944年，在北平医学院医学系学习。1950年北京大学医学院毕业后在天津市立总医院当外科医生。1951年参加抗美援朝医疗队。1955年任北京同仁医院神经外科代理主治医师。从1958年到1982年，一直在北京宣武医院工作。1960，年北京市神经外科研究所成立，任副所长。1965年出版专著《脑血管造影术》，获“全国科学大会奖”。1978~1979年先后出版《神经外科学》第一卷、第二卷。1982年任北京天坛医院院长。1988年当选美国神经外科学会荣誉会员。1989

年被英国剑桥国际人物中心收入名人录。1990年和1991年先后两次被美国传记学院授予年度“世界名人”证书。1993年主持第二届亚太国际颅外科会议并当选大会主席。1994年当选“中国工程院院士”。1997年任中国医学科学院神经科学研究所所长,同年还荣获“何梁何利基金”科学与技术成就奖,当选中国共产党第十五届全国代表大会代表,被评为“全国优秀科技工作者”。1998年当选第九届全国人民代表大会代表,主席团成员。2008年度获得国家最高科学技术进步奖。

【成功路上】

战场经历让他从医脑外科

1951年,王忠诚参加了抗美援朝医疗队。他们随部队来到鸭绿江边,在一片荒林雪野里,搭起战地医院,不分昼夜地抢救志愿军伤员。当时,骨科、外科、内分泌科他们都能治,却唯独对脑外伤束手无策。但是在战地,很多战士因头部中弹而受了脑外伤,昏迷中的战士在病痛中还高喊着“冲啊,冲啊……”战士们垂死挣扎,王忠诚和同事却只能眼睁睁地看着战士们死去,那份心痛的感觉王忠诚至今记忆犹新。当时,他就暗下决心:“回国后,一定要学习脑外科!”

1952年,国家卫生部在天津筹建神经外科培训班,刚从朝鲜战场回来的王忠诚,毫不犹豫地申请加入,成为新中国第一批神经外科医生。大脑是人的生命、思想、行动的中枢系统,里面集中了人体20%的血液,神经纤维细密又线路复杂。解剖人脑有相当大的难度,就连上大学时解剖课考满分的王忠诚,在学习脑神经外科时也感到难度大。但是为了自己曾经的誓言,王忠诚豁出去了。那时,学习科研的条件很艰苦。白天按时上班,晚上去学习。搞研究,没有头颅标本,他和同事们只好夜里去乱坟岗挖没有立碑的坟墓。取回头骨,清洗消毒,然后再对照着研究神经解剖图谱。不仅没有实物标本,就连学习的资料,少得可怜。但就是在这样的条件下,王忠诚依然不断地摸索研究。1953年,王忠诚首次为脑部肿瘤患者实施手术,并获得了成功,这是鼓舞人心、壮大士气的一次手术。

朝鲜战场的特殊经历，让王忠诚走上了脑外科的从医之路，也填补了中国神经外科领域的空白。

救死扶伤　无愧医德

从医六十载，王忠诚做的神经外科手术超过万例，他用手中的柳叶刀创造了很多的奇迹。在他的心里，病人的生命比医生的名誉更重要，病人的需要就是命令。“救死扶伤，大爱苍生，无愧医德”是他的从医原则。

有一次，一大早就有人敲响了王忠诚家的门，打开房门，看见一位60多岁的农民老汉跪在门口着急地说：“俺要找王院长救救俺儿子。”王忠诚急忙把老汉扶起来，搀进了屋里。老汉见到王忠诚，老泪纵横，说：“您不救他，孩子就没命了。”说着，“扑通”一声，老汉又跪在了地上，从怀里掏出一沓钱说：“您不接这钱，俺就不起来。”看着老汉手里那沓皱皱巴巴的钱，看着老汉为儿子求命的眼神，王忠诚赶紧说：“好，钱我收下啦，您快快起来吧。”

原来，这位山东老汉的儿子得了重病，昏迷不醒，当地县医院诊断是脑肿瘤。看病的医生告诉他说，北京的王忠诚大夫能治这种病。于是，老汉东拼西凑借了钱赶到北京。那天的手术持续了五六个小时，当疲惫不堪的王忠诚走出手术室，老汉迎上前去，没等老汉开口，王忠诚就说：“手术很顺利，请放心吧！”说完，从衣兜里掏出那沓儿钱，还给了老汉。老汉一把拽住王忠诚的胳膊说：“您救了俺儿子的命，这1000块钱说啥也得收下，要不俺心里不安哪！”王忠诚微笑着说：“老兄弟，我收了您的钱，您心安了，我可就亏心啦！”

王忠诚把病人当亲人看待，他用心去理解他们的痛苦与渴求康复的心情，他用医术去挽救他们的生命。

【背后的故事】

半工半读求学路

王忠诚出生在一个贫寒家庭，家里兄弟姐妹九个，他排行第六。

父母靠着摆地摊、卖杂货艰辛度日。家里的女孩都未能上学,男孩最多上到初中。目睹过旧社会的腐败,亲历过日本侵占时期的悲惨,王忠诚初中毕业后他坚决要求继续读书。于是他一边打工挣钱,一边上学读书。上高中的时候,王忠诚差半年就能毕业了,但因家境贫困被迫辍学,后在校长一再努力下才得以续学。靠着半工半读,王忠诚考入了北平医学院(今北京大学医学院),成为全家唯一的大学生。

因为家境的原因,王忠诚的大学生活依然艰苦。在大学里,他边挣钱边念书,用自己赚来的钱维持生活。他在外边常家教,冬天就给居民送煤……但就是这样,他的生活依然捉襟见肘。有一年冬天,他实在没有棉衣可穿,同屋的同学就把新做的一件棉袄送给了他,说是借给他的,但他心里知道同学是送给他的。在许多同学的帮忙下,王忠诚坚持完成了学业。

坚持就是胜利,艰难的半工半读求学路,王忠诚走了下来,他成功了,也胜利了!

三、中国中西医结合的奠基者——陈可冀

【光影星播客】

陈可冀，我国著名中西医结合内科、心脑血管科专家，中国科学院院士。长期从事中医、中西医结合、心血管病及老年医学的研究。他用活血化淤的中医理论治疗冠心病等心脑血管疾病。他让国粹中医和西方医学联姻，从中西医两个方面探究心脑血管疾病，总结出了一套中西医结合的疗法。他是我国中西医结合的奠基者及开拓者。

【成功语录】

◎ 在更新疗效或发展理论研究中，要多一些宽容，少一些责难；多一些帮助，少一些“帽子”。

◎ 互补才能双赢和多赢。

◎ 事业的成功要靠有志趣，有目标；肯学习，能坚持。

【生平回眸】

陈可冀，1930年10月出生于福建。1954年7月毕业于福建医学院。1955年底调到中医研究院学习和研究中医。 1959年进行了中医脉象现代化研究。1960年后集中精力从事中西医结合心血管病研究。1957到1958年间，陈可冀与章宗穆合作，制成以酒石酸钾钠为换能原件的“寸关尺脉搏描记仪”。1962年以后，他集中进行了冠心病中西医结合的研究工作，总结了中医治疗冠心病的“辨证论治”“活血化瘀”“芳香

温通”“宣脾通阳”“补肾助阳”及“含黄酮类中药的应用”等途径。1978年,陈可冀被聘为国务院学位委员会医学评议组成员。1991年当选为中国科学院学部委员(院士)。现任中国中医科学院首席研究员,中国中西医结合学会名誉会长,中华医学会常务理事及老年医学学会主任委员,中国科学院学部主席团成员,教育部中医内科学重点实验室学术委员会主任,世界中医药联合会高级专家顾问委员会副主席,国家药典委员会委员,世界卫生组织传统医学专家咨询团顾问。曾任第七、八、九届全国政协委员。先后荣获国家科技进步一等奖,古籍整理金奖,爱因斯坦世界科学奖,首届立夫国际中医药学术奖及何梁何利科技进步奖。曾多次到欧美、日本、东南亚及东北亚各国讲学和访问,促进国内外中西医结合学术交流,扶植和造就大批新生力量。

【成功路上】

学以广才　志以成学

五十年如一日,陈可冀沉浸中医研究,他不断学习,不断探索。有人曾说他的成功得益于天资聪明,智慧超凡,记忆力过人。而陈可冀认为他的成功秘诀是:学习,不断地学习。

从古医籍到现代医学最新文献,从《黄帝内经》到近代著述,他都进行了系统的学习。中医博大而精深,它是时间的沉淀,是经验的积累。在中医和中西医结合研究上,陈可冀经常向老中医请教,虚心接受他们的教诲和指导。他做过老中医的助手,同他们共事并学习他们的点滴,还多年随老中医临诊。他从老中医身上,学习他们的医术,学习他们的医德,耳濡目染,完善自身。

在中医学术的继承上,陈可冀博采诸名家之长。他参与了数位名师著作的整理,先后主持整理出版了《岳美中论医集》、《岳美中医案集》、《岳美中医话集》以及《冉雪峰医案》、《赵锡武医疗经验》等学术专著。在整理过程中,他深刻地学习名师的学术精髓,让他得以做到枝叶交融,创造出新。

有志趣,肯学习,能坚持。陈可冀融诸家精华,终一枝独秀。

老祖宗的东西不能丢

近年来，随着中国开放程度的提高，中国的传统中药也走出国门，销往国外。但中药在海外的生存形势很严峻，屡屡被查出违禁化学物质超标。一时间，中药安全性问题成为人们议论的焦点。凡事严谨的陈可冀认为，错全在我们，我们丢掉了老祖宗的东西。

我国的现行中药药典中，有18.3%的中成药没有详细说明，也没有副作用说明，有的药物有副作用说明也仅仅是“忌油腻”“忌辛辣”等简单的字样。陈可冀觉得这本身就是一种不负责任、不求精的做法。中国传统中医药学从《黄帝内经》开始，历来重视药物不良反应问题，所谓“是药三分毒”。《神农本草经》对所载述的365种药物全部作了药效和毒性分析，并将毒性分为上、中、下三品。古老的中医博大而精深，岂能草草了事。老祖宗的东西不能丢！

对于中药注射液，他建议中药注射制剂的成分应尽量简单、单纯。成分过于繁杂，质量很难监控，易影响疗效和安全性。除中药注射制剂的先天问题外，他认为国家检测标准不够严格，也是导致安全问题的重要原因。除了要把好质量关外，更重要的是要制定中医中药的标准。如果让外国人来制定中药的标准，让外人来牵着我们的鼻子走，那是耻辱，也是笑谈。中国必须自己把握自己的主动权。

陈可冀的建议，饱含着担忧，但也信心满满。中医乃中国的国粹，中国人必须好好继承，将古老中医发扬光大。

【背后的故事】

治学严谨　严格教学

在陈可冀眼里，中医是宝贝，是老祖宗留给后人的财富。他觉得中医道路宽广而深远，自己要不断研习，也有责任将中医传承给下一代，做好接力工作。

1978年，陈可冀担任了硕士研究生及博士研究生指导教师。在他的教学中，他要求研究生要有过硬的中医知识，并且及时掌握现代医药学的最新进展。要求他们通过严格的医学科研训练具备良好的中、西医临床技能;陈可冀要求他们进行中医传统研究,整理文献和临床经验。他亲自查房带诊,以提高研究生的中西医临床水平;他深入实验室,指导检查研究生实验操作的每一个步骤。研究生的每一个科研课题他都要严格审定,其中的每一个细节都不放过;每篇论文他都要认真审阅,甚至是其中的一个小数据他也不放过。对于研究生的毕业论文,他更是提出了各方面的要求,科学的思维,严格的设计,确切的数据,恰如其分的文字表达,合乎逻辑的推理,有创新,有突破。他还要求研究生的论文要实事求是,不搞虚、浮、假、大、空,要经得起时间的检验。

多年的耕耘,陈可冀桃李满天下。他不仅要求自己严谨治学,而且要求自己严格教学。正所谓"严师出高徒",陈可冀的徒儿们都已在中医领域崭露头角,成为中医领域的新生力量。

【信息链接】

1.《黄帝内经》

《黄帝内经》是中国传统著作之一,是我国医学宝库中现存成书最早的一部医学典籍。它是研究生理学、病理学、诊断学、治疗原则和药物学的医学巨著。在理论上建立了中医学上的"阴阳五行学说""脉象学说""藏象学说""经络学说""病因学说""病机学说""病症""诊法"|"论治"及"养生学"、"运气学"等学说。其医学理论是建立在我国古代道家理论的基础之上的,反映了我国古代"天人合一"的思想。

2.中国医学四大经典

《黄帝内经》《难经》《伤寒杂病论》《神农本草经》。

四、中国妇产科学的奠基人——林巧稚

【光影星播客】

林巧稚，医学家，中国妇产科学的主要开拓者之一。她是中国科学院首届唯一的女院士。她是中国现代妇产科学的奠基人之一。她把毕生精力无私地奉献给人民，是人民的科学家，医务界的楷模；是中华民族的好女儿，当代妇女的杰出代表。

【成功语录】

◎ 我活着是为别人治病，为别人分担忧苦的。

◎ 我是个医生，是个中国大夫，科学可以无国界，科学家不能没有祖国。

【生平回眸】

林巧稚，1901年12月23日出生在福建省思明县鼓浪屿的一个教员家庭。1908年在女子小学上学，后就读于鼓浪屿女子高中，三年后升入鼓浪屿高等女子师范学校。1921年，毕业于厦门女子师范学校，同年考入协和医学堂。1929年毕业并获医学博士学位，被聘为协和医院妇产科大夫，是该院第一位毕业留院的中国女医生。1932年，到英国伦敦医学院和曼彻斯特医学院进修深造。1939年，到美国芝加哥医学院当研究生。1940年回国，任北京协和医院妇产科主任，成为该院第一位中国籍女主任。1942年，因太平洋战争医院关门，林巧稚在北

京开办私人诊所。1946年，受聘任北大医学院妇产科系主任。1948年，返回协和医院。1959年，当选首届中国科学院唯一的女学部委员（院士）。1973年，受聘为世界卫生组织医学研究顾问委员会顾问，任期五年。1983年4月22日，在北京病逝。2009年9月14日，她被评为100位新中国成立以来感动中国人物之一。

【成功路上】

样样都要拿110分

林巧稚刚生下来的时候，因为她是个女孩子，家里人不太喜欢她。到了该读书的年龄，哥哥和弟弟都背着书包高高兴兴上学去了，而林巧稚因为是女孩，被父亲留在家中，眼睁睁地看着哥哥、弟弟上学。可是她太渴望读书了，于是，她去求母亲。母亲心软，答应让她去试试看。

上学后，巧稚暗暗下决心："我一定要好好学！"她学习很认真，许多男同学的成绩都比不过她。可男同学还是不服气地说："一个小丫头，看她有多大能耐！"有一次，期末考试快到了，同学们都紧张地复习功课，课间休息时，她和几个女同学在讨论问题。几个男生朝着她们大声地嚣张地叫着："这次考试可难啦，你们女生准要考'糊'，能及格就不错了！哈哈……"林巧稚听了，腾地一下站了起来，理直气壮地说："女生怎么啦？女生照样拿第一。咱们比比看！男生拿100分，我就拿110分！"

为了这句话，林巧稚更加刻苦地学习。别人看一遍书，她就看三遍；别人做一道题，她就做十道题；别人9点钟睡觉，她要到深夜11点、12点才睡，她花了别人几倍的功夫。

考试到了，林巧稚认真地做每门考试的试题，她认真审题，仔细计算。考试结束了，成绩一公布，林巧稚果真拿到了全班第一名。这时，男生不得不佩服地说："林巧稚真行！"

也就是从这时起，林巧稚自己说的这句话深深地刻在她心里，"样样都要拿110分"，做到完美，做到极致，样样都要比男生强！

年幼时的那种性格和信念一直陪她走过漫漫人生路，顽强的毅力，刻苦的精神，不断进取，努力奋斗，这些优秀的品质，让她最终成为我国一流的妇产科专家。

永远的中国医生　永远的白衣天使

“我愿意做一辈子值班医生。”这是林巧稚几十年如一日坚守的诺言。她无时无刻都坚持在临床第一线，直到自己病重住进医院。“文化大革命”时期，林巧稚被勒令“靠边站”。当时有一位年轻姑娘的父母被打成黑帮，女孩儿也受到打击和牵连，患了内分泌紊乱引起的子宫功能性出血，林巧稚坚持保守治疗，为患者保留了子宫，但却因此遭到揭发批判，造反派批判她阶级立场有问题，为大黑帮的女儿治病。林巧稚平静地说：“我是一个大夫，大夫有大夫的道德！我看了40多年的病了，哪个人应当收留住院，哪个人不应当收留住院，我只看她的病情，不看她是谁。救死扶伤，是医生的天职。我怎能见死不救，怎能能治而不给她治病呢？”她就是这样义无反顾，心里只有病患，只有医生的职责和医德。

1937年，抗日战争爆发，当时林巧稚所在的协和医院妇产科主任麦克斯维尔决定飞回英国，并劝林巧稚也到英国。林巧稚认为国难时期，死伤无数，她不能离开协和，也不能离开祖国同胞。

新中国成立后，林巧稚率中国代表团出访西欧四国，因过度操劳，她在伦敦病倒了，被诊断为“缺血性脑血管病”。英国多家医院都为能有这样著名的医生到自己医院里来治病而感到荣幸和自豪，愿为她提供一切最好的医疗条件。但林巧稚却毅然要求回国治疗，她的魂梦永远在中国，她爱祖国，爱鼓浪屿，爱那里的山，那里的海。1983年她在北京病逝，遗嘱要求把她的骨灰撒到鼓浪屿的大海中。

她飞得再高，走得再远，她的心都被祖国牵着。她是永远的中国医生，她是永远的白衣天使。

【背后的故事】

献身医学　终身未婚

从医六十载，林巧稚执著地坚守在中国妇女和儿童的保健事业，她亲手迎接了50000多个小生命，享有“万婴之母”的美誉，她是“大家”的母亲。

早年的协和医院规定，护士不许结婚，如果要结婚，就必须辞职。迫于职业的压力，很多女医生选择了独身。在事业和个人幸福不能两全的情况下，林巧稚把事业放在了第一位，为此宁肯独身。她终身未婚，她没有享受过一般女性得到的爱情，她没有享受过为人母的快乐。她的青春全部献给了中国医学，但她得到了人民博大的爱，得到了救死扶伤的快乐。

旧中国，重男轻女的旧礼教，女人不行的旧观念，妇女在社会中的地位很低。作为一名妇产科医生，她希望自己可以从医学上给予妇女生理上的照顾，她也要求社会多给妇女一些关注。当她看到无数孕妇到分娩前还得不到休息，仍在做着繁重的劳动，否则就有被解雇或无法生活的威胁时，她表示了莫大的义愤。但她坚信，经过自己的努力，经过一代一代人的接力，妇女的出头之日总会来到的。

【信息链接】

1.《天堂没有路标》

作者：赖妙宽

简介：一部纪实色彩浓厚的小说，也是一部小说性很强的纪实文学作品。作家选择林巧稚这样一位传奇人物作为自己的写作对象，尽述她一生的曲折和辉煌，从中折射出中国现当代社会的流变。全书集中于林巧稚个人生命历程，把她成长的文化土壤、家庭背景，中国现代社会的战争、运动，医学专家的敬业精神、学术追求以及林巧稚在社会环境、生活条件与精神追求之间的选择等等，一一带入其中。

2. 林巧稚纪念邮票

1990年10月10日，为表彰林巧稚对我国现代科学的卓越贡献，我国原邮电部发行纪念邮票1枚。

3. 毓园——林巧稚大夫纪念园

“毓园”位于福建省厦门市的鼓浪屿东南部复兴路，占地5700平方米。为纪念鼓浪屿的优秀女儿、人民医学家林巧稚大夫，厦门市政府于1984年5月修建此园。

五、中国试管婴儿之母——张丽珠

【光影星播客】

张丽珠，中国著名的妇产科医学专家，长期致力于妇产医学的研究和临床工作。她是新中国妇产科学的重要开拓者和现代生殖医学的先驱和主要奠基人。她是中国内地第一例试管婴儿的缔造者，她圆了无数人的母亲梦，她让中国妇产科学跻身国际领先水平，被誉为“神州试管婴儿之母”，被称为“送子观音”。

【成功语录】

◎ 辛辛尽吾时，不知有穷竭。肯肯尽吾能，不暇问收获。

【生平回眸】

张丽珠，1921年1月15日出生在上海。1937年7月毕业于上海工部局女子中学，9月借读上海国立暨南大学物理系。1938-1944年在上海圣约翰大学医学院读书，获理学士医学博士学位。1944年在上海沪西妇产科医院任住院医师。1946年9月赴美国进修妇产科内分泌学和局部解剖学。1949年4月赴英国做研究工作。1950年10月获得英国皇家妇产科学院资格。新中国成立后，于1951年回到祖国。1951年9月到1952年8月在上海圣约翰大学医学院妇产科任副教授，附属仁济医院妇产科主任医师。1952年开始，在北京医学院第一附属医院任妇产科副教授。1958年参与北京医学院第三附属医院创建，历任该院妇产科主任，副教授、教授、博士生导师。从1984年开始，领导研究小组开始进行研究体外受精和胚胎移植技术（俗称“试管婴儿技术”）。1988年3月10日，培育了中国第一例试管婴儿，同年成为国家重点学科学术带头人。

【成功路上】

好强向上　不让须眉

张丽珠出生在一个书香世家，父母是第一批官费留日学生。家里有4个孩子，全是女儿，所以父亲心里多少有些遗憾。但父亲依然鼓励她们，希望她们能做有用之人。父亲曾经说：“好女胜于恶男。”对于女儿们的教育父亲也很开放，让她们去打球，去游泳。父亲有一首诗《四珠励》，“辛辛尽吾时，不知有穷竭。肯肯尽吾能，不暇问收获。”这句话总是鼓励着张丽珠一直往前走，踏踏实实做人，勤勤恳恳做事。

张丽珠在小学和中学时就很出色，参加演讲，热爱体育。她曾作为上海市代表队的主力队员，夺得全运会女子排球冠军，初中时还被授予“全面发展的优秀学生”称号。上大学之前，正逢抗日战争全面爆发，怀抱“科学救国”之志，张丽珠毅然报考了南京中央大学航空工程系，但因南京失守，学校内迁，她只好放弃了“航空救国”梦想。后来转入上海圣约翰大学专心学医，她认为学医也能为社会造福，从此医学成为她为之奋斗终生的事业。抗日战争胜利后，她深感新理论和新医疗方法的需要，选择了出国深造。她先后在哥伦比亚大学医学院、纽约大学医学院作博士后研究和进修妇产科内分泌学和局部解剖学。后来又去霍布金斯大学医学院学习妇科病理和妇科手术，最后到纽约研究肿瘤早期诊断。1949年，因为她在肿瘤研究方面的成就，受邀到英国作研究。在英国，她获得了英国皇家妇产科学院资格，还收集了妇科、产科各种病例，考察了西方社会化的医疗制度。

从中国起步，远涉两大洋，学贯中西，她永不满足，志存高远。她自强不息，胸怀报国之志。漫漫悬壶济世之路，她造福妇女，巾帼不让须眉。

萦回梦绕桑梓情

新中国成立了，这振奋人心的消息让身在国外的张丽珠久久不能平静。她放弃国外优越的生活环境和先进的工作条件，选择回到祖国母亲的怀抱。

谁知归国路上却是磕磕碰碰，障碍重重。当时英国当局百般阻挠，不卖给她船票，让她出具中国入境证。张丽珠当即决定向祖国求援，不久中华人民共和国政府留学生办公室发来了一封电报，电报内容很简单，就五个字："欢迎你回国！"收到电报的张丽珠又激动又高兴，这是她"一生命运的通知"。归心似箭，她立刻拿着电报买了回国的船票。1951年夏，她终于踏上了回家的轮船。中途停留香港，住在那里的亲戚纷纷访劝她留在香港发展，但她不为所动。她说："英国留不住我，香港也留不住我。"1951年7月，她历尽千辛万苦终于踏上了祖国的国土，恨不得亲吻这可爱的大地；当她看到珠江口上空飘扬的五星红旗时，顿时潸然泪下"亲爱的祖国，我回来了。"

回国后的张丽珠，凭借自己在国外习得的知识，全身心地投入祖国的医学建设事业中。

3万块起家开始试管婴儿试验

1984年，张丽珠和她的同事们申请到一个课题——《优生——早期胚胎的保护、保存和发育》，即试管婴儿研究。该项目是由国家自然科学基金资助的，当时有3家同时做这个题目，3家自然科学基金一共10万块钱，平分下来每家医院也就大概三万块的资金。就这3万块起家，张丽珠和她的同事开始了试管婴儿试验。

当时资金紧缺，很多条件都跟不上，设备仪器短缺，需要反复使用。取卵针，他们就有几根，还都是张丽珠从外国带回来的，用过一次要先冲洗，再高压消毒；器皿也是用了再用，一样的流程，冲洗，再高压消毒。但条件再苦，他们都克服了，做了很多例试验，没有一例感染。取卵针前边有螺纹，螺纹可以在B超下看得到，可以确认针扎的位置，因为反复使用到后来螺纹都磨光了。针变钝了，就送到钟表店磨尖，磨到实在不能再磨了才扔掉。他们反复试验，不断探索，从不认识卵到最终拿到组织胚胎，再到做体外受精胚胎，克服了种种困难，她们终于在1988年3月10日成功培育出国内第一例试管婴儿。

3万元起家，执著上路，孜孜不倦，是信念，是毅力，是赤子之心，她的成功谱写了一段不凡的历史。

【背后的故事】

试管婴儿的"好母亲"却非称职的母亲

张丽珠是两个孩子的母亲。在外人看来，她是试管婴儿们的"好妈妈"，但对于她的亲生子女却不是一个称职的母亲。回国后的她，一边带学生，一边还要处理日常的手术，进行一些学术方面的研究。她一心为自己的工作奔波、操劳。

1954年她的女儿出生了，因为工作的原因，她没有休产假，生孩子10天后就上班了。因为怕工作忙没有时间母乳喂养女儿，女儿一出生她就回奶，所以她的女儿一口母乳也没吃过。有了孩子的日子，张丽珠依然从早上上班一直到晚上很晚才回来，孩子没人照顾，她只好雇了两个保姆。当时她和丈夫的工资没多少，雇保姆就把家里钱都花光了，没钱了她就和丈夫跑到上海去借钱。就这样，她艰难地操持着家庭。

她对每一个新出生的试管婴儿都投以怜爱的眼神，她是爱孩子的，但她也热爱她的工作，热爱她的病人。舍小家为大家，她用自己孩子的幸福作交换，实现千万妇女的母亲梦。

六、中国第一代医学病毒学家、“衣原体之父”——汤飞凡

【光影星播客】

汤飞凡，中国第一代医学病毒学家。他是世界上第一个发现重要病原体的中国人。他生产了中国自己的狂犬疫苗、白喉疫苗、牛痘疫苗和世界首支斑疹伤寒疫苗。他创建了中国最早的抗生素生产研究机构和第一个实验动物饲养场，主持组建了中国最早的生物制品质量管理机构——中央生物制品检定所。他是中国生物事业的功臣，被誉为“衣原体之父”。

【成功语录】

◎ 科学研究，只提出怀疑是不够的，需要实践来验证。

◎ 只有一次成功，还不能排除其他偶然因素，而偶然性是不能成为科学的依据的。

【生平回眸】

汤飞凡，1897年7月23日生于湖南醴陵汤家坪。1914年报考湖南湘雅医学专门学校，走上医学道路。1921年，自到北京协和医学院细菌学系进修，后任助教。1925年，被推荐到美国哈佛大学医学院细菌学系深造并工作。1929年春回国，任中央大学医学院副教授、教授，兼任上海雷士德医学研究所细菌学系主任。在抗日战争期间和抗日战

争胜利后两次重建中国最早的生物制品机构——中央防疫处，并创建了中国最早的抗生素生产研究机构和第一个实验动物饲养场。从1950年开始，用两年的时间主持组建了生物制品检定所，主持制定中国第一部生物制品规范——《生物制品制造及检定规程》。他研制出的黄热病疫苗，成功遏制了1950年华北鼠疫大流行。1955年他首次分离出世界上第一株沙眼衣原体，被命名为TE8。同年，他开始领导建立了人胚和猴肾细胞的组织培养。1958年，在他的指导下分离出中国第一株麻疹病毒M9。在"拔白旗运动"中受到不应有的批判，于1958年9月30日清晨自杀。1970年，国际上将汤飞凡称为"衣原体之父"。1980年6月，国际眼科防治组织（IOAT）决定向他颁发沙眼金质奖章，可是他早已不在人世。

【成功路上】

有志者事竟成

汤氏祖辈多是读书人，小飞凡6岁就进义塾读书了。他天赋并不过人，但倔强好胜，学习极为刻苦。

飞凡幼年常听父亲他们谈论维新、改革，"学西方，学科学，振兴中华"，这些思想不知不觉地透进了他的幼小心灵。在家乡，他看到贫病交加的穷苦农民，他听到中国人被讥笑为"东亚病夫"，他幼小的心灵担负了太多的耻辱和愤怒，他立志学医，要振兴中国医学，救死扶伤。由于没有学医的机会，小学毕业后，他考进了甲种工业学校。后来，湖南湘雅医学专门学校首届招生，汤飞凡马上报名投考。可事情不是那么顺利，湘雅入学考试要考英语，但汤飞凡没有学过英语，他并没有气馁，他要想尽一切办法实现自己的志愿。于是他请求主考的美国牧师胡美先让他暂免试英语，随后补考。胡美被他的勇气和决心感动，答应了他的请求。他最终被破格录取了。从此以后，他开始拼命学习英语，一年翻破了一本英文字典，眼睛也变成高度近视。功夫不负有心人，他最终克服了英语语言障碍。也是这件事让他更加坚定了信念:有志者事竟成!医学报国!辛亥革命后,政府改革教育制度,汤飞凡父亲只好关闭书塾,家里的经济更加困难了。汤飞凡和他弟弟的学费,家里难以供给。但为了实现自己的理想,汤飞凡半工半读,他在医院药房找了调剂生的工作,还当英语家庭教师,用挣的钱补贴自己和弟弟的费用。虽然生活艰辛,但他的学习一点都不放松。当时湘雅医学专门学校采取淘汰制,第一班招生30名,但经严格考试选拔,需要淘汰掉20个,而汤飞凡就是剩下10名中之一。

七载寒窗,艰辛不断,但信念和意志让他不断前行。

振兴中国医学

1928年,在美国研究学习的汤飞凡收到时任中央大学医学院院长颜福庆的信,信中希望他能回国到中央大学医学院任教。在信里,颜福庆没有许诺什么“良好条件”和“优厚待遇”,他如实地摆出困难,真切希望汤飞凡能回国共图祖国的医学教育大业。从小就立志医学报国的汤飞凡似乎看到了理想实现的机会,颜福庆的信让他找到了理想变成现实的途径。1929年,春汤飞凡回到上海,就任中央大学医学院细菌学副教授。

刚到任时,几乎一切都处于空白阶段,没有细菌学系,更没有实验室。汤飞凡捐出了自己的显微镜,筹集各种器材,勉强装备了一个简单的实验室。实验室虽然简陋,但他利用简单的设备迅速开始了研究工作,仅回国后一年就陆续发表了多篇学术论文。他除了教学还兼任上海雷士德医学研究所细菌学系主任。利用该所充足的经费,较齐全的设备,他开始了传染病病原学工作,如对沙眼、流行性腮腺炎、流行性脑膜炎、流感、致病性大肠菌肠炎等的研究,还开始了当时很少研究的牛胸膜肺膜炎研究。他还对我国生物制品事业的发展作出了不可磨灭的功绩。

【背后的故事】

只为求真

日本有位伟大的科学家叫野口英世，他一直从事沙眼病原体的研究，但他的研究发现不被肯定，这对他打击很大，迫切希望在黄热病研究中做出成绩。有一次，野口从一个病人血中分离出钩端螺旋体，在未能重复试验的情况下，断然宣布是黄热病的病原。事实很快查明，给他提供病理材料的医生误诊，野口拿到的实际上是一个出血性黄疸的样品。此后不久，野口英世死于黄热病。

1929年，汤飞凡出于怀疑的动机，希望重复野口的实验。这也意味着一个中国人重复一个以身殉职的日本巨人的工作。他和著名眼科医生周诚浒合作，严格按野口的论文分离细菌。经过7个月的实验，分离出各种常见细菌中只有一次是野口所说的颗粒杆菌。用这株杆菌接种家兔和猴子，也没有产生沙眼症状。汤飞凡的结果发表后，激怒了以野口英世而自豪的日本人。真正的科学家是敢于担当责任的，汤飞凡要捍卫的不仅是个人的荣誉，也是中国人的尊严。从1932年到1935年，汤飞凡进行了系统的实验，比较了各种菌种，包括野口的原始株，甚至亲自参加人体实验，把颗粒杆菌接种到自己眼中，终于证明该杆菌无致病性，彻底推翻了野口的细菌病原说。汤飞凡的结果得到国际上的公认，日本人无话可说，野口英世就这样从日本细菌学教材中消失了。

七、中国消化病学的奠基人——张孝骞

【光影星播客】

张孝骞，内科专家、医学教育家、中国消化病学的奠基人。他毕生致力于临床医学、医学科学研究和医学教育工作。对人体血容量、胃分泌功能、消化系溃疡、腹腔结核、阿米巴痢疾和溃疡性结膜炎等有较深入的研究。在医学教育方面有他独到的见解，培养了许多骨干人才。

【成功语录】

◎ 每一个病例都是一个研究课题。

◎ 勤干实践，反复验证。

◎ 医生要以“如临深渊、如履薄冰”的心情，小心翼翼地诊断，避免误诊和差错。

【生平回眸】

张孝骞，1897年12月28日出生于湖南省长沙市的一个教师家庭，6岁入私塾。1914年9月，考入长沙湘雅医学专门学校。1921年7月，湘雅医学专门学校毕业并被美国康州政府授予医学博士学位。毕业后，留校担任内科学助教，兼任湘雅医院住院医师，总住院医师。1923年12月到北京协和医院内科进修。以后担任协和医院住院医师、总住院医师。1926年9月，被选送赴美国约翰霍布金斯大学医学院进修一年，从事血容量的研究工作。1927年回国在协和任讲师。1933年两次去美国，与斯坦福大学著名消化系统专家布龙菲尔德教授共同进行胃分泌研究。1937年6月，任湘雅医学院院长。1955年被选为中国科学院首批学部委员(院士)。1962年之后长期任中国协和医科大学副校长。1966年“文化大革命”开始后，被戴上“反动学术权威”和“特务”帽子，打入“牛棚”。从1978年起，一直担任中国医学科学院副院长，并补被选为全国政协常委。1987年8月8日，在北京逝世。

【成功路上】

到祖国最需要的地方去

1937年，“卢沟桥事变”爆发了。国难当头，个人的前途已经没有意义了，唯国是举。当时，张孝骞在协和医院工作，他抛弃协和的优厚待遇，抛弃了他在北平的家，带着妻子和4个孩子离别了生活13年的协和，回到湖南湘雅医学院。他只想去往祖国最需要的地方，找一个地方去尽一个中国医生的职责。

刚到湘雅不久，长沙就遭到了日机的轰炸。湘雅上下人心惶惶，大批医务人员出走。张孝骞临危受命，出任湘雅医学院院长。在国破家亡的艰苦岁月里，他呕心沥血。为了于战火中保存这所已具规模、历史悠久的医学院，他力排众议，率领全院师生，携带必要的仪器设备、图书，长途跋涉，由长沙迁往贵阳，又由贵阳迁往重庆。历经磨难，几经辗转，克服重重困难，他和大家同甘共苦，在山沟里支撑着这所流亡大学。在极端困难的条件下，他还以身作则，带头减薪一半。在他的悉心呵护下，湘雅医学院在战火中保存了下来，也为抗战期间培养国家急需的医务人才作出了重要贡献。

张孝骞本着最纯真的医生道德，往祖国最需要的地方去，往人民最需要的地方去。

严谨治学　爱倾医学

张孝骞是医学界的一代宗师，他科学的治学精神，严谨求实的作风影响和教育了一代又一代人。内科大查房是张孝骞所倡导的，毫耋之年的他依然坚持亲自查房。有一天下午,协和医院内科即将举行每周一次的大查房,准备讨论一个疑难病例。这时,大家突然看见张老带着助听器,一手扶着拐杖,一手拿着要做检查的痰标本瓶来到了现场。这时的张孝骞刚手术出院不久,而且正值盛夏,在场的人都惊呆了,然后是一种心酸的感动。有人上前劝他说:"这个病人您已经看过了,这次主要是请外科医生一起讨论有无手术的必要,会后讨论的意见会告诉您。"但张孝骞却认为,病人经他诊断过,病人的问题还未弄清楚,他必须来参加会议。为了准备发言,他不顾80岁高龄,拖着体弱多病的身子,在前一天晚上查阅了许多资料和文献。

会议上,张孝骞在黑板前,仔细阅读了写在上面的病情介绍和各项检查结果,并反复看了病人的X线照片。然后,他就坐在前排凳子上全神贯注地听取大家的发言。由于会议室杂音很大,即使他带着助听器,他听到的多半是杂音。于是待大家发言后,他缓缓起身,站了起来,向大家说明了情况,然后他就病人的病情发表自己的见解。张孝骞言简意赅,发表了很有见解的诊断和处理意见,在场的年轻医生都深受教育和感动。张孝骞就是在这种大查房中,将他多年积累的经验一点一滴地传给下一代。

他坚守着一名医生的良知

"文化大革命"期间,张孝骞被打成"反动学术权威""特务"。他的家被抄了三次。他被频繁地批斗,被罚到门诊看病,被罚去打扫厕所、修马路,备受侮辱和折磨。

那些"造反派"觉得张孝骞是全国首屈一指的内科医生,一定给许多中央领导和高级干部看过病,而这些领导干部的健康状况无疑是重要的政治资本。于是,他们轮番审问,询问有关高级干部保健的内容。但张孝骞总是回答说:"医生有义务将医疗资料保密,患者也有权要求医务人员不把这些材料泄露给第三者。"伴随着咒骂声,塑料管、钢丝锁雨点般地砸到张孝骞的身上。他忍受着疼痛和屈辱,心里一遍又一遍地默念着:"医疗资料是医生在履行职责时记下来的,我有义务替患者保密……” 他的意志坚不可摧。也是因为他的坚持，1968年他被关进了“牛棚”，9个月的艰苦和折磨，他坚守着一名医生的良知，无论受到怎样的侮辱和恫吓，他从未在一份材料上签字。在逆境中他坚持着共产主义的理想，直至耄耋之年。尤其当他知道自己患了肺癌之后，他仍要求加入中国共产党，病榻之上他慎重地写下了入党申请书，1985年12月18日，他正式成为一名中国共产党党员。

【背后的故事】

年少的他穿不起校服

张孝骞6岁时被祖父送进了一所私塾。全家靠父亲做家庭教师的微薄收入勉强维持生活，生活拮据。

小学毕业后，张孝骞考进了长沙一所有名的公立中学。当时同学们大都住校，由于付不起膳宿费，张孝骞只得早去晚归回家住。有一天，学校要求在校学生统一做校服，让同学们回去通知家长，让家长把钱交到学校。张孝骞知道自己的家境，他找到校长说：“家里没有钱，我不想做了。”但校长打量了他一番，说：“其他同学都穿校服了，你还穿这件长袍？”张孝骞不知所措，脸一直红到了脖根。他何尝不想做一身校服呢！可是他知道，家里有十来口人要吃饭，二妹孝元长期生病，连药都买不起，哪里还有闲钱去做校服呢！

他鼓起勇气，决定把买校服的事告诉母亲，一进家门，张孝骞走到母亲跟前：“妈，刚才校长说……”话刚出口，妹妹就在床上咳嗽起来。好大一阵子，才吐出一口浓痰，接着便哇哇地哭了。母亲用衣袖抹起眼泪来，不断地拍着妹妹：“能卖的东西都卖掉了，好孩子，睡吧，会好的，会好的……”妹妹睡了，瘦削的脸上还留着泪珠。母亲这才回过神儿来，想起了孝骞还未说出来的那句话，问他校长说什么了。小孝骞把牙咬紧，咽下了到嘴边的话，只说：“校长叫我们明天早一点到学校去。”

1914年的冬天，张孝骞以第一名的成绩中学毕业了。因为家庭经济不堪重负，他面临辍学的危机。就在这时，湘雅医学专门学校开始冬季招生，而担任该校董事的长郡中学校长，想起了这个做不起校服，却以第一名成绩毕业的学生，便来动员张孝骞报考。就这样，张孝骞跨出了人生道路上最关键的一步：走上医学道路。

【信息链接】

张孝骞纪念邮票

为纪念张孝骞的卓越贡献，原国家邮电部于1992年11月22日发行了张孝骞纪念邮票，该邮票属于中国发行的“现代科学家”系列邮票第三组。邮票中，他带领青年医生查房的背景被处理成淡紫色，暗含拯救生命、妙手回春之意。

第五章 理化精英

一、"侯氏制碱法"的创始人——侯德榜

【光影星播客】

侯德榜，化学家，"侯氏制碱法"的创始人。他揭开了苏尔维法的秘密；创立了中国人独创的制碱工艺——侯氏制碱法，实现了中国人自己制碱的梦想。他为发展中国的小化肥工业作出了巨大贡献。他一生躬耕中国的化学工业事业，如一块基石，托起了中国现代化学工业的大厦。

【成功语录】

◎ 只知责任所在，拼命为之而已。

【生平回眸】

侯德榜，1890年8月9日出生于福建省闽侯县。自幼半耕半读，有"挂车攻读"美名。1903年得到其姑妈资助在福州英华书院学习。1907年就读于上海闽皖铁路学院。3年后毕业，在英资津浦铁路当实习生。1913年毕业于北京清华留美预备学堂，以10门功课1000分的成绩保送美国麻省理工学院化工科学习。1916年毕业于美国麻省理工学院化工科，获学士学位。1918年毕业于美国纽约普拉特专科学院，获制

革化学师证书。1918~1921年在美国哥伦比亚大学研究院研究制革。1919年获硕士学位，两年后获博士学位。1921年回国，在塘沽碱厂任总工程师，兼任北洋大学教授。1927年起在永利化学工业公司任总工程师，1945年任公司总经理。1950年当选为中华全国自然科学联合会副主席。1952年任中央财经委员会委员、重工业部技术顾问。1952年任公私合营永利化学工业公司总经理。1955年受聘为中国科学院技术科学部委员。1958年任化学工业部副部长，当选为中国科学技术协会副主席。1974年8月26日在北京病逝。

【成功路上】

桑梓情　爱国心

第一次世界大战期间，欧亚交通梗塞，而我国所需纯碱都是从英国进口的，一时间，纯碱非常缺乏，一些以纯碱为原料的民族工业企业难以生存。爱国实业家范旭东决心打破洋人的垄断，于是在天津塘沽创办了永利碱业公司，生产中国自己的纯碱。

1921年初，范旭东写信到美国，邀请侯德榜"学成回国，共同创办中国的制碱工业"。侯德榜深知纯碱工业的重要性，问题的紧迫性，他把邀请视为报效祖国的良机，毅然同意。同年，侯德榜离美回国，承担起续建碱厂的技术重任，全身心地投入制碱工艺和设备的改进上。在制碱技术和市场被外国公司严密垄断下，他带领广大职工长期艰苦努力，解决了一系列技术难题，终于摸索出了苏尔维法的各项生产技术，于1926年生产出中国自己的纯碱——"红三角"牌纯碱。该产品在美国费城举办的万国博览会上获得了金质奖章，并被视为"中国工业进步的象征"。

1934年，永利公司为了"再展化工一翼"和生产化肥，决定建设兼产合成氨、硝酸、硫酸、硫酸铵的南京铔厂，侯德榜再次担当重任，出任厂长兼总工程师，全面负责筹建。联合企业的筹建复杂而困难，生产中涉及高温高压、易燃易爆、强腐蚀、催化反应等高难度技术，是当时化工高新技术之最。而当时国内基础薄弱,公司财力有限,工作难度极大。他深知万一功亏一篑,国人可能从此不敢再谈化学工业!但他知难而上,抱着"只知责任所在,拼命为之而已"的决心,继续上路。他按照"优质、快速、廉价、爱国"的原则,决定从国外引进关键技术,选购设备,选聘外国专家……仅用了30个月,于1937年1月建成了一座重化工联合企业,并且技术上达到了当时的国际水平,也为以后引进技术,多快好省地建设工厂提供了好经验。这个工厂,连同永利碱厂一起,为我国基础化学工业奠定了基础,也培养出了一大批化工科技人才。

1937年7月,"卢沟桥事变"爆发,日本大举侵华,侵略军进逼南京。他们先后三次以"工厂安全"相要挟,提出"合作"管理南京鷁厂的要求。侯德榜和同仁们大义凛然,拒绝"合作",坚持"宁举丧,不受奠仪"。他们积极响应抗战,利用工厂设施,转而生产硝酸铵炸药和地雷壳等物资,支援前线。日本人未能得逞,于是用飞机轰炸工厂,工厂终是无法继续生产。

1938年,永利公司在川西五通桥筹建了永利川厂,侯德榜临危受命,出任厂长兼总工程师。在十分困难的条件下,他带领职工,生产自助,同时还着手筹办四川碱厂。由于四川的条件不适于沿用氨碱法,侯德榜于1939年率队赴德国考察,准备购买察安法专利。但德方百般刁难,还提出了辱国的条件,侯德榜毅然中止谈判,誓要自行研究新的制碱方法。回国后,他领导一大批科研设计人员潜心研究,艰苦努力,于1941年研究出熔察安法与苏尔维法两种方法,制碱流程与合成氨流程两种流程于一炉,联产纯碱与氯化铵化肥的新工艺,即后来的"侯氏制碱法"。

永利是他的起点,他带领永利人在化学工业的道路上不断开拓。他心怀祖国,躬耕祖国的化学工业事业,大爱祖国,桑梓情深。心迫。

【背后的故事】

艰难求学路

侯德榜小的时候家境非常贫寒，上不起学，他就在私塾外面听。他用心听，用心记，学堂里面的学生还没记住，他在外面已是过耳不忘。他的过人天资深受教书先生赏识，愿意免费收他这个学生。凭着他自身的天资以及刻苦努力的付出，1910年他考上了清华，而直到1911年他才入学清华学堂。当时有着"富清华、穷北大"的说法，清华学堂学制10年，第10年正常毕业就可以直接留学美国。别人都是在这个用英文授课的学校里学了好多年了，而侯德榜才刚刚入学，那时侯清华学堂的人较看不起这个比较穷而且年纪大一点的插班生。然而人穷志不穷，侯德榜并未因别人的看轻而自卑，他坚持自己的理想，严谨求学，在第一个学期的期末考试中，他一鸣惊人，拿了10个满分。因为成绩特优，1913年侯德榜被保送美国麻省理工学院化工科学习。

侯德榜用一年的时间做到了别人需要十年才能做到的事情。求学路艰难，但他目标笃定，人虽穷但志向坚。

精心育人才　慷慨助教育

侯德榜倡导"勤能补拙"，他惜时胜金，但即使工作学习十分繁忙，他依然要挤出时间帮助青年技术人员学习提高。他利用一切机会深入基层，为工厂和设计院所的技术人员讲课，做报告，谈心得体会，介绍新技术、新知识。他还亲自处理答复大量请教技术问题的来信，审阅发明建议资料，审改书刊稿件。直到他病重住院期间，他依然在病床上坚持为一位技术员撰写的关于磷肥生产的书稿进行审阅、修改，直到病危，他还为最终无力改完这本书稿而遗憾。

侯德榜生活十分俭朴，但对于培育科技人才、推动祖国教育却十分慷慨。他捐助中华化学工业会和中国化学会，他资助亲友子弟出国求学，他为家乡捐资办学……一直到病重住院，他都不忘把自己一生收藏的书籍文献献给祖国。病榻之上，他写下最后一封信给周恩来总理:拟于百岁之后,将家中所存国内较少有的参考书籍贡献给国家。他把最后仅有的家产留给了后代,也留给我们攀登科技高峰的又一块阶石。

【信息链接】

1. 电视剧《煮海》

电视连续剧《煮海》通过描写“中国化工之父”侯德榜等一代人开创中国实业的艰难经历,展现了他们励精图治、“煮海为盐”的精神。剧中浓缩了中国现代早期“海归”范旭东、侯德榜、李佐华等人机智对抗洋资本的创业商战故事,再现他们跌宕起伏的传奇人生。

2. 侯德榜铜像

福建省政府为纪念现代杰出的爱国科学家侯德榜，在福州江滨公园树立侯“德榜铜像”。

二、高性能粉末冶金飞机刹车材料的研发者——黄伯云

【光影星播客】

黄伯云,粉末冶金专家,中南大学校长,中国工程院院士,第三世界科学院院士。他长期从事先进复合材料、高性能摩擦材料、高温结构材料、粉末冶金材料以及其他新材料的研究与开发,创造了一系列具有自主知识产权的新技术。其高性能粉末冶金飞机刹车材料的制造,改写了中国飞机依赖进口刹车片才能“落地”的历史。

【成功语录】

◎ 我的根在中国，我应该回到生我养我的土地上去，为自己的祖国和人民服务，那才是真正有意义、有价值的。

◎ 自主创新才能赶超世界先进水平！参与国际竞争，只有第一，没有第二。外国人能干出来的，我们也一定能干出来，而且要干得更好！

◎ 一个知识分子，要心中装着祖国，只有这样，你才会有宽阔的胸怀，从失败、挫折中看到成功和希望。

◎ 自尊、自信、自强，就是要有强烈的民族自尊心、自信心和自主创新的责任感。

【生平回眸】

黄伯云，1945年11月24日出生于湖南省益阳市南县。1964年9月考入中南矿冶学院学习粉末冶金。1969年毕业后至1980年在中南矿冶学院新材料研究所工作。1978年，参加改革开放后首批全国公费出国留学人员英语统一考试，以第一名的成绩被录取留学美国爱阿华州立大学。1980年赴美，在爱阿华州立大学及AMES国家实验室学习，并获硕士、博士学位。1986年8月在美国田纳西大学从事博士后研究工作。1988年5月回国，在中南工业大学粉末冶金研究所工作。1999年12月当选为中国工程院院士。2003年1月20日、2003年9月20日，他带领研制的某型号大型客机国产炭—炭刹车副装机试飞先后成功。2003年荣获国家科技进步二等奖、何梁何利科学与技术进步奖。2004年荣获国家技术发明一等奖。2006年被评选为“感动中国”2005年度人物。2009年10月1日光荣应邀上天安门城楼观看祖国成立60周年阅兵仪式。

【成功路上】

我的根在中国

1980年留学美国，在美国八年的时间，黄伯云先后完成了硕士、博士、博士后的学习，发表了10多篇有重大影响的学术论文，受到美、法、日等国科学家的高度评价。8年后，当他完成博士后研究工作，选择摆在他面前：回国还是继续留美？当时，美国一些大公司、大学和科研机构争相高薪聘请他去工作，有的还许诺帮他及全家拿到“绿卡”。开出的年薪最高是10万美元，最低的也有4万美元，这是当时国内薪酬的百倍。来美四年的女儿向他表示想继续在美国学习。但他坚定地决定：回到祖国去。在他心里，他始终认为自己是炎黄子孙，他的根在中国，是祖国、人民培养了他，在祖国最需要的时候，他怎能滞留不归？他要把自己的才智奉献给自己的祖国！

听到黄伯云的决定，不少朋友劝阻，同行们诚心挽留，更多的人感到不可思议。有的人对他说：“将来你会后悔的！”但他毫不动摇！他坚定地回应所有的不解：“我是为祖国的现代化建设来留学的，不是为个人的利益和享受来的，决不能把‘留学’两个字倒过来变成‘学留’！祖国虽然在某些方面还比较落后，我们正是为了改变这种落后，才远渡重洋来学习，何况祖国的暂时落后更给我们提供了用武之地！回国后，我即使做不出什么大贡献，我永远也不会后悔，因为我把自己的一切献给了祖国！”一切非议和不解被这席发自内心的话不攻自破。

1988年5月，黄伯云毅然携妻带女，回到了祖国，回到了岳麓山下的母校——原中南工业大学，到学校粉末研究所工作。

辛苦磨砺　扬眉剑出鞘

从1986年开始，中南大学着手开展“高性能炭—炭航空制动材料的制备技术”课题基础研究工作。1988年黄伯云回国后着手带领课题组成员进行课题攻关。为了加快研究工作的进度，课题组决定购买国外的技术和设备，借鉴国外的技术。于是黄伯云带领几个核心成员到国外一个很有名的公司去访问。当他们想要进入车间参观时，接待他们的公司负责人说：“很抱歉，你们不能参观我们的生产车间。”黄伯云心里很不是滋味，但是为了推进研究进程，他还是买回了一个产品。然而当课题组对这个产品解剖时，发现这个产品压根就是个废品。外国专家轻视的话语和愚弄的做法，让黄伯云和课题组成员心中充满了愤怒。黄伯云气愤地说："他们瞧不起我们，对我们实行技术封锁，别人靠不住，我们只有自己干！中国人不仅应当自行研制开发这种产品，而且在技术性能上要超过他们！自主创新才能赶超世界先进水平！参与国际竞争，只有第一，没有第二。外国人能干出来的，我们也一定能干出来，而且要干得更好！"一席话，鼓舞人心，让课题组的成员充满了斗志。

而接下来迎接他们的是更加艰辛的研究之路。课题组上下都咬紧了牙关，他们查阅大量相关文章、资料，经过艰难的研究，自己设计出小型实验炉。经过100多次攻关，终于造出了炭—炭纤维，完成了"高性能炭—炭航空制动材料的制备技术"实验室基础研究，掌握了制备方法。经过几年的努力，课题组攻克了差热式梯度炉炭—炭复合材料制备过程中的一系列难题，在2003年1月20日、2003年9月20日，他们研制的某型号大型客机国产炭—炭刹车副装机先后试飞成功。

20年的辛苦磨砺，6000多个日夜的淬火，无数次失败的打磨，终于迎来了扬眉剑出鞘的辉煌。"高性能炭—炭航空制动材料的制备技术"，打破了国外在这方面的技术封锁，实现了我国高性能航空制动材料国产化，对确保国家航空航天战略安全具有重大意义，而且其关键技术达到了国际领先水平。

艰辛科研路，承载了太多的泪水和欢笑，承载了太多的酸甜和苦辣，承载了太多的期待和自豪。成果的背后有的不仅仅是对科学的探索，更有着浓浓的爱国情和强烈的民族自尊心。

【背后的故事】

硬汉哭了

黄伯云是个执著的硬汉，他常说的一句话是："活着就要拼命干。"虽已是年过半百之人，但他每天坚持工作12个小时。由于工作过度劳累，他肠内长了小肿瘤，但就是这样他上医院都是抽空去，到了医院也是做完检查就马上赶回实验室。有一次，他觉得腹部胀痛，裤腿已被鲜血润湿,在医院做了简单处理后,不顾医生的叮嘱,又返回实验室继续工作。

他一心想着课题研究,他心里装的只有国家。由于我国没掌握“高性能碳—碳复合材料”的制备技术,中国的飞机起降滑行都要依靠外国进口的刹车片。为了摆脱这种被动局面,黄伯云决定去啃这块世界材料领域的“硬骨头”。他誓要在自己研发的材料技术上深深地印上“中国”两个字。科研之路谈何容易,漫漫长路一走就是20年,他在经历一场艰辛的攻坚战。他没有节假日,几乎每天都工作到深夜。6000多个日日夜夜里,他经历了无数次成功的喜悦和失败的痛苦。2000年春节时,在一次重大的实验中,他们失败了,这对所有的人都产生了巨大的打击,许多人心灰意冷,甚至提出放弃。但黄伯云异常坚定,只是这个硬汉也落泪了。他含着眼泪对大家说:“这个项目事关航空安全和国家尊严,我干定了,就是把我这条老命搭进去,也要干成!”

天道酬勤,两年后,他们成功了! 黄伯云和他的课题组掌握了世界上最先进的“炭—炭航空制动材料制备技术”,他们改写了中国飞机依赖进口刹车片才能“落地”的历史,从而使我国成为继美国、英国和法国之后,第四个掌握这项技术的国家。

三、稀土之父——徐光宪

【光影星播客】

徐光宪，著名物理化学家、无机化学家、教育家，中国科学院院士。几十年如一日，他矢志不移地耕耘于祖国的科学研究与教育事业，为国家和人民培养了一大批教学和科研人才。他在物质结构、量子化学、配位化学、萃取化学、稀土科学等领域均作出了突出的贡献，在国际上首次提出了用推拉体系高效率萃取分离稀土的流程，被称为“稀土之父”。

【成功语录】

◎成功，是30%的天赋加上40%的勤奋，加上30%的机遇组成的。而勤奋，可以补充天赋的不足，更能使你做好抓住机遇的准备。天道酬勤，只要你努力，勤奋地工作、学习，那么，成功就离你不远了。

【生平回眸】

徐光宪，1920年11月7日出生于浙江省绍兴上虞市。1936年考入浙江大学附属高级工业职业学校。1937年转学浙江宁波高级工业职业学校。1939年毕业，时值抗日战争，滞留上海当家庭教师度日。1944年毕业于交通大学化学系。1946年任交通大学化学系助教。1947年赴美留学。1951年获美国哥伦比亚大学物理化学博士学位。不久回国，到北京大学任教至今。受教育部委托，于1954年7月在北京举办“物质结构暑期进修班”，培养了我国第一批物质结构课的师资。先后编写了《物质结构》、《物质结构简明教程》等一系列书籍。1980年12月发起成立中国稀土学会。1980年当选为中国科学院学部委员(院士)。1991年被选为亚洲化学联合会主席。1978年他的“稀土萃取研究”获全国科学大会奖。1990年,被国家教委和国家科委授予“全国高等学校先进科技工作者称号”。1994年9月,获首届何梁何利基金科学与技术进步奖。1995年1月,荣获何梁何利基金科学与技术成就奖。2008年,获国家最高科学技术奖。

【成功路上】

祖国更需要我

1946年,徐光宪赴美留学。留学期间,他刻苦攻读,潜心研究,不到三年时间,就取得了硕士、博士学位,还当选为美国PhiLamdaUpsilon荣誉化学会会员和SigmaXi荣誉科学会会员。徐光宪的杰出表现,深受导师贝克曼的赏识。毕业后,导师极力挽留他继续留在美国进行科学研究,并推荐他去芝加哥大学做博士后。而当时同他赴美的妻子高小霞尚未获得博士学位,他若去芝加哥大学不仅能获得最好的科研工作环境,而且也能为高小霞继续求学创造良好的条件。当时美国侵朝战争已经爆发,徐光宪认为祖国更需要自己,他应当回到祖国。但当时的美国政府极力阻挠留美的中国学生返回新中国。在这种情况下,徐光宪感到:“再不回去,也许就要一直待在别人的国家了。”他焦急万分,千方百计设法尽快离开美国。夫妻俩商量后,高小霞毅然放弃一年后即可获得的博士学位,同他一起回国。他们假借华侨归国探亲的名义获得签证,于1951年4月15日登上了“戈登将军号”邮轮。他们历经艰辛终于回到祖国。

科学没有国界,但科学家有祖国。科学家的归宿不是寄居他国,祖国才是他们最终的港湾。

徐光宪的中国传奇

1972年,北京大学化学系接到了一项紧急的军工任务——分离稀土元素中的镨和钕。稀土元素本身的特性很相近，17种元素要想提纯任何一种在当时都是极大的挑战。当时还在江西农场劳动的徐光宪，临危受命，返回北京开始从事稀土元素的分离提纯研究。

徐光宪从改进稀土萃取分离工艺入手，他总结前人经验，重新设计出一套化学操作流程，并导出与此相应的一套串级萃取理论公式，设计出了一种新的回流串级萃取工艺。他使镨钕分离系数从原来的1.4到1.5直线提升到4，这打破了当时的世界纪录。

中国是稀土资源大国，却不是稀土生产大国。由于生产技术掌握在国外少数厂商手中，他们将这些技术作为高度机密。中国长期以来只能向外国出口稀土矿然后再进口稀土制品。将萃取分离工艺直接运用到工业生产中将对中国产生巨大的意义，这将改变国内稀土行业长期受制于人的落后局面。1974年9月，徐光宪亲赴包头稀土三厂，参加这一新工艺流程用于分离包头轻稀土的工业规模试验。凭借多年的经验和严谨的工作态度，他们一次即获得成功，从而在国际上首次实现了用推拉体系高效率萃取分离稀土的工业生产。经过几年的时间，他的科研成果在全国推广，大大提高了中国稀土工业的竞争力。

徐光宪的串级萃取工艺让中国成为这个领域的领头羊。一排排看似貌不惊人的萃取箱像流水线一样连接起来，只需要在这边放入原料，在“流水线”的另一端的不同出口就会源源不断地输出各种高纯度的稀土元素。原来那种耗时长、产量低、分离系数低、无法连续生产的生产工艺被彻底抛弃了。

徐光宪创造了一个“中国传奇”，他让中国实现了从稀土资源大国向稀土生产大国、稀土出口大国的转变。

【背后的故事】

他“误打误撞”进了化学门

徐光宪出生在浙江绍兴一个普通家庭，在他儿时，家境还算殷实。到了20世纪30年代，他的父亲病逝，家道中落。由于家境清贫，16

岁初中毕业后他考入浙江大学附属高级工业职业学校，一年后抗日战争爆发，不久杭州沦陷，他被迫转学浙江宁波高级工业职业学校。1939年毕业后，战火继续，社会动荡不安。当时，他和其他7名同学被"叙昆铁路"（宜宾——昆明）录取为练习工程员，但命运弄人，怎料想，领队中途私吞路费携款潜逃了。身无分文的徐光宪，只得前往上海，投靠做中学教员的大哥。在大哥的帮助下，他谋到了一份家庭教师的工作，生计算是解决了。但就是在这样困难的处境中，他强烈的求知愿望依旧不泯。他省吃俭用，积攒学费；白天重拾学业，夜晚兼任家庭教师，他一心只想再回校园。他焚膏继晷，刻苦攻读。天道酬勤，半年后他考入上海交通大学。入学后，他又面临一个专业选择的问题，那时的他，更喜欢物理、数学，但迫于现实，迫于在动荡社会中能生活，他最终选择了化学系，因为学化学的毕业后就可以进化工厂，工作机会会比其他专业更多些。既来之则安之，慢慢地他对化学产生了特别的感觉，大学期间成绩一直很优秀。由于学习成绩优秀，毕业两年后，他被上海交通大学化学系聘为助教。

有时，命运会弄人，但命运也会助人，机会只等待有准备的人，随时准备，来之安之，凡事用心经营。

【信息链接】

徐光宪的"抽屉情结"

小时候，徐光宪常去看中医，药铺的柜子上全是小抽屉，上面贴着药名，一清二楚。这对他很有启发，他想自己脑袋里要有这样的抽屉，就能把学到的知识分类装起来了。"抽屉情结"让他养成了收集资料并分类做卡片的习惯。他建立"知识文档"，把学到的新知识不断纳入已有的知识框架。他把每个文件夹都编了号，贴上资料类别。

四、中国催化剂之父——闵恩泽

【光影星播客】

闵恩泽，中国科学院院士。主要从事石油炼制催化剂制造技术领域的研究，他是我国炼油催化应用科学的奠基者，是石油化工技术自主创新的先行者，绿色化学的开拓者。他为中国制造了催化剂，使我国催化剂技术迎头赶上世界先进水平。他点石成金，照亮中国能源产业。他是中国《催化剂之父》，他是中国科学的催化剂！

【成功语录】

◎ 思考催化剂的问题是快乐的，当想出一个好的解决方法时，也是快乐的。

◎ 创新好似吃“麻辣烫”，又辣又爱。坚持下去，终获成果！

◎ 做科研，不仅要有信念、有方法，还要发挥优势各尽所能，要讲团队精神、团结协作。

【生平回眸】

闵恩泽，1924年2月8日出生于四川成都。1946年毕业于重庆中央大学化学工程系。1951年获美国俄亥俄州立大学博士学位，工作四年后回国。1955年开始在石油工业部北京石油炼制研究所工作，进行铂重整催化剂中型试验，为国防急需的炸药提供甲苯。1960年中苏关系紧张，停止对我国供应催化剂，他组织开展小球硅铝催化剂的研究和开发。20世纪70年代，指导开发了Y-7型低成本半合成分子筛催化剂、渣油催化裂化催化剂、钼镍磷加氢精制催化剂等。20世纪80年代，指导开展新催化材料和新化学反应工程的导向性基础研究。1995年，担任中国科学院化学部“绿色化学与技术——推动化工生产可持续发展的途径”咨询课题组长，主编出版调研文集《绿色化工技术》，并提出发展我国绿色化学的建议。1980年当选为中国科学院院士（学部委员）。1993年当选第三世界科学院院士。1994年当选中国工程院院士。2005年获得国家技术发明奖一等奖。2007年闵恩泽荣膺《十大科技英才奖》。2008年1月8日，获得2007年国家最高科学技术奖。 2008年2月17日被评为 2007年度《感动中国人物》。

【成功路上】

白手起家　自力更生

1951年，闵恩泽在美国读完博士以后，参加了工作。对于这时的闵恩泽来说，生活条件已经相当优越了，但他心里一直认为，出去是为了学有所成，学成了就要回到祖国。当时，正值抗美援朝战争爆发，国际局势日益紧张，美国政府限制理、工、农、医等专业的人才离开美国国境，回国之路变得异常艰难。甚至有美国人讽刺说，回国就等于拿脑袋往石头上撞。尽管如此，闵恩泽却一直没有停止归国的脚步，为取得回国签证进行不懈的斗争。四年后，他终于冲破重重封锁回到了阔别八年的祖国。

然而回国后，由于当时的特殊政治局势，很多单位都不敢接受从美国回来的人，闵恩泽虽然学富五车但还是接连吃了几次闭门羹。后来才被分配到当时正在筹建的北京石油炼制研究所工作。也是从这时起，他的人生和祖国炼油催化事业的发展联系在了一起。当时，我国的炼油催化研究领域还是空白，各方面条件都很艰苦，他们的实验室是向当时的北京石油学院借的几间平房。实验设备更是无从谈起，只有从大连石油研究所搬来的几件旧设备，而试验装置则要靠他们自己制备。更令人纠结的是,国内没有现成可循的技术资料。但闵恩泽没有灰心,他满怀信心地组织大家制订组建规划,设计实施方案。他亲自去购买材料,添置设备,选拔人才。仅仅几个月,就建立起一个初具规模的中型试验装置。人手不够,他们就边学边干起来;没有技术资料,他就组织大家收集国外有关学术论文、专利文献、产品说明、广告图片。他们多方面掌握国外技术发展情况,结合我国实际,制订自己的研究计划,摸索试制国内需要的催化剂。经过几年艰苦的努力,他们陆续研制成功了几种主要石油炼制催化剂,并投入工业生产。

祖国需要什么,我就干什么

1959年,苏联援建的兰州炼油厂投产,核心设备是一套使用小球硅铝裂化催化剂的移动床催化裂化装置,是为螺旋桨式飞机提供航空汽油的装置。我国所用的移动床小球裂化催化剂一直从苏联进口。20世纪60年代初,中苏关系紧张,苏联逐步减少以致最后停止了对我国的催化剂供应,直接威胁到我国航空汽油的生产,形势十分严峻。闵恩泽临危受命,扛起了研制催化剂的重担。

闵恩泽学的专业并不是催化剂,但在他心里始终有这样一种信念和决心:回国来就要报效祖国,祖国需要什么,我就干什么,学什么,请教什么,组织什么!就这样,他投身催化剂研发之路。当时,组织任命他为副总指挥,全面负责工厂的技术,从工厂设计到确定工艺再到设备选型,他事必躬亲。他吃在现场,住在办公室,每天8点开始工作,一直忙到夜里1点多,接着再开碰头会,通常都是凌晨两三点才休息。在试验过程中,闵恩泽经常与危险擦肩而过,他亲自钻高温烘烤的干燥室,和工人一起爬装置……他用艰苦的劳动去开垦这片广阔的处女地,用满意的结果回报党和政府对自己的信任和期望。

经过三个多月的艰苦奋战,攻克了一个个难关之后,闵恩泽和他的团队终于实现了试生产的成功,生产出了我们自己的高质量的小球硅铝催化剂,打破了国外技术封锁,满足了国家急需。大会战胜利了，可闵恩泽也病倒了。不到40岁的他被查出了肺癌，需要动大手术。手术切除了肿瘤，同时也切除了闵恩泽的两片肺叶和一根肋骨。在手术后的一年多时间里，他上楼都只能慢慢地走，每走一层都要喘一会儿，但这从来没有影响他对工作的投入。

他心怀祖国大业，他燃烧自己，举烛探路。他为中国制造了催化剂，照亮了中国的能源产业。

壮心不已 高瞻远瞩

20世纪90年代初，年近七旬的闵恩泽，依然走在科技发展最前沿。他站在历史的高度，深感发展绿色化学、减少环境污染对子孙后代的巨大意义。他开始致力于把催化科技应用到绿色化学中去，把自己的催化剂研究从石油炼制领域扩展到石油化工的有机化工原料以及化纤单体领域。他高瞻远瞩，提出发展我国绿色化学的建议；并挑起国家自然科学重大项目“环境友好石油化工催化化学和反应工程”“的大梁。他深入实地调研，带领创新攻关。他的精心指导和兢兢业业的敬业精神使这一重大项目取得了圆满的成功，从而开启了中国的绿色化工时代。21世纪以来，闵恩泽又进入绿色化学中的生物物质资源利用新领域，利用油料作物发展生物柴油。这一产业的发展不但降低了对进口石油的依赖，减少了汽车尾气对空气的污染，还减少了二氧化碳的排放，保护了环境。

他是战略科学家，古稀之年，依然关注国际科技前沿，始终站在世界石油化工科技的前沿。古稀老人，壮心不已，高瞻远瞩，绿色创新。

【背后的故事】

快乐的心态

繁重的科研任务，让闵恩泽的身体常年处于透支状态，数年来，他动过三次大手术。肺癌，他被切除了两叶肺、一根肋骨；胆囊结石，被切除了胆；因胆管堵塞引起的胰腺炎，又做了一次手术。对于疾病；

闵恩泽一向泰然迎对，始终保持一种快乐的心态。他听京剧，也听李宇春的流行音乐，还能唱三个版本的《上海滩》。他每天给鱼喂食换水，他把每天上下班的一个小时当做锻炼的最好机会，视为生活的乐趣。他爱好美食，他会寻遍各种菜系的美味。每当北京有一家新的川菜馆开张，他都忍不住要立刻赶去。

科研是艰辛的，也充满了机遇和挑战。但闵恩泽把生活当做最好的调味料，于生活中寻找乐趣，让生活作为缓解压力的渠道。

【信息链接】

闵恩泽原始创新奖

2008年1月8日，在2007年度国家科技奖励大会上，闵恩泽获得2007年国家最高科学技术奖。国家给的500万元奖金，其中450万元是用于科研项目的，剩余50万元是对他个人的奖励。他又自己拿出50万元共100万元设立了“闵恩泽原始创新奖”。

五、中国近代物理学奠基人——吴有训

【光影星播客】

吴有训，中国近代物理学奠基人，科学家，教育家。他开创了康普顿的X射线散射研究工作，验证了《康普顿效应》。他致力于中国的科学教育事业，为国家培养了几代科学人才。他是中国科学事业的杰出领导人和组织者，推动了中国科学事业新学科的建立和发展。

【成功语录】

◎搞物理研究的人，要敢于动手，多做实验。实验物理的学习要从使用螺丝刀开始。

【生平回眸】

吴有训，字正之，1897年2月26日出生于江西省高安县石溪吴村。7岁时入家塾，习旧学。1920年毕业于南京高等师范学校（今南京大学）。1921年参加了江西省赴美国官费留学生考试，以优异成绩考取。同年赴美国芝加哥大学物理系学习，跟随导师康普顿从事物理学研究。1926年，获博士学位，后回国。先后在江西大学和中央大学（今南京大学）任教。1928年，北伐战争胜利，清华学校改名为国立清华大学。吴有训应聘到清华任教授，在这里开始了他长达17年的清华执教生涯。从1949年到1952年，任交通大学（西安交大与上海交大前身）校长。1959年2月14日率中国科学院代表团，访问东欧7国科学院和若干高校及产业部门的研究组织。第二年7月，作为团长率中国科学院代表团一行5人，应邀参加英国皇家学会成立三百周年庆典活动，对英国进行访问，打破了西方国家对中国采取的敌对态度和全面封锁。1977年11月30日，因动脉瘤破裂导致大出血，在北京与世长辞了。

【成功路上】

笃定理想　科学救国

吴有训出生在江西一个小村庄，父亲长年在外帮人做生意，晚年回到家乡与人合开了一个店铺，以维持生计。吴有训7岁时入家塾，习旧学。12岁时进一所新式的私塾，学些文史、数理的新式学问。几年后，这个带着一身泥土气息的农家子弟，外出求学，从县城再到省城，书本陪伴他度过少年时代。

由于家境本不富裕，他十分珍惜每个来之不易的学习机会，始终保持着那股谦虚好学、奋发向上的劲头。1916年，吴有训中学毕业，考入南京高等师范学校。他之所以投考南京高等师范学校，实是出于对贫寒家境的考虑：师范学校一般不收学费，在此求学可以大大减轻家庭的负担。而且这所学校历史悠久，名师荟萃，有较高的声誉。

上大学三年级的时候，在胡刚复老师的影响下，他怀抱科学救国之理想。当年，胡刚复从美国哈佛大学学成归来，到南京高等师范学校任教。胡刚复是我国最早从事X射线研究的学者，具有较高的学术水准。在他的引导下，吴有训接触到了和X射线有关的基础知识，逐渐培养起对X射线研究的浓厚兴趣，让他逐渐认识到科学的强大。此时的吴有训目标更加明确——科学报国。

在南师吴有训一直成绩优秀，1921年他参加了江西省赴美国官费留学生考试，并以优异成绩考取。他于1921秋从上海乘海轮赴美国，进入芝加哥大学物理系继续学习深造。这实现了他献身科学的第一个目标，也让他在科学研究的道路上走得更沉稳、更自信。

理想是帆，有理想就有方向，有理想就有动力。吴有训于学习中，发现了科学的魅力和强大，让他笃定科学报国的目标。理想的风帆指引他在漫漫科学道路上不断前进，为中国的科学事业添砖加瓦。

教育救国

1926年怀着一腔科学报国和教育救国的热忱，吴有训学成归国。他辗转来到南京，回到阔别多年的母校——南京高等师范学校。时任学校自然科学院院长的胡刚复，立即通过校方聘他为物理系的副教授兼系主任。吴有训在这里执教一年，那时清华学校物理系正在千方百计延聘人才，他们把关注的目光投向了吴有训，力邀吴有训北上清华担任物理系教授。时任清华物理系主任的叶企孙为表示诚意，甚至将吴有训的薪金级别定在他本人之上。这种求贤若渴的精神令吴有训感动，于是欣然应命，在清华园开始了自己科学生涯的一个新阶段，也开始了他长达17年的教育生涯。在清华执教期间，他从未脱离过教学第一线。他与叶企孙先生以及其他教授密切合作，共同努力，以他渊博的学识、循循善诱的方式和丰富的教学经验，哺育了中国几代物理学家，使清华物理系人才辈出、蜚声中外。

他是中国现代物理学教育史上的一代名师，胸怀教育救国理想。他用他的一片赤诚献身祖国教育事业，他用他的渊博学识哺育一代又一代物理人才。

【背后的故事】

谦虚品格　坦荡胸怀

《康普顿效应》发现于1922年，这一发现具有伟大的历史意义。但是当《康普顿效应》初次提出时却遭到人们的怀疑和非难。为了取得更全面的实验证据，康普顿所在的芝加哥大学物理实验室开展了深入的研究。当时，吴有训作为赴美留学生，跟随康普顿一起做研究。他以高超的实验技术，严密细致地为《康普顿效应》的确认做出了重大贡献。但是他从来都没有将自己与康普顿相提并论，他认为自己只是康普顿教授的学生。他谦虚而淡泊名利，胸怀坦荡，不忘恩师教诲。

归国后,他依然秉承他的优良品格。1945年在抗日战争取得最后胜利的时刻,吴有训回到母校出任国立中央大学校长之职。出于对母校的深厚感情,他希望通过自己的努力,为母校的兴旺发达尽一份力量。他正直而率真,不为做官,只为兴教育、搞科学。但在一种已经腐败的政治环境下,他的想法显得单纯而幼稚。在中央大学的两年时间里,他虽然极力排除各方面、特别是来自政治方面的干扰,但他的主张和想法同腐朽的国民政府的主张背道而驰,不断承受着当局从各方面施加的巨大压力。吴有训对国民党当局疯狂镇压学生民主运动的做法极为愤慨,他唾弃国民党的反动统治。他多次提出辞职要求,最终在1947年底,借赴墨西哥出席联合国教科文组织会议之机,滞留美国讲学访问,坚决不再就任中央大学校长之职。

吴有训谦虚而执著,淡泊名利,心怀感恩。他正直而坚毅,胸怀祖国大业,不为利益所惑。高尚的品质,净化了吴有训的心灵;高远的志向,增添了吴有训心灵的力量。

【信息链接】

1. 吴有训纪念邮票

1988年4月,为纪念吴有训对中国现代科学的贡献,中国人民邮政发行吴有训纪念邮票。

2. 吴有训科教馆

1999年4月26日建成开馆。该馆占地50余亩,建筑面积近5000平方米,是一座四合院式的仿古建筑,美观庄重,富丽堂皇。该馆展览陈列"吴有训生平事迹展""康普顿—吴有训效应"复原展。

六、中国固体物理学先驱、中国半导体技术奠基人——黄昆

【光影星播客】

黄昆，国际著名的中国物理学家、教育家、中国固体物理学先驱、中国半导体技术奠基人。他中年献身祖国教育事业，默默传递知识薪火，为中国信息产业培养了第一批人才。年过花甲又重攀科学高峰，执著探求科学真谛，为人类的进步作出卓越贡献。他一生置身科学世界，用淡泊名利的人生态度、严谨勤奋的科学态度诠释了一名科学家的人格本质。

【成功语录】

◎ 学习知识不是越多越好，越深越好，而是要服从于应用，要与自己驾驭知识的能力相匹配。

◎ 做科学研究的人，要创造知识，就是要在科研工作中做到三个“善于”：一要善于发现和提出问题；二要善于提出模型或方法去解决问题；三要善于作出最重要、最有意义的结论。

【生平回眸】

黄昆，1919年9月出生于北京。1941年毕业于燕京大学。1944年毕业于西南联合大学的北京大学理科研究所，获硕士学位。同年与杨振宁、张守廉一起被“庚子赔款”留英公费生录取。1945年8月，在英国布列斯托大学做莫特的研究生，两年后获得博士学位。1951年，回到北

京大学任物理系教授。早年在爱丁堡大学与著名物理学家、诺贝尔奖得主玻恩教授合著了在固体物理学界享有盛誉的《晶格动力学》一书。1956年在北京大学物理系任教授期间，参与创建了中国第一个半导体物理专业，为中国信息产业培养了第一批人才。期间，还主持本科生教学体系的创建工作，并编写了《固体物理学》教材。 1977年后，出任中国科学院半导体研究所所长。1955年被选为中国科学院第一批学部委员（今中国科学院院士）。1980年被选为瑞典皇家科学院外籍院士。1985年当选第三世界科学院院士。1995年获何梁何利基金科学与技术成就奖。2001年获2000年度国家最高科学技术奖。2005年7月6日16时18分在北京逝世。

【成功路上】

谦逊好学

黄昆并非是别人眼中的少年天才，他的突出不是天赋所为，而是他谦逊好学的结果。由于父母工作的调动，他小学五年级没读完就随家搬迁回到了北京。当时，黄昆的伯父在燕京大学哲学系任教授，黄昆就暂住在伯父家中，并插班就读于燕京大学附属中学初中部。年少的黄昆每天认真听课，课下按时完成老师布置的作业。有一天，伯父偶然看见黄昆完成作业后很空闲，就询问他原因。黄昆回答说，老师布置的数学作业都已经完成。伯父说，那怎么行，数学课本上的题全都要做。黄昆懂事地点点头，从此以后他就按着伯父说的去做。他的数学一直学得很好，这样一来让他对于数学产生了更加浓厚的兴趣。半年后，他转学到通县潞河中学，但这个习惯一直延续下来，并且还带动了其他学科的学习。

这种良好的学习习惯一路陪他走过以后的学习生涯。1944年，西南联大研究生毕业的黄昆顺利通过了“庚子赔款”留英公费生考试。当时，有一位英国教授给西南联大捐赠了一大批在英国出版的科学书籍。黄昆对这批书很感兴趣，把每本书都翻阅了一遍。其中一位名叫莫特的英国科学家写的书引起了他特别的注意。莫特写了三本书：《原子的碰撞理论》《金属与合金的电子理论》《离子晶体中的电子过程》。这三本专著覆盖了三个很不相同的领域，每一本专著的出版，都标志着一个学科方向的诞生。黄昆感到这位科学家的学识非常渊博。按《庚子赔款》留英公费生规定，去英国什么学校，选哪位科学家做导师，都可以先由本人提出志愿，再取得接收方的同意。黄昆早已被莫特的学识所折服，他觉得莫特所研究的领域丰富多彩。于是，黄昆抓住了这次可以向莫特学习的机会，决定到布列斯托大学做莫特教授的博士生。机会只垂青于有准备的人，黄昆顺利被莫特接受。也是从这时起，黄昆把自己的研究方向选定为固体物理学，这也让黄昆在学科发展早期就进入到一个大有作为的科学领域。

一种良好的学习习惯，一种谦逊的学习态度，一种永不止步的学习追求，让黄昆在固体物理发展的黄金年代，抓住了机遇。

老骥伏枥，志在千里

“文化大革命”期间，由于反动组织的打击迫害，黄昆中断了自己的学术研究。1977年后在邓小平的过问下，他被调到科学院半导体研究所任所长。黄昆认为既然身在研究所，自己就必须在科研第一线工作。在研究所不做研究，情理难容。然而，研究中断了近30年，30年的时间国内外科技发展日新月异，自己年龄已近60，怎样才能继续把研究做起来呢？黄昆静坐沉思，他分析出科学家年龄大了会掉队大概有两个原因：一是知识老化，特别是基础理论和方法跟不上发展；二是由于地位，容易脱离第一线的具体工作以致自己原来的老本也会逐步忘记。他分析自己的情况认为，要把几十年基础理论的发展认真地补上，恐怕是做不到的。一不做二不休，天无绝人之路。局限性是有的，但并不等于说不能做研究。他拿定主意，要坚持自己动手做第一线的具体工作，要去做自己能做的事。花甲之年他又攀上世界科学高峰，这可谓。“老骥伏枥，志在千里。烈士暮年，壮心未已。在国际物理界沉寂近30年后，黄昆创造了他研究生涯的第二次辉煌，又一次成为世界领头的固体物理学家。即便到了年逾八旬之际，虽身患帕金森病，仍每天坚持去中国科学院半导体研究所上班，他仍在为祖国的科学技术发展而呕心沥血。

抱负、责任、信念、坚持，让黄昆花甲之年毅然挑起科研重任。凤凰涅槃，创造他人生的二次辉煌。

【背后的故事】

率真而真实

黄昆是一个非常有成就的人，但他从不炫耀自己，他把自己看成一个普通党员和老百姓，生活中的他真实而率真。虽然黄昆是个理论物理学家，但他却喜欢自己动手。家里的电视机坏了，他不是送到修理部去，而是卷起袖子“操刀”修理。20世纪60年代，北京大学在昌平有一个校办工厂，研制计算机，试制集成电路。那时，黄昆一方面给工农兵学员讲课，一方面还亲自到车间或生产线和大家一起做。他是搞理论的，学术造诣也非常高，但是到了车间遇到不会的、不懂的，他总是不耻下问，向工人学习每一个细节和技术，而且对自己的要求非常高。当时在工艺流水线上清洗样品非常琐碎，他总是一丝不苟地完成。他的烟瘾很大，平常每天一到两包，工厂内禁止吸烟，他就忍着不吸。

黄昆生活上要求很低，也非常简朴。当时他是二级教授，每个月有285元的工资，他把200元交党费，剩下的补贴家用。但在学术上，他却是个很较真儿的人，他的率直让很多人怕他。有一次，一位副教授评教授职称，当时大多数学术委员都同意了，他却不客气地说：“给他个副教授就不寒碜了。”他严格要求自己，也严格要求他人。

【信息链接】

黄昆固体物理和半导体物理科学研究奖

“黄昆固体物理和半导体物理科学研究奖”，简称“黄昆奖”。为弘扬黄昆先生的科学精神和他在开创我国固体物理学及半导体物理学事业所作出的杰出贡献，鼓励在科学上作出突出贡献的我国固体物理学和半导体物理学工作者，根据黄昆先生和他同事们的愿望，设立了"黄昆固体物理和半导体物理科学研究奖"。黄昆将2001年获得的国家最高科技奖奖金500万元，其中450万元用于课题研究。"黄昆奖"基金即是以这450万作为启动本金，同时接受国内外高等院校、研究单位和企事业单位等机构的赞助，以及社会各界人士的个人捐助。

七、中国《原子能科学之父》——钱三强

【光影星播客】

钱三强，中国核物理学家，中国科学院院士。他是中国发展核武器的组织协调者和总设计师，为中国原子能科学事业的创立和“两弹”研究做出重要贡献，是中国“两弹一星”元勋。他建立和健全学术领导机构，培养科学技术人才，积极推动中国科学院的组建和发展。他是中国原子能事业的主要奠基人，被誉为“中国原子能科学之父”“中国两弹之父”。

【成功语录】

◎ 要为科学服务，科学要为人民服务。

◎ 男儿之志，不能只虑近忧。

【生平回眸】

钱三强，原名钱秉穹，1913年10月16日出生于浙江省湖州市。少年时曾就读于蔡元培任校长的孔德中学。1929年考入北京大学理科预科。后报考清华大学物理系，求读在吴有训教授门下。1936年清华大学毕业。1937年赴法国巴黎大学镭学研究所居里实验室攻读博士学位，师从居里夫妇(著名科学家居里夫人的女儿、女婿)。1940年获法国国家博士学位。1946年，与他的同行合作，发现了铀核的三分裂和四分裂。1948年回国后历任清华大学物理系教授，中国科学院近代物理研究所(后为原子能研究所)副所长、所长，中国科学院学术秘书处秘书长，二

机部(核工业部)副部长,中国科学院副院长等。1949年代表中国到巴黎出席保卫世界和平大会。1955年被选聘为中国科学院院士(学部委员)。1956年参加中国第一次12年科学规划的确定,与钱伟长、钱学森一起,被周恩来总理称为中国科技界的“三钱”。1959,年在苏联终止对中国的原子弹研究援助的情况下,组织起数万名科学工作者及技术工人,向研制第一颗原子弹进军。1992年6月28日,因病去世。

【成功路上】

做个有心人　时刻准备着

1936年,钱三强以优异的成绩从清华大学毕业。在吴有训教授的推荐下,他去了北平研究院物理研究所,在著名物理学家严济慈所长的手下做助理员,从事分子光谱方面的研究工作。钱三强为能在这样的高师手下工作,感到无比欣慰。

刚刚开始工作,严老师只交给他一些服务性的工作和管理图书。钱三强不因工作的繁杂细小而敷衍了事,他认真完成老师交给的每项工作,把图书管理得井井有条。人家照相,他就帮助冲洗、放大,还用照相底版做分析研究工作。渐渐地他能够独立、熟练地进行照相底片的分析,并掌握了照相技术。

一个周末的下午,同学们都离开了实验室,只剩下他一个人还留在那里做分子光带分析。刚从南京开会回来的严老师走进实验室,看见钱三强仍在聚精会神地工作,又看了他分析的数据结果,竟与国外的资料数据大致相同,心中甚是高兴,他更加喜欢这位年轻人了。

机遇总是垂青有心人。有一天,钱三强在图书馆查资料,严老师匆匆走来对他说:“你会法语吗?”钱三强说:“初中学过。”“还记得吗?”“忘了不少,查查字典能查资料。”“那好,我考考你。”说着,老师便从书架上拿出一本法文杂志:“你念一段,再翻译过来。”钱三强按着老师的话去做了。严老师很满意地说:“还行嘛。”于是告诉他:“中法教育基金会,要招考公费留学生,你把手中的工作整理一下,用主要精力准备迎接考试吧！”钱三强万万没有想到会有这样的好机会，他从心底里感激自己的老师。机会难得，时间紧迫，钱三强下定决心，一定要克服困难，认真准备应考。功夫不负有心人，考试完不久，严老师兴致勃勃地告诉他：“你考取了，你考取了！”在恩师严教授的引荐下，1937年8月，钱三强赴巴黎大学镭学研究所居里实验室攻读博士学位。

做个有心人，时刻准备着。机遇和挑战并存，机会只偏爱有准备、有勇气的人。

潜心学习　忘我勤奋

1937年，钱三强赴法跟随伊莱纳·约里奥—居里夫人进行科学研究。在这样一位导师的教导下学习，他认为是难得的好机会，必须珍惜这样的学习机会。

钱三强的住处距实验室较远。为了能在实验室多待一会儿，每天天蒙蒙亮，他就起床了，匆匆吃点东西，赶乘地铁到实验室，一直到很晚才回住处。每天坚持十几个小时的工作学习，但他并不觉得辛苦与单调，反而感到特别充实和愉快。钱三强是搞物理研究的，在实验室里主要做“物理”工作，但放射源是要用化学方法制备的。为了能把工作做得更好，研究做得更充分，他开始兼做“化学”工作。在约里奥—居里夫人的帮助下，钱三强跟随化学师葛勤黛夫人做起了“化学”工作。为了让自己有更多的学习机会，钱三强在征得约里奥先生的同意后，到他主持的法兰西学院的原子核化学研究所学习，并在那里工作。在做“化学”试验时，钱三强一丝不苟仿效着化学师的方法开始工作。每隔一段时间，他总会主动找到老师，向老师询问，让老师指导。天道酬勤，钱三强的努力认真换来成功的果实。他的工作得到老师的肯定，也赢得了同伴们的信任。他的勤奋与好学，同时也使他获得了真诚的合作，大大拓宽了他的科学研究领域。

凡事都需要一份专注的投入，成功源于勤奋与好学。钱三强的成功正是他的专注和勤奋的证明，而这种品质也同样是他成功的基石。

【背后的故事】

牛劲十足的热血青年

中学临毕业前，钱三强面临大学专业的选择。那时，国内正兴“实业救国”，年轻的钱三强怀抱一腔报国热情，决定去学工科，将来做一名电机工程师。“九·一八事变”后，国民党政府的不抵抗政策，让他感到很失望。他觉得应当转到清华大学去重新读物理系，用科学推动祖国发展，用科学壮大国家。

当时，学习物理的人很少，他们班上的同学由最初的28个人，到后来只剩下10人，但钱三强心怀一个目标仍一直努力地学习着。不久，“一二·九”运动爆发，当听说有百余学生被打伤，十多名学生被逮捕时，钱三强愤怒了！他勇敢地走在队伍前面，高呼口号：“为中华民族生存而战！为国家独立而战！”。在与警察拼搏时，他的衣服撕破了，腿也受伤流了血，他是一个爱国的热血青年。

1937年初，他有幸出国深造，但适逢“七七事变”爆发，日本侵华战争全面爆发。作为一个热血沸腾的有志青年，他迟疑了。国难当头，他想留在国内参加抗战，不去巴黎。但父亲的一番话让他清醒：“弹丸之地的日本，敢侵犯偌大的中国起，还不是因为我们国家落后吗？你这次出国深造是极难得的机会，你现在的所学，将来对国家定能有所用，报效国家，造福社会，前途远得很哩……男儿之志，不能只虑近忧啊！”

钱三强认为父亲的话是对的，1937年7月17日，他告别祖国、家人和亲友，登上了赴法留学的征程。

【信息链接】

钱三强星

2003年10月17日，在钱三强诞辰九十周年之际，经国际天文学联合会小天体提名委员会批准，将中科院国家天文台施密特CCD小行星项目组于1998年10月16日发现的国际编号25240号小行星命名为“钱三强星”。

八、中国核科学事业的开拓者——朱光亚

【光影星播客】

朱光亚，我国杰出的科学家，中国科学院、中国工程院院士，我国核科学事业主要开拓者之一。他为中国培养了第一批原子能专业人才。他领导设计、建成了轻水零功率装置并开展堆物理实验，跨出了我国自行设计、建造核反应堆的第一步。20世纪50年代末，中国被迫完全依靠自己的力量发展核事业，年轻的他以全部的精力和智慧，投入到这一庄严的事业之中。

【生平回眸】

朱光亚，1924年12月25日出生于湖北宜昌。1938年就读于重庆南开中学。1941 年考入中央大学（现南京大学）物理系。1942年转学到西南联大，学习物理。1945年抗日战争胜利时，他从物理系毕业后留校任助教。1946年8月随同华罗庚从上海乘船赴美，到美国密执安大学研究生院物埋系原子核物埋专业读研。1950年毕业并获博士学位，回到祖国。1950~1952年在北京大学任物理系副教授。1952~1953年作为中国志愿军代表团外文秘书前往朝鲜进行停战谈判。1953~1955年任东北人民大学物理系教授。1955年回北京大学任物理系教授、物理研究室副主任。1956年参与筹建了近代物理研究室。1957~1959年任二机部一所（中国科学院原子能研究所）二室副主任、研究员。1960年任中国核武器研究所副所长。1994年任中国工程院院长，1998年3月

至2003年3月任第九届全国政协副主席。2011年2月26日10时30分因病在北京逝世。

【成功路上】

赤子情怀

青少年时代的朱光亚，可谓意气风发，爱国心切；赤子情怀，爱国情深。

1941年，朱光亚考入了中央大学物理系，后转学西南联合大学物理系。1945年抗日战争胜利之际，美国在日本广岛和长崎分别投掷了一枚原子弹，这唤起了中国人掌握和制造原子弹的梦想。当时的国民政府特批50万美金，作为研制原子弹的经费，并招募一批一流的青年科技人才赴美国学习制造原子弹的技术。学业优异的朱光亚被老师吴大猷先生推荐，跟随华罗庚一同前往美国学习。

1946年，朱光亚进入美国密执安大学，读物理系原子核物理专业研究生。在美国的日子里，朱光亚一面刻苦努力学习，让自己掌握原子核物理的核心知识；一面时刻关注国内形势。担任中国学生的学生会主席的他，常常组织一些活动，大家围坐在草坪上传阅《华侨日报》，宣读家信，传递国内消息。三年的期盼，终于盼来新中国成立的消息，朱光亚欢欣鼓舞。他在同学中奔走相告，并积极组织集会和庆祝活动，和同学们交流、讨论如何回国建设祖国。他认为只有把个人命运与祖国命运紧密联系在一起，把自己的聪明才智献给祖国，个人的人生价值和理想才能实现。从1949年底开始，朱光亚牵头组织起草了《给留美同学的一封公开信》，并送给美国各地区的中国留学生传阅、讨论，联合署名。这封公开信这样写道："同学们，我们都是在中国长大的，我们受了20多年的教育，自己不曾种过一粒米，不曾挖过一块煤。我们都是靠千千万万终日劳动的中国工农大众的血汗供养长大的。现在他们渴望我们，我们还不该赶快回去，把自己的一技之长，献给祖国的人民吗？是的，我们该赶快回去了……我们中国要出头的，我们的民族再也不是一个被人侮辱的民族了！我们已经站起来了。回去吧，赶快回去吧！祖国在迫切地等待我们！”

在他的努力下，许多留学生决定回国。1950年2月，朱光亚也踏上“克利夫兰总统”号轮船，奔向刚刚诞生的新中国。

白手起家，打造中国第一颗原子弹

20世纪60年代，苏联中断对中国的援助。1960年8月，苏联政府撤回专家，我国核武器研制工作走上了完全自力更生的发展道路。当时年仅34岁的朱光亚被任命为核武器研究所副所长，全面负责核武器研制中的科学技术工作。

由于条件不具备，核物理与放射化学的实验必须先在原子能所开展。于是他们把原子能所简陋的工棚改做放射化学实验室。工棚用芦苇做墙，黄泥巴抹面，黑油毡做顶，从外面看，好像是放破烂儿的仓库。工棚里面的墙面用奶黄色油漆涂了一层，地上就铺上黑色橡胶，但实验台、自制的简易手套箱、烘箱、马福炉等都安排得井然有序。实验条件非常艰苦，冬无暖气，夏无空调，自制手套箱密封性很差，废水的放射性剂量也很高。他们没有大型计算机，只有手摇计算机，计算速度慢。要计算一个数字不知道摇多少次摇杆，当时正值三年困难时期，很多工作人员都出现浮肿。朱光亚经常和大家一起讨论，鼓励大家要坚定自力更生的信心。为了打造中国第一颗原子弹，当年的科研人员就是在如此艰苦的条件下夜以继日地奋力拼搏的。

1964年10月16日下午3时，在世界的东方，中国西部的戈壁滩上，一朵硕大无比的蘑菇云，伴随着轰鸣，向着宇宙苍穹旋转、蔓延、升腾、再升腾。中国第一颗原子弹终于爆炸试验成功！万众忘情地跳跃、欢呼、拥抱，淌着欣慰的泪水。朱光亚看着正在升腾的蘑菇云，一个刚强而内敛的汉子，不禁潸然泪下。18年前在美国就开始找寻的梦，今天终于实现了。

【背后的故事】

用做实验的态度做事

朱光亚是一个严谨心细的人。作为一位实验物理学家，他做事犹如他做物理实验一样，细致而认真。

朱光亚在几个单位身兼数职，各个单位都有传阅文件送过来。下属递交上来的文件和报告，他就像老师批改作业一样，不但修改内容，连病句、错字甚至标点符号都认真修改，而且字迹工整。

他工作认真细致，就是在日常生活中，他做事也像做物理实验一样认真严谨。他为他的每个衣服箱子都建立了登记卡片，箱子里放的是冬装还是夏装，军装还是便装，一目了然，找东西从来不会手忙脚乱。他喜欢凡事亲自动手，家里的各种电器，他都喜欢自己摆弄。他把录像机的所有功能都利用起来，做到在看一个电视节目的同时，自动录下另一个节目；或者在人不在的情况下，录像机可以自动把想看的节目录下来。

他永远保持着一颗科学家的心，工作、生活都渗透着他严谨科学的态度。从小事做起，让良好的习惯成为他人生中的一种必然，变成一种生活的态度。

【信息链接】

朱光亚星

2004年12月，国际编号为10388号的小行星被正式命名为“朱光亚星”，以纪念朱光亚对中国现代科学的杰出贡献。

九、中国《核武器之父》——王淦昌

【光影星播客】

王淦昌,中国著名核物理学家、"两弹一星"元勋。他参与了中国原子弹、氢弹原理突破及核武器研制的试验研究和组织领导，是中国核武器研制的主要奠基人之一。70年科研生涯,奋力攀登,硕果累累。他被誉为"中国核武器之父""中国原子弹之父"。

【成功语录】

◎ 要做科学家,不要当科学官。

◎ 我们应该要求自己站在世界科学发展的前列，只有这样,才能带领青年人去发展我们的科学事业。

【生平回眸】

王淦昌,1907年5月28日出生在江苏省常熟县枫塘湾。1925年考进了清华大学。1929年大学毕业后,次年进入德国柏林大学,1933年获博士学位。1934年4月回国，先后在山东大学、浙江大学任教授。1941年提出了验证中微子存在的实验方案并为实验所证实。1950年4月,到新成立的中国科学院近代物理研究所任研究员。1956年作为中国的代表,到苏联杜布纳联合原子核研究所担任高级研究员,后来又担任副所长，并且亲自领导一个实验小组，开展高能实验物理的研究。1959年在世界上首次发现了反西格马负超子。1960年回国,参与中国原子弹、氢弹原理突破及核武器研制的试验研究和组织领导。

1964年独立地提出了用激光打靶实现核聚变的设想，使中国在这一领域的科研工作走在当时世界各国的前列。1969年被任命为核武器研究院副院长。1979年加入中国共产党。1984年领导开辟了氟化氪准分子激光惯性约束聚变研究的新领域。1986年3月，与王大珩、杨嘉墀、陈芳允一起提出了对中国高技术的发展有重要意义的建议，为中国高技术发展开创了新局面。1998年12月10日在北京逝世。

【成功路上】

隐姓埋名　以身许国

1959年6月，赫鲁晓夫领导集团背信弃义，撕毁两国政府签订的关于苏联援助中国建设原子能工业的协定和合同，撤走专家，企图把中国原子能事业扼杀在摇篮里。中国决定自力更生，靠自己的力量发展中国的核事业。

技术突破、科学攻关需要人才。1961年回国不久的王淦昌接到二机部部长刘杰的通知，要求他到二机部领任务。他精神抖擞地来到二机部，刘杰向他转达了党中央的决定，要求他三天之内到核武器研究所报到。这个决定对于王淦昌来说，就是要他从熟悉的、并且已经取得重要成果的基础研究工作，改做他不熟悉的应用性工作。他脑子里一下就联想到20世纪40年代初期，国际上有一批物理学家，突然“失踪”了……但他没有犹豫，随即表示：“以身许国。”离开二机部大楼，王淦昌静神沉思：三天！他回想起了刘杰同志向他转达的周恩来总理的口信：这是政治任务。我们刚起步的国防尖端事业，需要尖端人才，需要第一流的科学家！我们的祖国，需要更加强大。自己一生所追求的、并且为之奋斗几十年的，不就是祖国的强盛吗？他深深地感到党和国家对自己的信任和期望。于是，第二天他就到核武器研究所上班了。从此，他隐姓埋名，默默地为这一艰巨而神圣的事业奋斗了16年。

一切从零做起，一切都充满困难和艰辛。但他没有气馁，没有退却，而是迎难而上，用智慧克服困难。当时，核武器研究所没有试验场地，是借用解放军的靶场。王淦昌走遍了靶场的每一个角落，和科技人员一起搅拌炸药，指导设计实验元件，指挥安装测试电缆、插雷管，直到最后参加实验。1963年春天，他离开自己的亲人，带头到西北核武器研制基地去工作。那时候，基地刚刚开始建设，各方面条件都很差，海拔3200米的青海高原，高寒缺氧，气压低，水烧不开，馒头蒸不熟。就是在这样的困难情况下，王淦昌仍坚持深入到车间、实验室和试验场地去了解情况，指导工作。为保证每项技术、每个数据的准确性，他常常工作到深夜；每次实验的准备工作，他都一丝不苟，严格把关。

1964年10月16日下午3时，茫茫戈壁滩上，升起了一个巨大的火球，接着是《轰轰轰》的爆炸声……原子弹爆炸了！王淦昌热泪盈眶，他终是不负众望，完成了祖国和人民交给的任务。

一腔爱国热血　科学拯救民族

1926年日本军舰侵入中国内河，遭到大沽口中国驻军阻击。英、美、日等八国借所谓“大沽口”事件，向中国政府施压。愤慨的北京高校师生，走上街头游行示威。然而卖国的段祺瑞政府却将枪口对准了这批爱国师生，请愿的学生一批一批被打死在执政府门前。王淦昌看着倒成一片的同学，他才发现自己已满身是血。他愤怒地问道：“作为一个爱国学生，我该怎么办？一腔热血，该洒向何处？”

当晚，王淦昌死里逃生，和几个同学来到叶企孙老师家，讲述白天天安门血案。当他讲到“我身边的同学倒下，血溅我的衣服”时，叶企孙老师激动地盯着他，严厉地问道：“谁叫你们去的？你们明白自己的使命吗？一个国家，一个民族，为什么会挨打？为什么落后？你们明白吗？如果我们的国家有大唐帝国那般的强盛，在这个世界上谁敢欺辱我们？一个国家与一个人一样，弱肉强食是亘古不变的法则。要想我们的国家不遭受外国人的凌辱，就只有靠科学！科学，只有科学，才能拯救我们的民族！”说罢，叶企孙老师泪流满面，不能自已。

王淦昌被老师发自肺腑的讲话打动，他深刻明白了爱国与科学紧密相关，老师的一番话，让他暗下决心：献身科学，走科学救国的道路！

【背后的故事】

捐资祖国　清贫一生

王淦昌一生勤俭节约，他总是倾其所能捐资国家。早在抗日战争爆发时，为了支援抗战，王淦昌和同事一起，挨家挨户宣传抗日，“有钱出钱，有力出力”，募捐废铜烂铁，给政府造抗日枪炮。当时王淦昌的薪水也不高，一家人生活并不宽裕，为了支援抗日，他把结婚时的金银首饰和家里积攒多年的银元都捐献了。

1960年，王淦昌在杜布纳联合原子核研究所的研究将要结束时，他特地来到莫斯科中国驻苏联大使馆，慎重地把一个存折当面交给大使，说：“请你收下，转交给祖国人民吧！”这是他在联合所工作四年，节衣缩食积存下来的，共有14万卢布。当时，国内正值经济困难时期，他想用这笔不算多的钱帮助祖国和人民克服暂时的经济困难。

1982年，为表彰他发现反西格马负超子的巨大贡献，王淦昌得了3000元奖金。拿着这笔钱，他第一个想到的不是自己，他想到的是原子能工作者的孩子。于是，他把这笔钱全部捐赠给了原子能研究所职工子弟中学，作为奖学金。他说，他想为娃娃们的父母减轻一点负担，让他们能为原子能事业更好地工作。他以一个长辈的身份关心着年轻的原子能事业工作者，他以一个老科学家的身份关注祖国未来的建设者。

一生硕果累累，一生勤俭节约。他将渊博的知识献给祖国的原子能事业，他将有限的金钱捐给祖国。

十、中国电子衍射及高分辨电子显微学的先驱者——李方华

【光影星播客】

李方华，中国凝聚态物理学、电子显微学家，中国电子衍射及高分辨电子显微学的先驱者之一。她在中国最早开展单晶体衍射结构分析，填补了中国非晶体电子衍射结构分析的空白。她为我国建立了最早的高分辨电子显微学研究组。她是杰出的女科学家，是中华民族的骄傲，是中国女性的骄傲。

【成功语录】

◎ 科学与科学家的成长环境密不可分。只有站在巨人的肩膀上，才能取得更大的成就。

◎ 科学家心里愈平静，他们的研究行为才可能比较理智和正确。

◎ 自然科学家的职责是探讨自然界的客观规律，使之为创造人类文明所用。在了解自然界的过程中，要努力发现问题，提出解决问题的办法，并坚持不懈、不屈不挠地去解决问题。

◎ 女性一定要有自己的事业，一定要自立自强。

【生平回眸】

李方华，1932年生于香港。1952年被保送到苏联列宁格勒大学物理系学习。1956年以优异成绩毕业回国，到中国科学院物理研究所工

作。从1960年起，开始独立从事科研工作。在中国最早开展单晶体衍射结构分析和测定晶体中氢原子位置的工作。文化大革命结束后，她积极推动国内在高分辨电子显微学领域的研究工作，成为最早向国内同行介绍这一领域发展动态的人，同时在中国科学院物理研究所建立了中国最早的高分辨电子显微学研究组。1982~1983年，在日本大阪大学应用物理系任访问学者半年。1993年当选中国科学院院士。1998年当选第三世界科学院院士。2001年被评为“中科院十大杰出妇女”。2003年成为中国首次获得“欧莱雅——联合国教科文组织世界杰出女科学家成就奖”的女科学家。现任中国科学院物理所研究员，博士生导师。

【成功路上】

成功源于超乎常人的努力付出

她在中国的科学界沉寂了50年，2003年她走进了大家的视野，她用她的出色成果和人格魅力向世人展示了一位成功的东方女性。然而，她成功的背后是几倍于常人的付出。她把一切零碎的时间都抓了起来，她不停地思考，不断地学习。

上列宁格勒大学时，李方华只培训了四个月俄文就去了，四个月的俄文水平让她听课犹听天书。怎么办呢？她决定晚上开夜车先自己预习。那时的她，每天凌晨3点钟睡觉，8点钟起床。要是遇上考试的话，她就通宵不睡觉。功夫不负有心人，1956年她以优异的成绩毕业回国，加入到祖国的科研建设中来。

20世纪80年代，李方华有幸到日本做访问学者。刚到日本时，她的日文很差，以至于第一次做显微像的计算时就遇到了一个巨大的难题：她面对的是一个纯日文操作系统的大型计算机。但李方华硬是抱着厚厚的日文说明书，弄明白计算机的操作，正确地输入了参数，然而得到的却是令人哭笑不得的结果。当时，日本学生和助教都认为是她操作上有差错。她经过仔细分析，判断绝不是她的操作有误，而是使用的计算程序有错。那时，对于计算机程序她还没有入门，但她并不怕这东西。她知道，如果从头到尾检查全部程序，需要耗费很长的时间，还可能找不出错。于是她就找日本学生了解他们用此程序的情况，经过两三个问题的对答，她最终弄明白了只需检查该程序中大约百分之五的语句。于是，她花了一个晚上的时间，把错误找了出来。她就是这样，想做一件事，不管用什么方式，都必须做成。

为了提高自己参阅外国资料文献的能力，李方华先后学过五种外语。学日语时，她每天早上7点至8点半在科学院动物所上课，然后再赶回物理所上班。学德语时，在单位工作完后，她再去上德语课的“晚班”。“文化大革命”后，她学了英语，还自学了法语，再加上留学苏联学的俄语，她熟练掌握了五种外文。

她默默地努力，寂静地研究，但金子终究是要发光的。李方华用她的努力付出向我们展示了一位真实的中国女科学家。

坚韧执著的李方华

1973年，中科院物理所所长施汝为先生安排她调研晶体学的发展动态，这使她能有机会在图书馆看到关于高分辨电子显微像的报道，让她了解到能从显微像上直接看见晶体中的原子团，这令她激动不已。但她很快意识到，高分辨电子显微学的分析方法有局限性，要用高分辨电子显微像测定晶体中的原子位置，事先必须对被测结构有所了解。于是她收集了许多资料抱回家，开始做起了电子衍射与高分辨电子显微学的研究。

当时，她白天还要在干校和工厂劳动。她只能在业余时间看资料，在业余时间思考。更重要的是，光看光想她还是不明白，而国内又没有条件做这方面的实验。李方华执著而敏锐，她不让机会轻易溜走。1977年一个偶然的机会，李方华听说北京器材公司要进口一台电子显微镜，她就千方百计通过各种渠道联系去参加电子显微镜的安装。那家公司在灯市口，而当时李方华家住中关村。她就每天早上6点钟出发，8点钟准时到那里，天天“混”进去参加安装，掌握了如何操作。本来说好是从早8点用到下班,但没人赶她走,她就不睡觉,经常24小时待在那里用,第二天早上8点他们来人上班她再走。那里的工程师们为她的坚韧所感动,于是在仪器安装验收后答应将仪器每星期给她用一天。这种状态的研究生活,李方华持续了三年多。

【背后的故事】

她是科学家　更是妻子和母亲

李方华是一位成功的科学家,她同样是一名称职的妻子和母亲。作为一位女性,李方华深深知道自己在家庭中的责任。对于女儿,李方华从没有因为要埋头自己的研究,而忽略了作为母亲的责任。她悉心照顾孩子的生活,甚至在她研究最紧张的时候都尽量不耽误回家给孩子做饭,不忘辅导孩子的学习。她言传身教,以自己的勤奋、敬业,以及女性特有的细心和耐心感染着孩子。

作为妻子,李方华和丈夫,始终相敬如宾,相互理解。夫妻两人都是搞科研的,过去家里房子很小,只有一张书桌,她就常常在床上和箱子上推算公式。80年代的时候,丈夫患了脊柱血管瘤,腰部以下神经受了损伤,李方华就尽量承担大多数的家务。本来就工作繁忙,为了照顾好家,照顾好家人,她放弃了很多休息时间。除了新闻,她不看其他的电视节目;除了上街买菜,她也几乎不逛商场。但她一点都不觉得遗憾,她享受着为人母、为人妇的那份幸福和快乐。

她的生活和她的工作一样安静而平和,她简单而快乐着。她不为名利的光鲜所惑,带着她的简单哲学,寂静地生活工作着。2003年2月27日,李方华获得了"欧莱雅——联合国教科文组织(UNESCO)世界杰出女科学家成就奖"。当李方华上台领奖时,只见她上穿一件红色的唐装,下着一条黑色长裙,传统的民族服装再加上儒雅的气质,李方华向世人展示了中国女科学家的良好风貌。原来,在颁奖前夕,欧莱雅公司的人告诉她最好穿民族服装,因此春节过后女儿就拉她去商店,正赶上唐装大削价,她就买了一件打折品。到了巴黎她准备穿的裙子皱皱巴巴的,怎么也弄不平,她就把女儿的裙子穿上。就这样,打折唐装加女儿的裙子,李方华出席了颁奖仪式。如此重要的场合,如此复杂的事情,李方华却如此简单地处理了,并且处理得那么漂亮。

人的生活需要的是一种心态,一种安于平静的态度。李方华于简单和平凡中品读着最纯的生活和人生。

【信息链接】

联合国教科文组织世界杰出女科学家成就奖

该奖于1999年9月设立,每年奖励在世界范围内五位卓有成就的女科学家,素有“科学界女性诺贝尔奖”之称。

第六章 军事号角

一、99坦克之父——祝榆生

【光影星播客】

祝榆生，抗美援朝战斗英模，军事教育工作者，中国新型主战坦克总设计师。他先后参加过30多次战役战斗，屡立战功。一次战前训练，夺走了他的右臂，从此他被称为“独臂总师”。花甲之年他临危受命，担任新型主战坦克总设计师，为我国研发出最新型号的第三代主战坦克——ZTZ99式坦克。

【成功语录】

◎工作着就是幸福的，人生奋斗不已，无私奉献国家，便是最大的幸福。

【生平回眸】

祝榆生，1918年生于四川重庆。1938年入延安抗大学习，参加革命。曾任八路军115师司令部参谋股股长、山东滨海军区司令部科长、华东军政大学副部长。他研制成功多种战斗器材，在战场上发挥了巨大作用。在抗日战争和解放战争中成功研制地雷、反坦克手雷及多种攻坚战斗器材，创造了坑道定距爆破法。1948年1月，在山东阳信县的一次战前训练中失去了右臂。1952年后，历任解放军高级步兵学校部长，炮兵工程学院、华东工程学院副院长。1984年1月，被国防科工委任命为新型主战坦克总设计师。1999年10月1日，在中华人民共国成立50周年国庆阅兵式上，由他担任总设计师研制的ZTZ99式主战坦克首次公开露面。2005年荣获“兵器工业科技发展终身成就奖”。

【成功路上】

投笔从戎

祝榆生原来是学商的，抗日战争前他在银行工作。1937年抗日战争爆发，当时他在重庆，那个时候重庆抗战气氛很浓。和当时的年轻人一样，祝榆生保家卫国的热情高涨，对于抗日问题他们都认为国家处于那样一个状态，自己应该做出自己的贡献去参军，去参加抗日。于是，祝榆生放弃了银行职员的工作，没有跟家人辞别，就和几个同伴一起离开重庆，考上了远在南京的国民党陆军军官学校，即黄埔军校，开始投笔从戎的道路。

由于日寇的轰炸和进逼，他们这批新生一入学就被转移到武汉。迫在眉睫的战火，让祝榆生和同伴们心急如焚，他们希望以最为迅速和直接的方式参与抗战，救亡图存。于是他们离开了学校，踏上了前往延安的路。几经辗转，祝榆生到达了延安。1938年1月，他进入延安抗大学习军事，同年10月，加入了中国共产党，并如愿以偿地被派往了抗日前线，成为八路军一一五师的一员，开始了他长达12年的戎马生涯。

对武器研究的痴迷

对于武器，对于军火，祝榆生有着一种天生的痴迷。而痴迷的背后也隐藏着他的强国之志，他知道提高部队武器装备水平，就是提高国家的国防力量，也是强大国家实力的需要。他近乎痴迷地从事着武器的研究和改进工作，即使付出鲜血的代价也没有动摇他参与战斗、研发武器的决心。

在部队的时候，只要缴获敌人的武器，他都要看着说明书研究一番。他不懂日文,但日文好多和中文相似,他就半中文半日文地自己琢磨,然后再操作、对照,慢慢把每件武器都搞清楚。

从1938年到1949年,在长达12年的战争岁月里,祝榆生创造和改进了二十余种武器和战斗器材,在很大程度上提高了所在部队的战斗能力。祝榆生通过多次试验,发明了迫击炮的平射法,把这种原本只能曲线发射,打击威力和精准度都不尽如人意的武器,转变成几炮就能打掉小据点的攻坚利器。然而,祝榆生也为此付出了巨大的代价。1948年春天,30岁的他在一次战前训练中,迫击炮多次发射失败,当时身为教员的祝榆生说:"危险,你们都离开,我来!"就在他将炮弹装进炮筒的刹那间,爆炸声响了,他的右臂当场被炸伤,从此失去了右臂。

他是《独臂总师》,他用一只手撑起中国的国防军事。

无私付出为发展留足后劲

经历过出生入死的战争,祝榆生深知兵器对战争的重要性。他亲身经历了令人悲愤的中国近代屈辱史,他心底藏着对祖国最深切的热爱。他甘愿作为国献身的革命者,用自己的智慧和生命为富国强兵作出自己的贡献。

年近七旬的祝榆生临危受命,放弃了闲适的退休生活,再次回到"战场",投入了新型坦克的研制工作。他明白,国家把他再次请来是因为他打过仗,用过好多武器,各种技术问题也熟悉,有很多实战经验,再回来他不仅要研制坦克,更要培养新人。

于是在新型坦克研制之初,他就确定了三项任务:出硬件、出软件、出人才。就是说要研制出满足国家下达的战技指标的新型主战坦克,并预留有发展潜力;在研制新型坦克的同时,要总结出一套完整的最新设计经验和方法,生产工艺,试验方法和标准;通过新型坦克研制,为国家培养出更多的管理和技术人才。在新型坦克研制的过程中,每个部件或系统,成熟一个鉴定一个,这会使科研人员能随时获得科研成果奖项。而他在历次评奖和奖励中,都首先把名誉和利益让给下属,而从不考虑自己 。

他的青春献给祖国的武器科研,年逾花甲依然心系祖国国防事业。

【背后的故事】

工作着就是幸福的

尽管战争夺去了祝榆生的右臂,给他日常生活带来诸多不便,但是他仍然酷爱国防事业,全身心地投入到新型主战坦克的研制中。他受部长的委托,全权负责新型坦克的研制,这使这位优秀共产党员意识到自己捍卫革命信仰的使命感和发扬革命传统的历史责任感。掌握着科研经费拨款的财政大权,他自己却在一个简易楼房里办公,办公室里的布质沙发还是别人用过的旧品,办公桌也是用旧品改制的,办公坐椅是一个木硬椅上放一个软棉垫。他用了十几年的办公室,直到1998年才勉强同意安装了一个噪音很大的窗式空调。

他目前仍住在20世纪60年代修建的90多平方米的砖瓦楼房里,屋内是水泥地板,墙壁仍是用白粉刷过。在家里,为了节省时间,他经常以面包、方便面和玉米粥等方便食品为主食,或者就热点剩饭剩菜,以便有较多的时间来看资料和思考工作中的问题。

有人说,他是个只知道工作而不懂得生活的人;他却说,工作着就是幸福的。人生奋斗不已,无私奉献国家,便是最大的幸福。

二、中国第一代歼击轰炸机的总设计师——陈一坚

【光影星播客】

陈一坚，飞机设计师，中国工程院院士。他是新中国第一批飞机的设计员，参与了我国第一架歼击机的仿制研制工作。他研制成功了我国第一台发动机空中试车台，参与设计了我国第一架大型飞机。他打破西方国家对我国实行的高技术封锁，自主研制我国对地攻击的新机种。他打破旧的设计规范，研制成功“飞豹”飞机，填补了中国歼击轰炸机的空白。

【生平回眸】

陈一坚，1930年6月21日出生在福建省福州市一个充盈着书香和爱国之气的家庭。陈一坚少年时期在福州萃文小学就读，后迁往福建省南平县，在南平中学和福州高级工业职业学校读完初中和高中。1952年，从清华大学航空学院毕业后，分配到哈尔滨飞机制造厂，修理抗美援朝前线受伤的飞机和仿制苏联伊尔-28轻型轰炸机。1956年进入中国“第一飞机设计室”。1959年12月加入中国共产党。1964年调到西安重型飞机设计研究所(603所)。20世纪60年代初期，他以完全自学的方式系统地学习了疲劳知识，编制了中国第一份飞机疲劳试验大纲和运7飞机疲劳试验疲劳载荷谱。20世纪80年代初期，与冯钟越等同志一起研制成功7760CAD/CAMM软件系统，在国内航空领域

开了计算机辅助设计的先河，并荣获国家科技进步二等奖。1982年，出任"飞豹"飞机型号总设计师，研制出我国对地攻击的新机种。他还主编了《飞行器结构强度分析手册》《飞机结构耐久性及损伤容限设计手册》，撰写了《"飞豹"飞机研制工作总结报告》等，为促进航空科技进步作出了积极贡献。1999年当选为中国工程院院士。

【成功路上】

幼年经历让他结缘航空

陈一坚出生在一个书香门第。他的父亲经常给他们讲述"天下兴亡，匹夫有责"的道理和历史上民族英雄的动人故事。

1937年，抗日战争全面爆发，日军侵占福州。年仅7岁的陈一坚随父亲的学校撤往福建南平。在八年抗战期间，他们全家在逃难中生活，饱受着日军的轰炸扫射。那时空中基本没有中国飞机，地面也没有有效的防空火力，所以日本的飞机很猖狂，飞得很低，有时连飞行员的小胡子都看得清清楚楚。他们随意扫射手无寸铁的普通中国百姓。他们家和好多人家一样，一家人都躲在一个抽出了棺材的墓穴里。那时也没有什么防空知识，有的人家害怕小孩哭会让日本飞行员听见，居然把孩子活活闷死。如此惨况在少年陈一坚心里种下了深深的仇恨和愤怒。"为什么人家有飞机可以轰炸我们？为什么我们没有飞机与之对抗？"从那个时候起他就决定了自己一辈子的人生道路。高中毕业之后投考大学时，他所有的志愿都填上了"航空系"。幼年的这段苦难经历让陈一坚走上了航空之路。

在逆境中重生

1966年，为了打破外国飞机一统国内民用航线的被动局面，周恩来总理和叶剑英元帅发出指示：以603所的技术力量为主，仿制、设计运7飞机。

年轻的陈一坚感奋不已，他觉得此时自己浑身有使不完的劲。然而，正当他准备甩开膀子大干一场，来实现自己"献身航空，报效祖国"的雄心壮志时，"文化大革命"席卷而来。陈一坚被无情地从火热的飞机研制前线横扫到“牛棚”里！他被作为“重点改造”对象，在干校接受劳动改造。

逆境可以摧垮一个人，也可以造就一个人。在20世纪60年代初期，国外一架客机因突然间的疲劳断裂而机毁人亡。陈一坚的老师——中国第一代著名飞机设计师徐舜寿告诉他，今后挤些时间多了解“疲劳”方面的知识。从1965年起他就开始系统地学习研究“疲劳与断裂”。在“牛棚”里，他白天种地、放羊、喂猪、修汽车，晚上就在灯下苦钻飞机疲劳断裂理论，常常是一干一个通宵。就是在这样艰苦的环境中，他依然不放弃，依然坚持着自己的理想。

恢复工作以后，他编写了我国第一份飞机疲劳试验大纲，也就是运7飞机疲劳试验大纲；还编写了运7飞机疲劳试验疲劳载荷谱，结束了我国在飞机研制中完全参考外国疲劳通用载荷谱的历史。

陈一坚怀揣“献身航空，报效祖国”的雄心壮志，在逆境中坚强地挺立着。困难不仅没有打倒他，反而让他更坚定、更出色！

大胆突破　自主研发

20世纪70年代末80年代初，为了维护国家的统一，也为了打破西方国家对我国实行的高技术封锁，我国急需自行研制一种平时能对敌人起巨大威慑作用，战时能取得现代局部战争胜利的武器。

陈一坚以他在飞机设计方面出众的声望，在1982年被国防科工委任命为“飞豹”飞机型号总设计师，一座广阔的舞台在他面前展开了。陈一坚担任总设计师后，首先面临的问题是飞机设计规范的选取，这是飞机设计能否成功的关键问题。当时美军的F-3和F-4战斗轰炸机在战争中很疯狂，作战效能很强，陈一坚也想搞一个类似的高性能战斗轰炸机。在反复比较的基础上，陈一坚大胆突破，提出打破我国航空系统一直沿用的原苏联规范体系，而采用更为先进的西方规范体系作为“飞豹”的主要设计规范，并妥善解决了使用中的协调、配套问题，使飞机的载荷、飞行品质、结构强度和系统的设计水平迈上了新台阶，一举达到了国家下达的设计要求。“飞豹”的发动机采用的是国外进口的发动机，不论是性能还是安装接口都不能变，飞机战术技术指标要靠飞机本身的设计来达到。面对这一技术难题，陈一坚选派设计人员赴国外考察，吸收经验，然后自主研发出发动机和进气道的匹配方案。经过多次试验和反复讨论，成功完成了匹配设计。

陈一坚凭借夯实的专业技术，大胆突破，自主独立，完全依靠自己的力量，成功研制出对地攻击新机种。“飞豹”的诞生为祖国的国防事业注入了更强劲的战斗力。

【背后的故事】

历波折　老泪垂

“飞豹”的“出世”填补了我国歼击轰炸机的空白，一举跨越了国外歼击轰炸机几十年的发展历程。但就是这架“飞豹”，在数十年的研制过程中几上几下，历经波折。

“飞豹”首飞那天，陈一坚亲自把试飞员送上飞机，他没有多说什么话，只是坚定而充满希望地看着试飞员。飞机起飞了，但不久就出现前后舱高度表不一致的毛病，误差达50米；不一会火警灯又亮了。试飞员凭借自身的飞行经验做出了正确判断，沉着地在空中飞了20分钟，着陆也很顺利。但着陆后飞机出现剧烈震动，把座舱内的大部分仪表都震掉了，甚至连方向舵也整个震飞了，最后飞行员将没有方向舵的“飞豹”安全降落在机场。带着紧张，带着激动，陈一坚从塔台来到飞机旁，他脸上挂着泪，只说了一句话：“首飞成功了！”20世纪90年代，“飞豹”参加了第一次实弹演习。在我国一个海上靶场，一艘靶船在七八级的海浪中上下颠簸，忽隐忽现。当时在靶船不远处，正停泊着一艘我国海军的军舰。然而在“飞豹”的雷达上，靶船的信号很微弱，但军舰的信号却很清晰。导弹发射还是不发射？那一阵子，陈一坚的手心全是汗，就怕出事，要是真的把自己的军舰给打了，责任太大了。因为情况特殊，指挥部最后决定放弃演习。几天后，演习再次开始。这一次“飞豹”表现得很出色，演习非常顺利，靶船在冲天火光中缓缓沉没。而经历了实弹考验的“飞豹”也一飞冲天，拉开了它充满传奇色彩的军旅生涯。

历尽波折，“飞豹”壮志冲天；陈老泪垂，完成航空报国志。

三、中国探月工程总设计师——孙家栋

【光影星播客】

孙家栋，中国探月工程总设计师，运载火箭与卫星技术专家，中国科学院院士，国际宇航科学院院士。他是中国航天史第一枚导弹总体、第一颗人造地球卫星、第一颗遥感探测卫星、第一颗返回式卫星的总设计师，是中国通信卫星、气象卫星、资源探测卫星、北斗导航卫星等第二代应用卫星的总工程师。他是中国"两弹一星"功勋科学家。

【生平回眸】

孙家栋，1929年生于辽宁省瓦房店市，1948年考入哈尔滨工业大学预科。1951年被空军选派到苏联莫斯科茹科夫斯基空军工程学院学习飞机设计维修及管理。1958年毕业，获得全苏斯大林金质奖章。回国后被分配到国防部第五研究院一分院从事导弹原创工作。从1967年担任中国第一颗人造地球卫星总体设计负责人开始，又先后担任了中国第一颗遥感探测卫星、第一颗返回式卫星的技术负责人、总设计师。他还是中国通信卫星、气象卫星、地球资源探测卫星、北斗导航卫星等第二代应用卫星的工程总设计师。1985年获两项国家科技进步奖特等奖。1988年当选国际宇航科学院院士。1992年当选中科院院士。1999年被授予"两弹一星"功勋奖章。2003年任中国探月工程总设计师。2007年10月24日，中国第一颗探月卫星"嫦娥一号"成功发射，中国深空

探测由此开启。2010年获得2009年度国家最高科学技术奖。

【成功路上】

吃红烧肉 结缘航天

1942年，孙家栋考入哈尔滨第一高等学校土木系，中途因二战“失学”。1946年9月，他考入国民政府举办的锦州大学。一年后，解放军逼近锦州等地，学校受到影响，孙家栋回到沈阳，然后打算回老家。当时，孙家栋经济窘迫，决定去找一位在沈阳的同学。在同学家，他巧遇在哈尔滨工作、出差过来的三哥。三哥告诉他，哈尔滨已解放，著名的哈尔滨工业大学将很快恢复，孙家栋于是去了哈尔滨。1948年9月，他通过资格审查，进入哈工大预科班专修俄文。1950年元宵节，很多同学回家团圆，哈工大预科班安排学生晚餐吃红烧肉。孙家栋决定吃完难得的红烧肉，再回姐姐家。开饭后，校领导突然来到餐厅通知在场学生空军要招人，当晚就要赶往北京。孙家栋毫不犹豫地报了名。他当时可能没想到，贪馋也会贪出个锦绣前程。大学时那次吃红烧肉的经历，让孙家栋和航天结下了不解缘。

造卫星送到太空 促火箭“射进”国际

1967年，孙家栋开始迎来人生的第一次辉煌。这一年，中央决定组建中国空间技术研究院，钱学森为院长。7月，孙家栋被钱学森点将，调任第一颗人造卫星总体设计师。

发射卫星是一个庞大而复杂的系统工程。1965年，国家确定了卫星要“上得去、抓得住、听得到、看得见”的总体目标。为了让卫星升空后能让地面“看得见”，孙家栋和同事们绞尽了脑汁。根据对卫星目视亮度的计算，孙家栋最终和搞火箭的同事们想出了一个“借光”的办法。让末级火箭和卫星一起运行，并且在末级火箭上安上一圈增加亮度的观测裙。1969年10月，“东方红一号”卫星初样基本告成。1970年4月24日21时34分，我国第一颗卫星终于升空了。“东方红一号”卫星当时在世界上排行第五，但在我国工业基础落后的情况下，纯靠自己的力量研制成功，着实令全世界吃了一惊。

孙家栋亲历、见证、参加、领导了中国航天成长的全部过程。他不仅让中国航天成长、成熟，而且还把中国的火箭发射技术推向国际，让中国的航天事业走向国际化道路。从20世纪80年代中期，孙家栋开始了自己角色的转换，他更多地作为中国的谈判代表活跃在国际航天界，他将中国运载火箭推向了国际市场，提供商业发射服务。1986年4月，他担任了中巴合作第一颗地球资源卫星的总设计师，实现了中国航天第一次商业发射服务。

他让中国的卫星进入太空，他将中国的火箭推向海外，他勤恳智慧，一心专注中国的航天事业。

【背后的故事】

互相扶持　爱创造奇迹

一个成功男人的背后，总有一个默默付出的女人。孙家栋成功、辉煌的背后，同样有着一个一直默默支持他的人，那就是他的妻子魏素萍。

1994年11月，我国第一颗大容量通信卫星即将发射，孙家栋坚守在卫星发射第一线。而此时，魏素萍却患脑血栓躺在了医院的病床上。病榻前，虽没有爱人的陪伴，但魏素萍没有一句怨言，他知道老伴在干大事，舍小家为大家。出院后，魏素萍身体半边麻木，胳膊和手不听从大脑的指挥。看着妻子的状况，孙家栋着急、愧疚。为了让魏素萍的四肢恢复正常功能，他一有空就搀扶妻子到户外散步，坚持每天给她按摩，说笑话逗她开心，想方设法调剂老伴的饮食，让保姆按照他列出的食谱买菜。阳光雨露般的关怀温暖了魏素萍，一年后，孙家栋这个创造奇迹的科学家，再次创造了奇迹，魏素萍竟然完全康复了。

半百夫妻，相互扶持，用爱创造奇迹！

四、中国第二代战略导弹总设计师——王永志

【光影星播客】

王永志，我国航天技术专家，也是我国载人航天工程的开创者之一。他参加了中国第一代洲际导弹的研制工作，他是第二代战略导弹的总设计师。他参与拟制了中国载人航天的发展蓝图，他是载人航天工程的学术和技术带头人，带动了中国载人航天技术的发展。

【成功语录】

◎我迈出左脚，不仅仅是为了向前跨进半米，同时也是为向前迈出右脚找到一个支点。

【生平回眸】

王永志，1932年11月17日出生于辽宁省昌图县。高中就读于东北实验学校（现辽宁省实验中学）。1952年考入清华大学航空系。1955~1961年留学苏联莫斯科航空学院学习飞机设计，毕业后获优秀生毕业文凭和工程师称号。1957年服从祖国的安排改学火箭与导弹设计专业。1987年成为“863”计划航天领域专家委员会成员。1992年当选国际宇航科学院院士、俄罗斯宇航科学院外籍院士。同年11月被任命为中国载人航天工程总设计师。1994年5月当选中国工程院首批院士。现在中国人民解放军总装备部工作。2010年5月4日，国际小行星中心先后发布公报通知国际社会，将国际永久编号第46669号小行星命名为“王永志星”。

【成功路上】

不易求学路

王永志出生在一个贫苦农民家庭。7岁那年，由于全家人不甘心因没有文化受人欺辱，才使得他获得了受教育的机会。小学毕业，时值抗战结束，八路军管辖的昌北中学寒门子弟可以免费读书，在这样的条件下他得以继续读书。由于学习成绩优秀，初中毕业后被保送到沈阳的东北实验学校（辽宁省实验中学的前身）就读高中。1949年初中毕业前他加入了中国共产党。 由于出生农家，上中学时他最喜欢的课程是生物课。摩根的遗传理论、米丘林的学说，都使他着迷。他梦想着将来当一名生物学家，改良物种。抗美援朝战争时期，美军飞机不时侵犯辽东领空，有时深入到抚顺一带，学校开始北迁，和平宁静的学习生活被破坏了。不久校园附近的沈阳北陵机场出现了苏制米格15喷气式战斗机，他为蓝天上那英姿勃勃、令敌人望而生畏的喷气式飞机所倾倒。1952年高中毕业时，他一改原先的志向，毅然报考了清华大学航空系飞机设计专业，从此走上了国防建设的道路。

随时听候祖国安排

在清华大学学习一年之后，他被选送到北京外国语学院留苏预备部学习俄语，并于1955年到莫斯科航空学院飞行器设计系飞机设计专业学习。在他大学三年级时，根据中苏两国政府的协议服从国家安排改学火箭导弹设计。1960年夏，苏联撕毁协议；撤走专家后，中国决定召回所有即将毕业的留苏学生。回国后不久，周总理从战略的高度指示国防工业重要科系派一人回去继续学习，于是他听命祖国安排重返莫斯科。重返莫斯科的王永志时刻谨记祖国需要，时刻提醒自己是代表中国。由于他出色的表现，当时苏联著名火箭总设计师科罗廖夫的第一副手和接班人V.P.米申院士向校方主动提出，亲自指导本专业这个唯一来自中国的应届毕业生的毕业设计。在米申院士的指导下,王永志的毕业论文选择了洲际导弹设计,并以优秀的成绩通过答辩,同时获得了优秀生毕业文凭和工程师称号。

从莫斯科航空学院毕业以后,王永志一直在中国航天领域奉献着自己的力量。他在战略导弹、运载火箭和载人航天方面整整工作了30年。从中国自行设计的第一种近程导弹,到多种航天型号的研制,再到洲际导弹、三种地地导弹的研制,他兢兢业业,倾注了全部心力,为我国的航天发展作出了显著的成绩。

跨越、创新 造中国的飞船

1992年,王永志担任中国载人航天工程总设计师。经过多次讨论研究,结合我国国情,中央最终决定,将航天飞船作为中国载人航天工程的起点。但是,以飞船起步,也面临一个40年差距问题。他们对载人飞船工程的技术经济可行性进行了论证,预计经过10年努力奋斗,到2002年我们的飞船可以上天。但是,到2002年的时候,苏联第一位宇航员加加林上天已经41年了,美国宇航员也上天40年了。当时考虑到如果他们再去搞一艘和俄罗斯40年前同样水平的飞船,它能极大地增强我国人民的民族自豪感吗?

面对难题,王永志和他的团队顶住压力,他们决定跨越,决定创新,他们要造一个有中国特色的飞船,要搞出一个能让中国人民感到自豪,能壮国威、振民心的飞船。他们的跨越从追赶开始,高目标才能高定位。在世界上,近地轨道载人飞船搞得最好的是俄罗斯。俄罗斯飞船的性能最可靠,使用时间最长,使用效果最好。所以,他们就把俄罗斯作为赶超目标,力争一步到位,赶上它的先进水平。

人们总是把飞船同猴子联系在一起,认为飞船试验就必须在飞船里面先放一个猴子什么的,看它能不能存活。王永志没有搞这一步,他们跨越了"猴子阶段"。他们更科学、合理、细致地分析了飞船舱内的生命环境,跨越了大动物试验阶段,采用一台代谢模拟装置来检验舱内生存环境。他们让这台科学仪器像人的呼吸一样,消耗氧,排出二氧化碳,然后再用另一台设备把排出的二氧化碳吸附、转化。根据上几个人、上多少天,把氧分压消耗到下限,这台仪器的氧传感器就会敏感到自动补氧,补到上限。他们的新技术更精确,安全系数更高。

大胆跨越,迎难而上,王永志带领他的团队,成功研制出了中国第一代航天飞船,实现了了不起的跨越。1999年,中国载人航天飞船飞上了苍穹,举国欢庆,举世瞩目。

【背后的故事】

技术跨越　好事多磨

从飞船研发初期,王永志就把俄罗斯的“联盟—TM”作为赶超目标,力争一步到位,赶上它的先进水平。“联盟—TM”是三舱飞船,有三个舱段。它同加加林上天用的“东方”号和列昂诺夫出舱活动用的“上升”号相比,除了推进舱、返回舱外,又多了一个生活舱,航天员在太空的舒适性大大提高。飞船入轨以后,航天员可以解开身上的各种束缚带,到生活舱里自由活动。

三舱方案是俄罗斯“联盟—TM”的先进性之一。鉴于这种人性化的设计,王永志提出飞船起步就搞三舱方案,刚开始团队内部意见不一。有人曾觉得三舱不如两舱简单、保险,因为两舱好做,加上第三舱就复杂多了。当时要统一大家思想,难度挺大。后来由他主持向中央写了论证报告,报告上写的就是三舱方案。可是,方案复审过程中,意见不一致,总是定不下来。最后航天部领导只得成立一个五人专家小组,把决定权交给了五人小组。当时出任组长的是任新民,大家经过一段准备,任新民主持五人小组开会讨论,让大家表态。结果,四位组员的意见是两票对两票,二比二,决定权又落到了任新民这边。这位航天专家在会外把宝贵的一票投给了王永志,同意搞三舱方案。

好事多磨,要赶超三四十年的差距,要想一步到位,不是一件容易的事。经历了质疑,经历了争吵,王永志最终带领他的团队实现了中国航天的大跨越。

五、“战斗之鹰歼10”的总设计师——宋文骢

【光影星播客】

宋文骢，我国著名飞机设计专家，中国工程院院士。五十载春秋风华，他奋斗在航空工业的第一线；二十年丹心铸剑，他研制出两个国家重点型号歼7C、歼10飞机。他是我国唯一担任过两代国家重点型号飞机研制并走完全程的总设计师。他严谨求实，他富于创新，他的技术造诣及爱国情怀，激励着一代又一代航空人。

【生平回眸】

宋文骢，1930年3月26日出生于云南省昆明市。中学时代，他就加入了共产党外围组织，17岁参加革命，成为游击队员。1949年成为云南边纵部队的一名侦察员。在云南和平解放过程中，立下了战功。1960年毕业于哈尔滨军事工程学院，从此走上飞机设计的岗位。现任中国航空工业第一集团公司成都飞机设计研究所首席专家、型号总设计师、自然科学研究员、中国工程院院士。20世纪60年代初他首创了中国飞机设计第一个气动布局专业组并担任组长，开始对飞机新式气动布局深入研究。他先后参加过东风113号机、歼七、歼八、歼九、歼10飞机等多个飞机型号研制，担任过两个国家重点型号歼七C、歼10飞机的总设计师。1986年被国防科工委任命为歼-10飞机总设计师。1988年获“全国五一劳动”奖章，2000年获得“全国先进工作者”称

号。2010年他被推选为2009年度"感动中国"人物。

【成功路上】

少年伤痛　心怀救国壮志

1930年,宋文骢出生在昆明。生活在抗日战争的战火硝烟中,他的耳边是不停响起的空袭警报;头顶上盘旋不止的日本飞机。老百姓生活在水深火热中,但那时我们国家的武器装备落后,很难打到那些飞机。这些都在年少的宋文骢心中留下了深深的印记。他立志要发明出能击落敌人飞机的先进武器。带着这样的宏愿,1954年8月,宋文骢跨进了哈军工的大门,成为空军工程系飞机、发动机专业的一名学员,从此他与飞机设计结下不解之缘。

凭借出色的科研能力,坚韧的科研精神,他先后参加过东风113号机、歼七、歼八、歼九、歼10飞机等多个飞机型号研制,担任过两个国家重点型号歼七C、歼10飞机的总设计师,取得了一系列创造性的重大成果。2009年10月1日,新中国成立60周年,作为中国工程院院士、歼10飞机总设计师,宋文骢受邀进京,观看气势恢弘的大阅兵。当歼10飞机呼啸着在天安门上空翱翔时,他不禁潸然泪下。少年的强国梦在这一刻终于绽放了。

少年经历,让他立志救国;坚韧执著的科研精神,圆他强国之梦。

精益求精　"倔"出最好飞机

都说但凡有成就者或多或少都会有些怪脾气或怪习惯,宋文骢也不例外,说到他时,许多同事会笑道:"宋总什么都好,就是有时候有点倔……"不过,歼10最后能够通过设计定型,还多亏了宋文骢的倔强。在歼10的一次试飞测试中,在飞机完成第一次超音速飞行后,承担试飞任务的同志们都为成功感到高兴,宋文骢却眉头紧锁。现在飞机试飞的数据和当年做方案时飞机模型在风洞吹风的数据存在差异。大家都被成功蒙蔽了眼睛,有人甚至认为,数据虽有差异,但并不存在安全隐患。但宋文骢说:"坚决不行。"他要求精准,要求精细,他要让歼10这架新机，不留一点遗憾。宋文骢当机立断，部署飞机修正改进工作。

飞机已成型，要再做改进，谈何容易。这可是牵一发而动全身的事。这个老头，真是太固执了！一时间，各种闲言、牢骚、抱怨，甚至怒气，明里暗里都冲着宋文骢而来，可他却不为所动，继续着手改进计划。此后，半年多的时间里，宋文骢与有关部门进行了十几轮的研究和协调，最终与所有的研制单位统一了认识，生产单位也拟订了新的生产方案，并创造了18个月生产6架改形飞机的奇迹。

倔强背后是精细和严谨，他的认真换来完美"歼10"横空出世。

五十载积淀　如今自信沉稳

2003年3月10日，歼10飞机正式交付空军。2004年春，装备部队的歼10，要进行部队飞行员首飞。首飞当天，只听一阵轰鸣，新机像箭一般冲出起跑线，"500米，600米，拉起来了！"第一架新机升空了，紧接着，第二架新机也呼啸升空。四分钟后，新机做了通场低空表演。

事后有人问宋文骢，参加过歼七C的首飞，如今又参加这种新飞机首飞，感觉怎么样？宋文骢淡淡一笑，他说，两次首飞，他的心情各不相同。歼七C首飞时，他心情非常紧张，担心着各种问题，两眼紧盯飞机不敢移动。但现在这个新飞机首飞，他的心情非常激动但并不紧张。虽说新型飞机采用了新布局、新系统、新成品、新技术，难度大得多，但他知道他们的方案是先进的，设计是严密的，技术是过硬的，元器件、子系统都进行了自上而下的综合，进行了反复的地面试验。

五十载航空工作的心血沉淀，让如今的宋文骢谈笑自如，沉稳自信。

【背后的故事】

为国家利益　对亲人隐匿工作

对于宋文骢这种从事国家高技术武器研制的人来说，他们的工作性质常常需要保密，有的人甚至需要隐姓埋名。这对于常人来说的确是一个不小的心理挑战，但宋文骢做到了。为了国家的利益，宋文骢搞了几十年的飞机研制，他的父母和兄弟都不知道他这些年到底是干什么工作的。

有一年，他的弟弟宋文鸿来到沈阳探望他们一家，家里人都绝口不谈宋文骢是干什么的。文鸿见哥哥不谈，自己也不便打听。在哥哥家里，他无意间看见书柜里有几本赤脚医生读的医学书籍，于是回去后就对家人说，哥哥现在可能已改行当医生了。

直到歼10飞机适度解密之后，宋文骢的弟弟们看见报纸和杂志上宋文骢的照片，称宋文骢为“歼10之父”时，他们才恍然大悟：原来哥哥几十年来，是在搞歼击机研制！

心怀救国壮志，澎湃强国雄心，宋文骢默默耕耘，克服艰难，呕心沥血，他的血液早已流进钢铁雄鹰。

六、“航天四老”之一——屠守锷

【光影星播客】

屠守锷，火箭技术和结构强度专家，中国科学院院士，国际宇航科学院院士。从20世纪50年代后期起，投身于我国导弹与航天事业。他作为总体设计部主任和地空导弹型号的副总设计师，领导和参加了我国地空导弹初期的仿制与研制。他作为长征二号E大型捆绑式运载火箭的技术总顾问，参与领导研制试验工作，保证了火箭的成功发射，为中国航天事业的发展作出了重要贡献。他是中国导弹和航天事业的开创者之一。

【生平回眸】

屠守锷，1917年12月5日生于浙江湖州。1940年毕业于清华大学航空系。1941年赴美国留学。1943年获美国马萨诸塞州理工学院航空工程硕士学位。后在美国布法罗寇蒂斯飞机工厂任工程师。1946年回国后，任清华大学副教授、教授。1948年12月加入中国共产党。新中国成立后，任清华大学教授、北京航空学院教授。1957年起历任国防部第五研究院总体设计部主任、第一分院副院长。1961年起他先后担任中国自行研制的液体弹道式地地中近程导弹、中程导弹的副总设计师，洲际导弹和长征二号运载火箭的总设计师。1965年任第七机械工业部第一研究院副院长。1982年任航天工业部总工程师。1990年任航空航天部高级技术顾问。他长期从事火箭总体研究与设计，领导并组织了近、中程火箭的研制，成功地主持了远程运载火箭的研制生产和全程飞行试验。1985年获国家科学技术进步奖特等奖。1992年被选为中国科学院技术科学部学部委员（院士）。

【成功路上】

少年立志

屠守锷出生在一个并不富裕的小职员家庭。虽说家境不富裕，但屠守锷的父亲还是希望子女能受到良好的教育。屠守锷在家乡上了小学，又入浙江省立第二中学和湖州埭溪中学就读。少年时在上海亲历的惨绝人寰的一幕，让屠守锷确定了他一生的理想。

那天清晨，父亲携屠守锷从上海回南浔老家过春节。走到半路，突然，天空中出现了几十架日本轰炸机一架接一架地向地面俯冲下来。父亲意识到大事不好，拉着小守锷往轮船码头疾跑。炸弹像雨点般地落下来，繁华喧闹的大上海，瞬间房倒屋塌、血肉横飞！面对劫难后的满目疮痍，少年屠守锷立下了志愿：一定要亲手造出我们自己的飞机，赶走侵略者，为死难的同胞报仇！抱着航空救国的决心，屠守锷发奋读书。1936年屠守锷考取清华大学机械系。清华设立航空系后，他又毫不犹豫地转到了航空系。1940年屠守锷从清华大学航空系毕业，次年又以优异成绩取得公费留美资格，进入美国麻省理工学院攻读硕士学位。

爱国深情　无私付出

屠守锷抱着满腔报国热情在异国他乡求学，他无暇欣赏美丽的异国风情，全神贯注于自己的学业。两年的留学生活结束后，他取得了科学硕士学位。随后，他应聘成为布法罗寇蒂斯飞机制造厂的一名工程师，负责飞机强度分析。当时工作和生活条件都是简陋的，但这并未影响屠守锷的工作热情，因为他知道，这是一个宝贵的实践机会。要想造出中国自己的飞机，光有理论知识是不够的，还必须有实际的经验，而从事这份工作，正是自己长本事的良机。他整日伏案工作，掌握吸收所能接触到的技术。

患难中的祖国和亲人时时牵扯着屠守锷这位海外游子的心。1945年，抗战胜利了，祖国百废待兴，屠守锷归心似箭。他辞去了工作，从东部的布法罗横穿北美大陆，历时40余天，到达西海岸的旧金山。没有客轮，他便搭乘开往青岛的运兵船，回到了祖国。

然而，当时的执政党国民党政府根本无意兴办民族航空工业。失望至极的屠守锷没有灰心，他要把知识技术传授给下一代航空人才。他在西南联大开设了航空专业课程，开始培养新一代航空人才。1947年，屠守锷到清华大学航空系任教，开始与进步人士接触。

此后，无论是在清华航空系任教，还是在北京航空学院任副教务长、系主任和院长助理，他都对共和国的航空事业倾注了极大热情。1957年2月，正当壮年的屠守锷应聂荣臻元帅之邀，跨进了国防部第五研究院的大门，他又走向了中国航天事业的第一线，继续发光发热。

人家能做到的　不信我们做不到

1957年9月，屠守锷作为聂荣臻元帅率领的中国政府代表团的顾问,参加了与苏联的谈判,促成了我国第一次也是唯一一次导弹技术的引进。而后,他便和战友们开始了中国第一枚导弹的仿制工作。正当大家准备大干一场的时候,1961年,苏联突然宣布撤走专家。屠守锷是一个不信邪的人,他认为:“人家能做到的,不信我们做不到。”他和同事们广泛听取意见,深入科研生产一线,潜心研究,制订出了“地地导弹发展规划”即“八年四弹”规划,还参与制订技术发展方向,主持选定了中国中程、中远程及远程导弹等重大技术方案和技术途径。1962年3月,中国自行设计的第一枚中近程导弹进行首飞试验。然而,出师不利,导弹在试验中坠毁。痛苦与失望笼罩在科技人员的心头,屠守锷没有气馁,指导设计人员开展了全面系统的研究。经过两年含辛茹苦的研究,他们终于换来了丰硕成果:修改设计后,从1964年6月开始,这种中近程导弹连续八次飞行试验都取得成功。在一系列的摸索、总结、攻关的过程中,中国第一代导弹技术专家成长了起来。

面对困难,他不服输、不气馁,坚定的内心给予了屠守锷必胜的信念。

批斗会上演算公式

1965年,中央专委作出一项重大决定:尽快把我国的首枚洲际导弹搞出来,并指定屠守锷担任总设计师,限定的试飞和定型的日期很短。

屠守锷想方设法避开政治风暴的袭击。面对铺天盖地的大字报和一个接一个的批斗会,他依然我行我素,埋头于资料、图纸和各种数据。他的工作以不可思议的速度进展着。有人曾看到,某次群众大会上,别人慷慨陈词,屠守锷却凝神屏气,笔走游龙,旁若无人地演算公式。1968年,他与同事们一起,终于拿出了洲际导弹的初步设计方案。

心静神定,心怀大志,管尔东南西北风。

【背后的故事】

风沙中滚出来的导弹

1980年5月9日，新华社向全世界发出公告：中华人民共和国将于1980年5月12日至6月10日，由中国本土向太平洋南纬7度零分、东经171度33分为中心、半径70海里圆形海域范围内的公海上，进行发射运载火箭试验。全世界都把关注的目光投向了中国。

屠守锷一生中经历过许多次发射试验，但没有哪一次像这次这样举世瞩目。这是一次迟到的试验。远程导弹要投入使用，必须经过全程飞行的考验，然而由于种种政治风波的干扰，这次试验被搁置了整整九年才得以进行。这又是一次特殊的试验，中国刚刚迎来改革开放的春天，如果试验成功，无疑会为这个春天锦上添花。作为这枚导弹总设计师的屠守锷感到前所未有的压力。

1980年早春，屠守锷率领试验队进入了依然寒气逼人的茫茫戈壁。戈壁滩的天气就像小孩子的脸，说变就变，刚刚还是阳光明媚，转眼就可能飞沙走石。屠守锷身穿工作服，在火箭测试阵地与发射阵地之间穿梭往来，鼻孔、耳朵、衣服里常常灌满了沙土。他常常一干就是20多个小时，困了在木板床上打个盹，然后又奔赴现场。屠守锷冒着戈壁的严寒对火箭各部位进行反复测试，排除了一个个隐患。发射签字之前，屠守锷整整两天两夜没有合眼。仰望数十米高的塔身，年过花甲的屠守锷不顾连日劳累，一鼓作气，爬上发射塔架，亲自对火箭作了最后的检查，然后庄重地签上了自己的名字。

火箭伴着惊天动地的巨响，穿过云端，越过赤道，准确命中万里之外的目标，发射获得圆满成功。

风沙漫漫，严寒凄凉，屠守锷克服了种种困难，最终成功发射了中国第一颗远程导弹。

七、中国航天之父、中国导弹之父——钱学森

【光影星播客】

钱学森，世界著名空气动力学家，火箭专家，系统工程科学家，中国战略科学家。他是人类航天科技的重要开创者和主要奠基人之一，是航空领域的世界级权威、空气动力学学科的第三代掌旗人，他是工程控制论的创始人，是20世纪应用数学和应用力学领域的领袖人物——堪称20世纪应用科学领域最为杰出的科学家。他为新中国的强大贡献了自己所有的力量，他是“中国航天之父”“中国导弹之父”，他更是“人民的科学家”。

【成功语录】

◎正确的结果，是从大量错误中得出来的；没有大量错误做台阶，也就登不上最后正确结果的高座。

◎我的事业在中国，我的成就在中国，我的归宿在中国。

◎外国人能造出来的，我们中国同样能造得出来。

【生平回眸】

钱学森，1911年12月11日生于上海。1929年考入交通大学学习。1934年，交通大学机械工程系毕业，考取清华赴美公费留学生。1935年入麻省理工学院航空系学习。1939年获美国加州理工学院航空、数学博士学位。1947年任麻省理工学院教授。1949年任加州理工学院喷气推进中心主任、教授。1955年返回祖国。1956年任中国科学院力学

研究所所长、研究员，在力学所工作到1972年前后。1982年任国防部第五研究院院长，兼任该院一分院(即今天的中国运载火箭技术研究院)院长。1989年获国际技术与技术交流大会和国际理工研究所授予的“W.F.小罗克韦尔奖章”、“世界级科学与工程名人”和“国际理工研究所名誉成员”称号。1991年获“国家杰出贡献科学家”荣誉称号。1994年被选聘为中国工程院院士。1999年获“两弹一星”功勋奖章。2008年被评为2007年年度“感动中国”人物。2009年9月14日，被评为100位新中国成立以来感动中国人物之一。2009年10月31日在北京逝世。

【成功路上】

人民的科学家

钱学森曾经说:“我作为一名科技工作者，活着的目的就是为人民服务。如果人民最后对我的工作满意的话，那才是最高奖赏。”

在创建力学所期间，他按照技术科学的思想，主持建立了各个专业学科组，并积极倡导学术民主，在科学研究面前不论资历深浅，彼此平等。在给学生讲课时，他发现许多工农子弟因为经济困难，买不起计算尺等学习用具，他就把自己刚出版的中文版《工程控制论》一书的稿酬，毫不迟疑地捐给系里，资助贫困学生购买学习用具。作为我国国防科技事业的主要技术领导者，他不仅担负着抓总技术的重任，而且经常身临一线进行具体指导。在进行“两弹结合”的导弹核武器发射试验期间，为了确保人民的财产安全万无一失，他竭尽心力。导弹上的元器件成千上万，任何一个零件出现故障，都可能影响导弹的安全。他就以表格的方式，把各种可能存在的问题一一列出来，详细到晶体管、电位器、电容器、开关插座、螺钉螺帽等。这对需要思考诸多大事的技术统帅来说，是何其可贵!

许多了解钱学森的人都说，他是大科学家，但心里始终装着人民。20世纪60年代，是我国国防科技事业发展的关键时期，而这时也是我国遭受三年自然灾害，全国人民生活十分困难的时期。为了保证科技专家的正常工作，党和国家想尽办法给以照顾。有一天，炊事员看见钱学森太劳累，就为他做了一碗红烧肉。平时和颜悦色的钱学森，一下子把脸沉了下来，批评工作人员道："你们知道不知道，现在全国人民都生活困难，连毛主席、周总理都不吃肉了，你们居然给我做红烧肉，党性到哪里去了！"不仅如此，钱学森又把自己刚出版的两部科学巨著的稿费作为党费上交。他说："我要和全国人民一起共渡难关。"

在领导国防科技工作期间，钱学森经常深入地处沙漠戈壁的试验基地。那里自然条件的恶劣，人民生活的艰辛，给他留下了深刻的印象。退出领导岗位后，他还牵挂着生活在那块土地上的人们，思索着如何用科学方法呢改变那里的环境。20世纪80年代中期，他提出了发展沙产业的思想。他还把自己获得的何梁何利基金奖100万港元，捐给了促进沙产业发展基金会。

钱学森一生成就无数，荣誉如海，而他最看重的仅仅是"人民科学家"这样的称号。而他也做到了，是名副其实的人民的科学家。

昂起头做个中国人

自从1955年离开美国后，钱学森再也没有去过美国。他坚持只要美国政府不对当年"驱逐"他出境事件正式道歉，他今生今世绝不再踏上美国的领土。其实，凡是在美国移民局的档案里留有被驱逐记录的人员，必须经由某种特赦手续才能再次入境。但钱学森把祖国、民族利益和荣誉看得高于一切，他说："我钱学森本无罪，何须你特赦？"

在美国留学期间，根据麻省理工学院的办学宗旨，各专业学科的学生都要在学期内参加实习。钱学森应该去飞机制造厂实习。可是，他没有想到，美国的飞机制造厂只准许美国学生去实习，不接纳外国学生。这种民族歧视是钱学森在美国遭受的又一次沉重打击。他清楚地知道，美国只是他人生的一个驿站，遥远的祖国才是他永远的家园。在美国的学习生活，不管环境多恶劣，他都不放弃自己的研究，强烈的爱国情支撑着他，他要用自己的科学成果证明中国人的实力，他坚持昂起头做中国人。

【背后的故事】

历经磨难　钱学森终归祖国

1949年10月1日，新中国的成立使客居美国的钱学森心潮澎湃，10多年的辛勤准备，终于到了报效祖国的时候。他对夫人蒋英说："祖国已经解放，我们该回去了。"那时，钱学森已是世界著名科学家，夫人蒋英也在音乐界享有盛誉。但祖国的召唤，使他们毫不犹豫地放弃了优越的一切。

1950年8月，钱学森一家人准备乘坐加拿大班机离开美国。但是，美国国防部以莫须有的罪名通过海关扣留了他。之后，美国司法部签署了逮捕令，钱学森失去了自由。在美国工作的10多年间，钱学森为美国航空和火箭技术的发展作出了重要贡献。美国专栏作家密尔顿·维奥斯特曾写道："钱是帮助美国成为世界第一流军事强国的科学家银河中一颗明亮的星。"因此，当得知钱学森要回国时，美海军部副部长立即给司法部打电话："无论如何都不要让钱学森回国，他太有价值了！""宁可毙了他，也不要放他回国。"

钱学森没有屈服。在失去自由的日子里，他一方面继续做着自己的科学研究，一方面坚持斗争，寻找回国的时机。1955年5月，他从海外华人报纸上看到一则关于中国庆祝"五一"劳动节的报道，其中有他家的世交陈叔通和毛泽东主席一起在天安门城楼检阅游行队伍的消息。于是他立即给陈叔通写了一封请求祖国帮助他回国的信，夹在蒋英写给她在比利时的妹妹的信里，悄悄地寄了出去。陈叔通接到信的当天，就把信送交给周恩来总理。当时，中美正在日内瓦举行大使级会谈。总理指示与美方交涉，开始，美方不承认扣留了任何中国公民，但当中国大使拿出钱学森的信时，美方才哑口无言。最后，美国政府只得无奈地允许钱学森回国。

1955年9月，钱学森全家登上克里夫兰总统号轮船踏上了回国旅途。漫漫漂泊生涯，历尽千辛万苦，终回母亲怀抱。目睹祖国翻天覆地的变化，钱学森强国信念愈坚 。回国后的钱学森，一心扑在中国的科学事业中，怀着“外国人能造，中国同样能造！”的倔强和自信，呕心沥血，作出了历史性的贡献，为新中国迎来了航天时代的黎明。

【信息链接】

1. 介绍钱学森人生经历的文学著作

《钱学森——中国航天之父》

作者：胡士弘

《钱学森》

作者：江来、肖芬

出版社：中国少年儿童出版社

2.钱学森图书馆

该馆位于钱学森的母校西安交通大学，由江泽民总书记题写馆名，这也是第一个以中国科学家的名字命名的图书馆。

3.钱学森业绩馆

记录钱学森光辉历程的“钱学森业绩馆”位于西安交通大学，面向社会开放。馆中收藏展出的有钱学森1929~1934年在交大机械工程系铁道专业学习时的水利工程学试卷，钱学森赠给母校的一批珍贵手稿、著作《钱学森手稿》《论宏观建筑与微观建筑》《创新系统学》以及介绍和反映他科学思想、科技成就及辉煌人生历程的论著及其他作品。

八、中国原子弹之父——邓稼先

【光影星播客】

邓稼先，我国杰出的科学家、中国"两弹"元勋，被称为"中国原子弹之父"。是我国核武器理论研究工作的奠基者之一。从原子弹、氢弹原理的突破和试验成功到新的核武器的重大原理突破和研制试验，均做出了重大贡献。他是中国知识分子的优秀代表，是中国科技工作者的典范。

【成功语录】

我不爱武器，我爱和平，但为了和平，我们需要武器。假如生命终结后可以再生，那么，我仍选择中国，选择核事业。

【生平回眸】

邓稼先，1924年6月25日出生于安徽省怀宁县一个书香门第。1945年毕业于西南联合大学物理系，后在北京大学任教。1948年10月赴美国普渡大学物理系留学，1950年获物理学博士学位，同年回国。他从1958年开始组织领导开展爆轰物理、流体力学、状态方程、中子输运等基础理论研究，对原子弹的物理过程进行大量模拟计算和分析。他领导完成了中国第一颗原子弹的理论方案，并参与指导核试验前的爆轰模拟试验。后又组织领导并亲自参与1967年中国第一颗氢弹的研制和试验工作。1979年担任核武器研究院院长。1982年获国家自然科学奖一等奖。1984年指挥完成中国第二代新式核武器试验。翌年，获两项国家科技进步奖特等奖，也是在这一年他的癌细胞扩散。1986年，躺在病榻上的邓稼先获“全国劳动模范”称号。1986年7月29日，因长期受辐射伤害，身患癌症逝世。

【成功路上】

满怀报国志的“娃娃博士”

他曾经亲眼目睹了日本侵华的惨状，在校园中他曾深受爱国救亡运动的影响。他深切感受到落后就要挨打。抱着学更多本领以建设新中国之志，他于1947年通过了赴美研究生考试。1948年秋，邓稼先进入了美国印第安纳州的普渡大学研究生院。在美国的日子里，他时刻不忘自己的志向，一心苦读书。由于学习成绩突出，不足两年他便读满学分，并通过了博士论文答辩。此时他只有26岁，人称“娃娃博士”。拿到学位的第九天，这个“娃娃博士”便放弃了美国优越的生活和工作条件，毅然回到了一穷二白的祖国。

带了几双当时中国还不能生产的尼龙袜子，带了一脑袋关于原子核的知识，邓稼先回到了他挚爱的祖国。回国后，邓稼先在中国科学院近代物理研究所任助理研究员。满怀报国之志，他一头扎进了工作中，从事了长达8年之久的原子核理论研究。1958年8月他被调到新筹建的核武器研究所任理论部主任，负责领导核武器的理论设计，从这时起，邓稼先隐姓埋名工作28年，直到去世。

我们也能创造奇迹

1958年秋，邓稼先就任二机部第九研究所理论部主任，他走入严格警卫的深院和大漠戈壁，全身心投入了核研究。当时，国家准备借苏联帮助完成我国的核试验工程，但1959年6月苏联政府突然终止了原有协议。中共中央下决心“自己动手，从头干起，准备用八年时间搞出原子弹”。没有了苏联的帮助，也没有任何经验，但邓稼先和他的同事们没有退缩，他们坚定信念——自己干，一样能创造奇迹。其时正值三年困难时期，邓稼先和他的科研团队虽然有较高的粮食定量，但缺乏油水,高强度的脑力劳动让他们经常饥肠响如鼓。就是在这样艰苦的条件下,他们依然坚守自己的岗位,日夜加班。“粗估”参数,昼夜不断地筹划计算,这些工作不仅要求有敏感的物理直觉,还要求有高质的数学见地。而在决定方案时,更是要有勇进的胆识和稳健的判断。但是理论是否准确永远是一个问题。他们需要不断探索,反复试验。邓稼先和他的团队经常到飞沙走石的戈壁试验场,冒着酷暑严寒去现场考察,从而掌握了大量的第一手材料。

1964年10月16日15时,一声巨响响彻中华大地,中国的第一颗原子弹爆炸成功,仅仅五年时间。这同法国用八年、美国用七年、前苏联用10年的时间相比,创造了世界上最快的速度。邓稼先和他的团队,用中国人自己的智慧,自己的双手,创造了奇迹。两年零八个月后,他们再次创造奇迹,研制成功了中国第一颗氢弹。

知识接力　致力教育

理论需要创新,知识需要接力,我国的高端科技事业需要不断注入新力量,不断创造新奇迹。邓稼先是中国核事业的第一代人,为了培养年轻的科研人员,做好我国核事业的接力工作,他致力教育工作,传授核理论知识。他写成了核武器理论设计的基础巨著《我国第一颗原子弹理论研究总结》。这部著作不仅是培养科研人员入门的教科书,还对以后的理论设计起到指导作用。此外,他还写了电动力学、等离子体物理、球面聚心爆轰波理论等许多讲义。

邓稼先怀着不断推动中国核事业发展、创新的态度,勤勤恳恳地带了一拨又一拨的大学生。没有条件创造条件,他带领学生们日夜挑砖,硬是在戈壁荒漠盖起原子弹教学模型厅。他讲给学生们知识理论,鼓励他们靠自己的力量搞尖端科学研究。邓稼先向学生们推荐了一揽子的书籍和资料,由于都是外文书,而且都只有一份,他就组织大家一起阅读,一人念,大家译。他身挑探索原子弹理论的重任,又担起培养核事业新生力量的重担。

邓稼先是中国核研究领域的一颗太阳,他用自己有限的生命,不断传授知识，培养科研人员。他要让中国的核研究领域有更多更亮的太阳。

【背后的故事】

他和放射性物质零距离

这是一张特殊的照片，这是邓稼先寻得了未爆核弹时拍下的。这也是邓稼先唯一一张在核试验现场的工作照。

在中国的核试验中不时会有事故发生。到事故现场去，邓稼先总是冲在前头。有一次空投预试，氢弹从飞机上丢下来，降落伞没有打开，直接掉在地上摔碎了。因为没有准确的定点，一百多个防化兵去找都没有找到，邓稼先就亲自去了。核弹被他找到了，当他用双手捧起碎弹片时，自己也受到了最严重的放射性侵害。平时的邓稼先从来不拍工作照，可能是他已意识到了这件事对自己的身体将有严重损害的后果，他一反平素习惯，与同去的二机部副部长赵敬璞一起拍了这张照片作纪念。

邓稼先的工作和放射性物质是零距离的，他时时刻刻都在受着放射性物质的侵害。他去世时患的是直肠癌，照理当时直肠癌已经不是绝症了，但因为他长期从事核试验工作，他的小便中带有放射性物质，肝脏破损，骨髓里也侵入了放射物，所以一做化疗白血球和血小板跌得很低，全身大出血，难以挽救。他比任何人都知道放射性物质的危害性，但是为了祖国的国防事业，他义无反顾地做好了牺牲的准备。面对不多的生命时间，他只是平静地说了一句："我知道这一天会来的，但没想到它来得这样快。"或许他还有些不舍，或许他还有些不甘，他还想为祖国再奉献几年……

邓稼先，踏遍戈壁草原，连克千重关，许身国威壮河山，功勋泽人间。

九、中国大型航天工程的总设计师——任新民

【光影星播客】

任新民，中国科学院院士，国际宇航科学院院士。他是中国导弹与航天技术的重要开拓者之一。他在液体发动机和型号总体技术上成就卓著。他领导了中国第一颗人造卫星的发射，他是“两弹一星”元勋，是“中国航天四老”之一。

【成功语录】

◎凡事预则立，不预则废。不抓好预先研究，搞好技术储备，那是会受到科学规律的惩罚的。

【生平回眸】

任新民，1915年生于安徽省宁国县，中共党员。1940年毕业于重庆兵工学校大学部。1945年赴美国密歇根大学研究院留学，获机械工程硕士和工程力学博士学位。1949年8月回国，在华东军区军事科学研究室任研究员。1952年在哈尔滨军事工程学院任教。1955年被授予上校军衔。1956年8月参加筹建国防部五院的工作。1964年领导和参加了第一个自行设计的液体中近程弹道式地地导弹液体火箭发动机的研制工作。1980年5月，他协助领导和指挥了远程弹道式导弹的飞行试验。他组织研制长征一号运载火箭，保证第一颗人造地球卫星“东方红一号”发射成功；领导组织了氢氧发动机、长征三号运载火箭和整个通信

卫星工程的研制试验；后组织用长征三号运载火箭把亚洲一号通信卫星准确送入地球同步转移轨道，实现了中国运载火箭国际发射服务零的突破。1982年任航天工业部科学技术委员会主任。1988年任航空航天工业部高级技术顾问。1985年获两项国家科技进步奖特等奖。

【成功路上】

深入一线　精益求精

导弹与航天工程大多是复杂的系统工程，涉及诸多的专业和学科。任新民在领导卫星通信工程的工作中，坚持严谨的治学态度。他认为，一个科技人员判断和处理技术问题，一是靠他的基础技术知识和实践经验；二是靠他不断深入实际，从广大科技人员、工人那里，从实践中汲取和补充知识；三是靠实事求是，一切从实际出发。他经常深有感触地说："搞工程性技术工作的，即使是再有造诣的专家，不深入实际就会退化，会'耳聋眼花'，三年不接触实际，就基本上没有发言权了。"因此，在工作中他注重深入科研生产第一线处理和解决技术问题。

他通过多年的研制实践切身体会到，研制过程中的任何一个环节，甚至是一个元器件、螺钉、螺帽、焊点、导线出了问题，都会导致整个型号飞行试验任务的失败，直至出现重大的伤亡。他始终牢记着国家为中国导弹与航天事业研制工作制定的"严肃认真，周到细致，稳妥可靠，万无一失"的16字方针，并将其落实到全体参加人员。他恪守一条原则：在地面能做的工作、能进行的试验，一定要做透、做充分；发现的问题和疑点，一定要查清，并举一反三，彻底解决和排除，决不能带着问题、疑点和隐患上天。

严谨的科学精神，严格的技术管理，让任新民带领他的团队在航天研究的道路上越走越远，取得了一个又一个火箭型号研制的胜利。

直言上谏　结束租用"外星"历史

通信卫星工程是我国航天事业20世纪70年代中期到80年代前期的重点任务之一。1975年3月31日，毛泽东主席亲自批准了由任新民参与制定的《关于发展中国通信卫星工程的报告》，由此有了中国航天史上著名的代号为“331”的通信卫星工程。

1984年下半年到1986年上半年，正是我国通信卫星工程从起步到加快发展的关键时期。国内有人主张，为配合我国改革日益加快的步伐，必须提高我国卫星广播通信的能力，不如购买国外的通信广播卫星以解燃眉之急。一时，买“星”的呼声很高。当时，全世界有170多个国家和地区利用卫星通信，只有少数几个国家才有自己的通信卫星。全世界2500多个民用卫星通道，只掌握在少数几个国家的手里。但任新民认为，从1970年中国成功发射了第一颗人造卫星开始，经过10年的发展，中国火箭的运载能力已经在缩短和世界的距离，卫星技术也在大踏步地迈进，此时不是泄气之时。当时他常爱说的一句话是：“中国的航天事业之所以能取得一些成绩，在世界航天界占有一席之地，自力更生、艰苦奋斗是最重要的原因之一。”在给老同学的信中他也表达了这种想法：我们这些人有幸参加了航天事业，如果没有国家大的决策——要干航天这件事，如果没有自力更生、艰苦奋斗的方针，我们这些人即使学有所长，也是英雄无用武之地。

于是在这个关乎中国航天发展的关键时刻，任新民直言上谏，要求我们中国人搞自己的通讯卫星。他的有理有据的“心里话”，打动了当时的国家高层领导。随后，任新民不光用语言也在用自己的行动续写着那段“心里话”。经过任新民和同事们的努力和付出，1984年4月8日，我国成功发射了中国第一颗实用通信卫星。随后的短短四年里，中国连续发射成功了四颗实用通信广播卫星，初步结束了我国通信广播事业租用“外星”的历史。

【背后的故事】

抵抗压力　迎难而上

通讯卫星的研制是复杂而精密的大工程，一颗通讯卫星的研制需要大量人力物力的支持。任新民作为通讯卫星的总设计师深知这点，但他这次走得并不那么顺利。

经过十几个寒暑的奋战，1984年1月29日，长征三号第一次执行发射东方红二号的任务，但是由于第三级氢氧发动机的第二次启动出现了在地面无法认识和发现的故障，未能将卫星送入地球同步转移轨道。他们的第一次发射失败了。任新民承受住了各种压力，仔细查看遥测、外测等飞行试验数据，分析故障原因，制订改进措施。他亲自提出了一条经过后来飞行试验考验是有效的且一直采用的重要措施。改进后的长征三号于1984年4月8日再次进行卫星发射，这一次他们成功了，将第二颗东方红二号顺利送入了地球同步转移轨道。

一颗卫星"陨落"了，任新民顶住了各方压力，迎难而上，他用他的执著名、坚韧克服了困难。

离妻别子　海外求学

1945年，任新民抱着学业有成、报效祖国的信念，离妻别子来到大洋彼岸的美国。三年的求学生涯，他时刻也没有忘记自己科技报国的初衷。只是随着时间的流逝，思念的种子在不断发芽长大。学业有成的喜悦难抵在异国他乡浓浓的乡愁中对祖国的思念，对妻子和孩子的思念。

有一段时间，不知为什么，任新民脑海中总是出现他离家时还在襁褓中的儿子的小脸。突然有一天，一封来自远方家乡妻子的信终于证实了任新民心中的不祥之兆。将满3岁的儿子得了脑膜炎不幸夭折了。信纸上字迹模糊，任新民知道那是妻子的眼泪。男儿有泪不轻弹，只是未到伤心处。任新民流着眼泪拿起了笔给妻子写道："我对不起你，一个男子汉不仅不能养活自己的妻子，更保护不住自己的孩子，但是现在我们国家还很穷，我必须要读书救国，等我能报效国家后，一定再报答你。"

为大家舍小家，为了祖国的强大，任新民远离亲人。当他还未尽父亲责任的时候，得到的却是爱子的离去。漫漫人生路，深深爱国情，凄凄别子痛。

第七章　行业领军

一、中国近代地理学的奠基人——竺可桢

【光影星播客】

竺可桢，中国卓越的科学家和教育家，当代著名的地理学家和气象学家，中国近代地理学的奠基人。他创建了中国大学中的第一个地学系，建立了中国第一个气象研究所。他始终从科学的视角，关注着中国的人口、资源、环境问题，是“可持续发展”的先觉先行者。

【成功语录】

◎ 排万难冒百死以求真知。

◎ 科学精神就是“只问是非，不计利害”，就是说只求真理，不管个人利害。有了这种科学的精神，然后才能够有科学的存在。

◎ 唯有求真理心切，才能成为大仁大勇，肯为真理而牺牲身家性命。

◎ 办中国的大学，须知道中国的历史，洞察中国的现状。凭借中国的文化基础，吸收世界文化的精华，培养有用的专门人才；根据本国现势，审察世界潮流，培养合乎今日需要的人才。

【生平回眸】

竺可桢,1890年3月7日出生于浙江上虞。1910年公费留美入伊利诺伊大学农学院学习。1913年毕业后转入哈佛大学研究院地理系专攻气象,1918年获博士学位。1920年秋应聘南京高等师范学校。1927年任东南大学地学系主任。1928年任中央研究院气象研究所所长。新中国成立前执教于武昌高等师范学校、东南大学和中央大学。1933年4月,与翁文灏、张其昀共同发出成立中国地理学会的倡议,于翌年成立学会。1936年4月,担任浙江大学校长,历时13年,被尊为中国高校四大校长之一。新中国诞生后,担任中国科学技术协会副主席,中国气象学会、中国地理学会理事长等职。1956年领导创建了中国科学院综合考察委员会。他对中国气候的形成、特点、区划及变迁等,对地理学和自然科学史,都有深刻的研究。他一生在气象学、气候学、地理学、物候学、自然科学史等方面的造诣很深,而物候学也是他做出重要贡献的领域之一。1974年2月7日,在北京逝世。2008年在由中国科学技术协会组织的评选中,与袁隆平、茅以升等一起获"中国十大科技传播优秀人物。"

【成功路上】

他开创了中国自主发布气象预报的历史

独立自主地发布国土上的天气预报,被认为是国家的主权之一。但是在旧中国,中国的天气预报却一直操纵在帝国主义者手里。在当时政府支持下, 竺可桢领导他的气象研究所在全国各方面的共同努力下,于1930年3月,取缔了上海徐家汇发布气象预报的顾家宅电台,开始了由中国人自主发布气象预报的历史。

我国气象事业发展初期,机构多元,体制紊乱,资料短缺。面对这种现状,竺可桢和他的助手一边完善体制机构,一边拟订一系列气象工具书。竺可桢每天坚持记天气日记,直到他去世的前一天,还用颤抖的笔记下了当天的气温、风力等。在科学研究中，竺可桢一丝不苟，喜欢事必躬亲。抗战期间，辗转迁移，条件极其艰苦，但每到一个地方，竺可总不忘收集资料，开展科研。他随身总带着四件宝：照相机、高度表、气温表和罗盘。71岁高龄时，他还参加了南水北调考察队，登上海拔4000多米的阿坝高原，下到险峻的雅砻江峡谷。竺可桢秉性温和，做事勤勤恳恳，有一种常人难以想象的毅力和韧劲。从1917年在哈佛大学读书时开始，竺可桢就养成了记日记的习惯，其中又主要记录了气象研究的各种资料。由于战乱，只保存有1936年到1974年2月6日的日记，共计38年37天，其间竟然一天未断！这些日记页页蝇头小楷，一笔不苟，共计800多万字。

他爱国心切，他用他的智慧和勤奋开创了中国自主发布气象预报的历史，他用他的坚毅让中国人摆脱气象殖民而挺直了腰杆儿！

临危受命　挑育人大梁

1935年冬，“一二·九”运动爆发，很快波及全国。浙江大学学生在12月10日召开了全校大会积极响应，并发动杭州各校学生近万人于11日举行抗日示威游行。当时，浙大校长秉承国民党省党部旨意，招来军警镇压学生，逮捕学生代表12人。此举非但没有阻止学生们的爱国行动，反倒使广大学生积压已久的愤怒如火山一样迸发出来，他们当即决定罢课。为了平息家乡的学潮，蒋介石不得已，只得同意更换校长。蒋介石最终将新校长的人选圈定为竺可桢。

竺可桢表示：“若能于浙大有所补益，余亦愿竭全力以赴之。”但竺可桢也有些犹豫不决，主要有两个原因：其一是他放不下气象研究所的工作，自1928年气象所创办以来他一直任所长，刚有起色，他不愿分散精力；其二是他担心“大学校长其职务之繁重10倍于研究所所长”，而自己不善于也不屑于繁杂琐碎的官场应酬，他更愿意将时间花在科学研究上。因此，接任校长一职意味着要在某种程度上牺牲自己献身科学的理想。正在竺可桢踌躇之际，妻子却鼓励他出任校长，她认为现在的大学教育问题很多，风气不正，若竺可桢任校长，正好可以为整顿教育、转变学风干一番事业。此时,朋友也来函劝他:"浙省文化近来退化殊甚,需一大学为中流砥柱。"这句话让竺可桢心头为之一动。经过再三考虑,竺可桢决定接任浙大校长职务。竺可桢上任后重点做了两件事情,一是改革学校管理,二是吸纳贤才。

放弃他钟爱的科研事业,投身教育事业,他于危难之际,挑起了正文化风气、育时事人才的大梁。

【背后的故事】

浙江大学的保姆校长

1936年竺可桢受命担任浙江大学校长,这个被视为他人生路上一次意外的拐弯,却是如此漂亮。

他身材瘦削,举止优雅,戴一副圆圆的眼镜,看上去有点像苦行僧。但他留给人们的印象,却是"温厚光辉"的。作为校长,他曾在新年之夜,全家吃霉米,却把自己的工资分给教员们。他惜才如命,把教授当宝贝。这正如竺可桢在就任声明中所言,他认为教授是大学的灵魂,一个大学学风的优劣,全视教授人选为转移。假使大学里有许多教授,以研究学问为毕生事业,以培育后进为无上职责,自然会养成良好的学风,不断地培植出博学敦行的学者。

当时时局动荡,学校内有各种政治力量。竺可桢坚持学术独立、教育独立,总是力排政治干扰,维护学术和教育的尊严,以自己的人格、理想和才干为浙大营造了相对安定的学术、教育氛围。他告诫学生必须有"明辨是非、静观得失、缜密思虑、不肯盲从"的习惯,反对学生参加任何党派之争,也不主张各种政治派别在学校活动。但是,有一次,学生不顾学校阻拦,冲上街头游行。面对军警们荷枪实弹,竺可桢举起小旗,走在游行队伍的最前列。虽然他不赞成学生的行为,但他认为既然年轻人上了街,他就要保护他们的安全。一旦有学生被捕,他总是极力营救,一定要到狱中看望他们;如果学生受审,他也一定要到庭旁听。

竺可桢一如老家绍兴的白墙黑瓦，一派日月山川般的磊落明静，他心怀"只问是非"的科学精神，兢兢业业地做他的"浙大保姆"。

【信息链接】

1. 竺可桢故居陈列馆

竺可桢故居坐落于上虞市东关镇西大木桥头，是一座面临市河、坐南朝北的典型的绍兴水乡民居。故居已于1989年10月修复，辟为竺可桢生平事迹陈列室。现已作为上虞市文物保护单位对外开放。竺可桢老家原在东关镇附近的保驾山前村，因父亲在东关镇上开杂货店，所以他从小住在大木桥头的竺家台门里。台门由门屋、厢楼、披屋组成。砖木结构。

2.竺可桢纪念馆

竺可桢纪念馆位于浙江绍兴市气象业务大楼二楼，馆前安放竺可桢先生半身塑像，馆内以橱窗陈列为主、平面陈列为辅，收集展出了竺可桢生平活动照片200多幅、著作等文献资料500余册、各种用品实物28件，重点展示了竺可桢对中国近代气象事业做出的重大贡献。全馆设计典雅，制作精良，内容全面，重点突出，尊重史实。

二、中国细胞学、胚胎学的创始人，中国生物物理学的奠基人——贝时璋

【光影星播客】

贝时璋，著名实验生物学家、细胞生物学家、教育家。他是我国细胞学、胚胎学的创始人之一，是我国生物物理学的奠基人。他的一生是用生命探索生命奥秘的一生。是他，让中国生命科学从上世纪初就开始了从宏观到微观的生命现象研究，迈出了探索空间生命的第一步，并开始寻求细胞、分子乃至纳米层面的生命构成理论。

【成功语录】

◎ 一个真正的科学家，首先要热爱科学，不是为名为利，而是求知求真，为国家作贡献。

◎ 天资与勤奋都重要，但只有天资而不勤奋学习，不一定能学好。如天资差一点，但能勤奋学习，也能学习得很好。

【生平回眸】

贝时璋，1903年10月10日出生在浙江宁波镇海。12岁随父亲外出求学。先在汉口的德华学校，后到上海的同济医工专门学校德文科读中学。1921年，在同济医工专门学校的医预科毕业后到德国留学，先后就读于福莱堡大学、慕尼黑大学和图宾根大学。1928年3月在图

滨根大学毕业，毕业后留校任助教。1929年秋回国。1930年4月在杭州筹建浙江大学生物系，8月被聘为副教授。办系伊始，贝时璋开出组织学、胚胎学、无脊椎动物学、比较解剖学、遗传学等课程。1948年被选举为中央研究院第一届院士。1949年当选为荷兰国际胚胎学研究所委员。新中国成立后，为协助筹建中国科学院，奔走于北京、杭州之间。1950年离开浙江大学到上海中国科学院实验生物研究所任研究员兼所长。1955年被聘为中国科学院生物学部委员。1957年北京实验生物研究所成立，任研究员兼所长。1978~1984年任中国动物学会理事长。1980~1983年任中国生物物理学会理事长。1979年任《中国大百科全书》总编辑委员会副主任、《中国大百科全书·生物卷》编辑委员会主任。2009年10月29日，在北京去世。

【成功路上】

好学勤问

贝时璋出生在一个世代种地打鱼的家庭。祖父是位贫苦渔民。父亲给人放过牛，当过学徒，开过小店，后在德商乾泰洋行“买办间”当一名中国账房，以微薄的收入养活全家。

父亲言语不多，但平时喜欢读书，生活很有规律。他经常告诫贝时璋存放东西要有固定的位置，以免乱找乱翻浪费时间。在父亲的影响下，贝时璋从小养成了良好的生活习惯，东西从不乱摆乱放，柜子里的衣服也叠得整整齐齐。父亲有时会带小时璋到上海办事，小时候的他沉默寡言，却勤于思考，不论遇到什么事情，总要问个为什么。那些新鲜景象常常促使他不停地提出疑问并冥思苦想。有一次，他看见“江天火轮”大船在江上航行，这让贝时璋感到奇怪：没有拉纤人和摇橹的船老大，“江天火轮”怎么会动呢？船舱里没有灯油，灯怎么就能亮呢？在大上海，他发现黄包车与乡下的独轮车不同，黄包车是人在前面拉，独轮车是人在后面推。繁华的南京路上，商店橱窗有个木头的、会自己转动的“洋模特”，贝时璋看呆了，他不明白木头人怎么会自己转动。大上海的繁华让贝时璋大开眼界，让他心中涌起无限的遐想，也不断开启着他心中的好奇与探索之门。

因家境贫寒，贝时璋八岁才进了家乡的“进修学堂”上学。母亲为了摆脱“目不识丁”的痛苦，对他上学寄予很大希望，特意租了一套上学礼服，有红缨帽、天青缎外套和黑缎小靴，把他像模像样地送进了学堂。母亲对贝时璋一字一句地说：“儿呀，男人要成大器就得有文化，阿姆（妈妈）没文化苦了一辈子，你一定要给阿姆争气，好好读书，做一个有出息的男人 。”贝时璋谨记母亲教诲，十分珍惜来之不易的学习机会，自觉刻苦用功。他对读书产生了浓厚的兴趣，小学只读了四年，就以优异的成绩进入汉口德华中学。他一有空就去逛书店，有一天，贝时璋在汉口华景街旧书摊上买到一本德文原版书——E·菲舍尔著的《蛋白体》，虽然一知半解，但就是这本描述蛋白质结构和组成的通俗浅显的书，像磁石一样吸引着他，也让他和生物学结下不解之缘。1919年春，贝时璋违背了父亲要他进洋行工作的意愿，考入了上海同济医工专门学校（同济大学前身）。后在父母的支持下，于1922年3月，贝时璋赴德国留学，踏上了探索生命的科学之旅。

三间房里唱“独角戏”

1929年回国后，贝时璋到浙江大学任教，并在这里开始了他长达20年的教学生涯，这里也成为他贡献智慧的重要场所。

1930年，受浙大校长委托，贝时璋着手筹建浙江大学生物系。当时学校拨给他三间房子，就在这里贝时璋唱起了“独角戏”，筹办起浙大生物系。三间房：一间寝室，一间工作室，一间实验室。而教学需要的画图全部都由他自己亲自动手制作。就这样，他白手起家创建了浙大生物系。为了把钱用在刀刃上，教学与科研需要的仪器、药品和书刊，他都亲自列出清单，精打细算地购买。

1937年抗日战争爆发，浙江大学被迫西迁，几经周折。在浙大西迁途中，贝时璋协助竺可桢校长维持教学和科研的运行，在日本飞机的追击和狂轰滥炸之中，仍利用一切零碎时间在显微镜下精心绘图。

战火中,动荡里,贝时璋绘制出教学图片百余张,满足了教学实验的急需。他心中始终只有一个信念:保护好师生,保证学生上课。在贝时璋的带领下,他们白天逃警报,晚上照常上课或做实验。

教学中,他常常右手写板书,左手同时画图配合讲解。他绘制的图片精准优美,就像一幅幅艺术品,让学生们终身难忘。他还能将成百上千个骨头、神经肌肉和血管等的拉丁文名称背得滚瓜烂熟。他讲课时,讲授的内容翔实,条理清晰,论点精辟,剖析透彻,深入浅出地突出各类生物在进化上的联系,使学生容易融会贯通。

三间房里他唱起了"独角戏",战火中他以学生教学为重。他热爱科学,忠于科学,他为国家作贡献,为人民谋福利。

【背后的故事】

简陋而温馨的老屋子

中关村北区里,筒子楼格式的六间房间与小区外车流如织的北四环路迥然相异,高高的白杨树守卫着的这幢三层小楼,在暮色中显得安谧而宁静。这是上世纪50年代,为中科院各个研究所的创立者所建的三幢特等宿舍楼,里面居住的大多是新中国科学事业的奠基人,贝时璋的家就在这里。

从1955年搬进来以后,贝时璋就再也没搬过家。如今半个世纪过去了,家里的格局还和刚搬进来时一样。窗还是旧式的木窗,门还是老式的木门,刷着黄色的油漆,地板也还是搬进来时的老样子,只是后来刷过两遍油漆,有些地方也已经泛出黑斑。老屋子虽然陈旧,但整齐而干净,泛着一种温馨和安宁。进门处是存放手稿的柜子,一个个档案袋整整齐齐地摆放着,有他的论文原稿,还有一些学习笔记。靠窗放着一张油着红漆的老式写字台。这些家具都有年头了。

贝时璋笑称,学问要看胜似他的,生活要看不如他的。他长年拎的一只公文包,式样陈旧,打过补丁,但他包里放的外文资料却是最新的。一件衣服他可以连续穿十几年,舍不得扔掉。老房子没有电梯,组织上好多次想给贝时璋调好一点的住房，但他都拒绝了。

老屋子简陋而陈旧，但有着浓重的书香气和沁人的温馨感，亦如贝老踏实的科研态度和“求是、求实、求真”的治学精神。

【信息链接】

贝时璋星

鉴于贝时璋在科学上的突出成就，2003年，国际小行星中心和国际小行星命名委员会根据中国国家天文台的申报，正式批准将该台于1996年10月10日发现的、国际永久编号为36015的小行星命名为“贝时璋星”。

三、国际大气科学界的学术巨匠——叶笃正

【光影星播客】

叶笃正，中国科学院院士、研究员。他是国际大气科学界屈指可数的几位学术巨匠之一。他在全球环境变化领域提出了新的系统创见，为全球环境变化、大气环流和气候变化研究做出了开创性的重大贡献。他使中国的气象研究变成了一个系统工程，让中国的气象科研始终与世界保持同步，让外国人同我们接轨。

【成功语录】

◎ 科技工作如同一出需要众多演员协调表演的戏剧，没有别人的帮助，不可能完成研究。

◎ 科学工作者既要实事求是，追求真理，更要把自己的事业与

国家的命运和人民的利益紧紧联系在一起。

【生平回眸】

叶笃正，1916年2月21日生于天津市。1940年毕业于西南联大地质地理气象系，获清华大学理学学士，并考入国立浙江大学史地研究所。1943年获国立浙江大学理学硕士学位，随后留学美国。1948年在美国芝加哥大学获博士学位。1946~1950年在芝加哥大学从事研究工作。1950年10月回国，先后在科学院地球物理所和大气物理所任研究员、大气物理所所长。1981~1985年任中国科学院副院长。1979~1987年任中国气象学会理事长。在超过半个世纪的科学研究中，叶笃正在大气动力学、大气环流、气候学以及全球环境变化等领域成就卓著，取得了众多开创性的研究成果。他最先提出的大气长波频散理论至今仍用于天气预报，而“夏季高原为热源”和“大气环流有季节性变化”的理论均已成为大气科学方面的经典。进入21世纪，他一直从事旨在充分利用全球变暖的正面效应、降低其负面效应的研究，并在2003年首次提出了“有序人类活动”的概念。他成果突出，荣誉满满，2003年被世界气象组织授予第48届国际气象组织奖（IMO），2005年获得国家最高科学技术奖，2007年被评选为2006年度“感动中国”人物。

【成功路上】

大爱不止

1949年，叶笃正在美国结束学业，他的博士论文引起了美国气象界的关注，并借此获得了一份年薪4300美元的工作，而当时美国一名大学教授的年薪也只有5000美元。此时，灾难深重的中国正发生着翻天覆地的变化，新中国成立了。

一天，美国气象局派人来找叶笃正，提出以优厚的待遇请他到华盛顿去工作。挚爱祖国的叶笃正毫不犹豫地选择了回国。他告诉自己的老师说："新中国是有希望的，我想回自己的国家做些事情。"由于当时正值新中国成立之初，抗美援朝战争爆发之前，中美两国关系很紧张，叶笃正的多次回国申请都遭拒绝。尽管如此，他依然归心似箭，四处奔走。经过一年的漫长等待，1950年10月，在举国欢庆第一个国庆日时，叶笃正与妻子登上了轮船，辗转回到了祖国。在踏上祖国土地的一刻，叶笃正泪流满面，口中喃喃地说着"到家了，到家了"。

回国后的叶笃正被任命为中国科学院地球物理研究所北京工作站主任，在西直门内北魏胡同一座破旧的房子里开始了中国的气象研究。当时，我国的天气预报业务极端落后，如何提高预报的准确率是国家的重要需求。整个气象室只有十几个人，连一张像样的天气图都没有。而天气图是研究气象最基本的工具，做研究做预报都要用，但是中国没有。没有图，就自己画。第一张图画出来，是五百毫巴高空图（相当于5公里高度的天气图）。看着这巨幅的中国第一张天气图，豪情满怀的叶笃正说："中国的天气预报要在物理、数学的基础上建立起来，今后，'天有不测风云'的时代该在中国结束了。"

叶笃正年复一年地着手建设中国的气象科学，他和其他同志一起把大气物理学的主要分支一一建立起来，把中国的大气物理研究所，发展成数百人、门类齐全的大型研究所。

从无到有，从弱到强，叶笃正几十年如一日地付出，支撑他的是对家国兴旺的质朴希冀，是没有止境的大爱。

古稀之年"另立山头"

20世纪80年代的叶笃正已是一代学术大师，他在学术界的成就也牢固地奠定了他的地位。但是他没有躺在自己的功劳簿上止步不前。古稀之年，他把全部的精力投入到了一个新领域，成为"全球变化"这个国际研究新领域在中国的开山鼻祖。

1984年，国际上有科学家提出"全球变化"这个新概念，当时有不少人不赞成。但是叶笃正意识到，这既是一个基础理论问题，也是一个实用问题。并且从中他看到了不可忽视的人类困境。不出他所料，当他在中国提出这个课题后，反对之声不断。但叶笃正顶住压力，潜心研究。他打破旧的统计天气情况，分析平均值，推断天气情况或寻找变化规律的气候研究方法，首先提出了把气候的变化作为一个系统来研究，把它放到地球多个圈层里（包括大气、海洋、冰、生物等）来考虑的新思路。“气候系统”概念的提出，使气候及其研究走出了仅以大气为对象的圈子，进入了多圈层相互作用的范畴，并让人们首次认识到人类的活动可以导致气候的变化。

至此，叶笃正使中国的气候研究走进了一个大的系统工程。这个系统工程甚至涉及政治、经济、外交等方方面面。他的“全球变化”课题，揭示出人类无节制的活动可以导致气候变化，而气候变化又牵制了人类的活动。这样彼此的交叉互动，会把人类带入一个困境。他提出人类必须限制自己的行动。人类必须走可持续发展的道路。

叶笃正年高而心不老，他始终关注科研第一线的最新动态，古稀之年，“另立山头”，他引领中国的气候研究走上了良好的发展轨道。

【背后的故事】

他是“金庸迷”

没有人会想到，叶笃正这位大科学家也是个“金庸迷”，他认定“看武侠小说跟工作有关系”。他自己解释看武侠和工作的关系：“一来可以放松一下脑子，二来也受启发。我特别欣赏武侠小说里的某些侠客，比如，你以为他已经死了，却忽然一下子又出来了，真是绝处逢生。这个东西对我很有启发，做科研工作也常常如此，想了半天，觉得不行了，却又柳暗花明，冒出灵感的火花。自己也来个绝路逢生。”

叶老一直有着大侠情结，在他心里常常会有普救天下众生、为国为民的情怀，当科学家，每天钻在实验室里搞研究，很少跟社会打交道，武侠小说正好给了他一个释放的出口。在生活中，叶笃正也很有“大侠”风范，走路依然风风火火，有时候和年轻人一起散步，年轻人往往跟不上他。

他是一个生活的有心人，即便是通俗的武侠小说也能给他以启发和智慧，给他以有力的内心力量。

【信息链接】

1. 叶笃正星

2010年5月4日，国际小行星中心发布公报通知国际社会，将国际永久编号第27895号小行星永久命名为“叶笃正星”。

2. 学笃风正奖金

1995年被授予“何梁何利基金科学与技术成就奖”时，叶笃正从这笔100万港币的奖金中拿出45万港币捐献给自己曾工作过的中科院大气物理所，设立“学笃风正奖金”，用以奖励在大气物理科学中做出突出成就的年轻人。

四、汉字激光照排系统之父——王选

【光影星播客】

王选，中国科学院院士、中国工程院院士、第三世界科学院院士。他主持研发汉字激光照排系统为我国的新闻、出版行业全计算机信息化奠定了基础，结束了铅与火的历史，实现了印刷革命。他是汉字印刷术信息化的第一个领跑者，是当代的毕昇。

【成功语录】

◎ 科学研究本身就是一种美，给人带来的愉快是最大的报酬，是一种高级享受。

◎ 不要急于满口袋，先要满脑袋，满脑袋的人最终也会满口袋。要善于延迟满足。

◎ “伏枥老骥”最好用“扶植新秀，甘做人梯”的精神实现自己“志在千里”的雄心壮志。

【生平回眸】

王选，1937年2月5日出生于上海。1954~1958年在北京大学数学力学系计算数学专业学习。毕业后留校任教。1975年，研制西方还没有产品的第四代激光照排系统，引发了我国报业和印刷出版业“告别铅与火，迈入光与电”的技术革命。从1981年开始，致力于研究成果的商品化工作，使中文激光照排系统从1985年起成为商品。1988年后，他作为北大方正集团的主要开创者和技术决策人，提出“顶天立地”

的高新技术企业发展模式，积极倡导技术与市场的结合，闯出了一条产学研一体化的成功道路。1992年研制成功世界首套中文彩色照排系统。1987年获得中国印刷业最高荣誉奖——毕昇奖及森泽信夫奖。1995年获何梁何利基金奖。2001年获国家最高科学技术奖。1995年出任方正控股有限公司董事局主席。2006年2月13日在北京病逝。

【成功路上】

机遇只偏爱有准备的头脑

人的一生会碰到很多机会，但机遇只偏爱有准备的头脑。王选，这个被誉为“当代毕昇”的科学家，经历无数风雨坎坷，经历多次人生抉择，他的一丝不苟和锲而不舍，他的丰富知识和实践经验，让他时刻准备挑战，终是机遇垂青，收获成功。

1954年王选高中毕业报考大学，由于对数学的喜爱，他填了三个志愿：北京大学数学力学系、南京大学数学系、东北人民大学（现吉林大学）数学系。优异的成绩让他顺利考取北大。到了大学二年级下学期，他们开始分专业——选择一个正确的专业对一个人的发展方向起非常关键的作用，甚至是一次命运的转折。当时数学系有数学、力学和计算数学三个专业。数学专业作为一门古老而又成熟的学科，散发着迷人的光彩，大多数成绩好的同学选择了它。相比之下，计算数学专业则是北大刚刚成立的新兴学科，不但没有一套像样的教材，而且应用性强，包含大量非创造性的技术工作，不见得有多高深的学问，所以许多人不愿问津。然而当时的王选就有着不同想法，他的思想更有前瞻性，他认为：越是古老、成熟的学科，越是完整严密的理论体系，越难以取得新的突破；而新兴学科往往代表着未知，越不成熟，留给人们的创造空间就越广阔。恰在这时，他看到了1956年1月国家制定的“十二年科学发展远景规划”，规划中提到的几个未来重点发展学科，其中就包括计算技术，这对王选有着很大的鼓舞，让他更加坚定了自己的选择。后来，他还留意了报刊上一些有关计算机的报道和论述，发现计算机在未来将对人类产生巨大神奇的作用。恰同学少年，意气风发，他始终觉得一个人必须把自己的事业和前途同国家的前途命运联系在一起，才有可能创造出更大的价值奉献于社会。就这样，他选择了计算数学专业，也作出了他一生第一次大的抉择。

踏实的知识积累，超人的远见卓识，他不断完善自己，他时刻准备挑战。实践证明，他的选择是正确的，这次选择是他最终成功的一块重要基石。

大胆挑战　一次超越

1975年，国家实施"748工程"，即汉字信息处理系统工程，分三个子项目：汉字通信、汉字情报检索和汉字精密照排。王选对汉字激光照排项目发生了兴趣。当时国外已经在研制激光照排四代机，而我国仍停留在铅印时代。王选大胆地选择技术上的跨越，直接研制西方还没有产品的第四代激光照排系统。

当时王选正病休在家，每月只领40多元的劳保工资，即使这样他仍然义无反顾地投入到精密照排系统的研制工作中。他首先去了解国外的研究现状和发展动向，为此，他常常挤公共汽车到中国科技情报所查阅外文资料。当时，经费没有来源，条件也很艰苦，车费不能报销，从北大到情报所车费为二角五分，少坐一站就能省五分钱，于是他就提前一站下车然后再走过去。复印资料也是精打细算，字数不多的，就靠手抄来节省复印费。

当时国产计算机硬盘容量很小，各方面都很落后，于是他努力探索新途径，想到信息压缩，即用轮廓描述和参数描述结合的方法描述字形，并于1976年设计出一套把轮廓快速复原成点阵的算法。也是从那时起，王选作出了跳过第二、三代照排机，直接研制第四代激光照排系统的重大决定。对于这一大胆而新颖的方案，许多人不相信、不理解——连二代机中国几个权威部门都还没有解决，一个小助教能够用数学的方法，绕过二代机的困难搞四代机，岂不异想天开？有人甚至说他是"玩弄骗人的数学游戏""梦想一步登天"。

幸运的是，王选的想法得到了有关主管领导的支持。他顶住各方压力，排除各种阻碍，专注自己的研究。针对汉字的特点和难点，他发明了高分辨率字形的高倍率信息压缩技术和高速复原方法，率先设计出相应的专用芯片，在世界上首次使用“参数描述”方法描述笔画特性。这些成果开创了汉字印刷的一个崭新时代，彻底改造了我国沿用上百年的铅字印刷技术。

王选大胆创新，他完成了中国印刷技术的第二次革命，他让中国报业和印刷业告别了铅与火，迈进了光与电的崭新时代。

【背后的故事】

为科研锻炼英语听力

20世纪60年代初，在研究计算机体系结构和编译系统过程中，王选查阅了近一百篇国外文献，从那以后他就养成了每做一个项目先要了解国外现状的习惯。为了加快自己阅读英文的速度，1963年他决定锻炼英语听力。

他坚持每天收听半小时的广播，刚开始先是通过广播收听北京电台对外英语广播，后来觉得这样不过瘾，就收听英国广播公司BBC对远东的英语广播。随着时间的推移，他听英语的反应速度明显加快。“文化大革命”中，他以“收听敌台广播”被定罪。这些虽然给他带来不少麻烦，但对他了解当时国外的先进技术起了很好的作用。到了1975年，在研究精密照排系统这个项目时，一般的科技人员不大习惯查阅外国科技文献，而他则凭借过硬的英语水平，大量查阅外国文献，及时了解国外在这方面的最新研究动向和发展方向，让他更准确地判断做项目时采用的技术路线是否正确。

学无止境，王选为科研不断地充电学习，点滴积累，终是走向成功。

五、中国现代地球科学和地质工作的奠基人——李四光

【光影星播客】

李四光，世界著名的科学家、地质学家、教育家和社会活动家，是中国现代地球科学和地质工作的奠基人之一和主要领导人。他是中国第四纪冰川学的奠基者，是地质力学理论的创立者。他从理论上推翻了中国贫油的结论，让中国脱掉了“贫油”的帽子，为中国的地质、石油勘探和建设事业立下汗马功劳。

【成功语录】

◎ 真正的科学精神，是要从正确的批评和自我批评发展出来的。真正的科学成果，是要经得起事实考验的。有了这样双重的保障，我们就可以放心大胆地去做，不会自掘妄自尊大的陷阱。

◎ 科学是老老实实的东西，它要靠许许多多人民的劳动和智慧积累起来。

◎ 不怀疑不能见真理，所以我希望大家都持怀疑态度，不要为已成的学说压倒。

◎ 真理，哪怕只见到一线，我们也不能让它的光辉变得暗淡。

【生平回眸】

李四光，1889年10月26日出生于湖北省黄冈县回龙镇下张家湾村。1904年被选派到日本留学，入东京宏文学院普通科学习。受带有

汉民族主义的反满革命思想的影响,1905年8月在东京加入中国同盟会,成为同盟会中年龄最小的会员。1907~1910年在大阪高等工业学校舶用机关科学习造船机械。毕业归国后任湖北中等工业学堂教师。1911~1912年先后任湖北军政府理财部参事、湖北军政府实业司司长,湖北省同盟会支部书记。1913年10月入英国伯明翰大学,先后学采矿和地质学。1918年获得硕士学位,决意回国效力。1920年归国,任北京大学地质系教授。1928年任中央研究院地质研究所所长。1934~1936年在英国讲学,获挪威奥斯陆大学哲学博士学位。1948年8月赴英国出席在伦敦召开的第18届国际地质学大会。1950年5月回到北京,出席中国人民政治协商会议第一届全国委员会第二次会议。1951年当选为世界科学工作者协会执行委员会副主席,同年8月任东北地质专科学校校长(吉林大学地学部前身)。1952年9月任新中国地质部部长。1956年2月成立地质力学研究室,任室主任。1958年被苏联科学院授予国外院士,9月任中国科学技术协会主席,12月加入中国共产党。1971年4月29日于北京逝世。2009年9月14日被评为100位新中国成立以来感动中国人物之一。

【成功路上】

记住民族耻辱　立志知识报国

李四光十二三岁的时候,为了让他把书读得再深一点,父母决定让他到父亲的书馆里去读书。

有一天,小四光轻轻走进父亲的书房,发现父亲正在把放在桌上的文章盖起来。他不由得感到有些神秘,于是好奇地问父亲:“爸爸,你在写什么?”父亲把藏在下面的文章重新拿了出来,小四光一看,那上面写着《孔孟的心肝》的标题。这是当时不满清朝统治,在民间流传着的一些警世文章中的一篇,有人托李四光的父亲帮助润色修改。当时的李四光还不懂,他问父亲《孔孟的心肝》是什么意思。父亲告诉他,这篇文章主要是说孔子、孟子他们对于国民和社稷的一些想法。

这让好问的李四光充满了更多的疑问，他继续问父亲："他们是怎么说的呢?""孟子说过，民为贵，君为轻，社稷次之。可如今，子民如同草芥，社稷拱手送人，这是什么世道?!"父亲惆怅地答道。"怎样才能做到民为贵呢?"父亲没有回答他，只在纸上写了几个字："民主共和。"李四光懂事地点点头，表示有些明白父亲的意思。

父亲沉吟了一会儿，感慨地说道："孩子，清朝政府无能，甲午海战，中国海军打不过日本海军，签订了中日《马关条约》，中国承认战败，将台湾、澎湖和辽东半岛都割让给日本，还赔款白银二万万两。"父亲顿了顿，接着说："甲午海战之后没过几年，沙皇俄国又强迫中国签订了《中俄条约》，把我国的海港旅顺和大连都租让给他们了。"天真的李四光仰头问道："爸爸，中国为什么打不过他们呢?中国人怕死吗?""中国人并不怕死，中国太落后了!"父亲愤慨地说，"就说甲午海战那一回，海军总兵兼致远号管带邓世昌打得多勇敢啊!本来他打赢了，可是后来他的炮弹全用尽了，他想加速马力，用致远号去撞沉日本的军舰吉野号，谁知致远号军舰是从外国买的，它的速度怎么也追不上吉野号，最后反而被吉野号发出的鱼雷击中，邓世昌和全舰上的250多名官兵，全部英勇牺牲了!"

"真是民族的耻辱!"小小年纪的李四光，说出了一句和他的年龄很不相称的话。父亲又惊又喜，他勉励自己的儿子："记住甲午海战的教训吧，孩子。现在需要的是发愤读书。"李四光将父亲的这句话谨记在心，他发誓要刻苦努力学习，用知识武装自己，用知识强大祖国。

拳拳故园情　深深爱国心

结束了自己的留学生涯，李四光决意归国，报效祖国。1927年，国家准备筹建地质研究所，李四光应蔡元培邀请，离开北京南下主持研究所的筹建工作。搞地质研究常常要餐风饮露，条件十分艰苦。况且刚刚成立的研究所经费少，设备缺，甚至没有固定的所址。八年抗战期间，战火飞天，社会动荡，李四光和他的研究所受尽奔波辗转之苦。那时，他抽的是用草纸做的烟，穿的是土布衣服，生活十分清苦。由于生活的艰辛和工作的劳累，他患了心绞痛和肺结核。但是，他和同事们始终没有放弃地质研究。

1948年，李四光受邀赴伦敦参加第18届国际地质学大会。虽远在欧洲讲学考察，但他仍关注着祖国的命运。1949年初，他数次给中央研究院地质研究所的同事们写信，希望他们坚守“阵地”，为新中国的地质科学事业保留一支队伍及设备。1949年4月初，李四光收到了周恩来总理的亲笔信，请他早日回国。李四光非常激动，他知道新中国就要屹立于世界的东方，自己的本领可以施展，抱负可以实现了。他积极奔走，准备尽快返国。可是，由于第二次世界大战的影响，从英国到远东的客轮船票要一年前预订，归期只得拖延。

李四光每天都焦急地等待着起程的日期。一天，朋友告诉李四光，国民党驻英大使馆接到密令，要李四光公开发表一个声明，不乘认中华人民共和国，并拒绝接受人民政协给他的全国委员的任命，否则就有被扣留的危险。事情紧急，但李四光归国之心不变，他当机立断，拿起一只小皮包，迅速前往偏僻的货运航道普利茅斯港，准备从那里渡过英伦海峡，到法国去，避开国民党特工人员的追踪。临行前，他提笔给驻英大使写了一封信，信中写道：中华人民共和国是我多少年来日思夜想的理想国家，中央人民政府政务院是我竭诚拥护的政府。我能当选为中国人民政治协商会议全国委员会委员，我认为是莫大的光荣。我已经起程返国就职。他还规劝这位大使脱离祸国殃民的国民党政府，早日回到光明祖国的怀抱…… 一路辗转，李四光终于在1950年5月6日，回到了祖国怀抱。

【背后的故事】

心怀理想　静心苦读

李四光从小受父亲影响，很喜欢学习。等他稍大一些，父亲的爱国之情，报国之念也深深地影响着他，让他从小就抱有为中华崛起而读书的理想。

一天下午，书馆的老师出去办点事情，书馆里没有了老师，学生们就像脱了缰的野马，闹翻了天。他们把桌子搭起来，做成戏台，一个个登台表演，有唱湖北戏的，有唱湖北渔鼓道情的，也有唱湖北山歌的。更有调皮一点的孩子，偷偷地跑到附近农民的庄稼地里，挖来一些山芋和花生，或是偷摘一些豆子，就着点燃的野火，烧烤着美餐一顿。但是李四光不被这些游戏和欢乐所惑，他遵照老师的吩咐，一个人安静地坐在那儿读书、写字。教室里闹得不成个样子，他就躲到天井里去，继续在那儿安静地学习。等到天擦黑老师回来的时候，他还在那里，坐在天井里的一张小凳上，手里拿着一本书在聚精会神地看着。老师上前跟他说话，让他进屋去看书，他才回过神来，笑着对老师说，就剩一小段了，趁着天井里还有点儿亮，就在这里再看一小会儿。

心怀大志方能笃定目标，心静方能身安。李四光心怀理想，目标明确，于纷乱中他依然能安静而笃定。

【信息链接】

1. 李四光纪念馆

李四光纪念馆位于湖北省黄冈市的东坡赤壁风景区东侧，风景优美的龙王山南麓。纪念馆占地11.6亩，建筑面积3700平方米，馆内设展厅12个。其中设有“李四光生平展”、“地质矿产标本展”、“地震展厅”、“青少年科普活动展厅”等以百余幅图片、实物、文字介绍了李四光先生的丰功伟绩。

2. 电影《李四光》

传记体故事影片《李四光》由北京电影制片厂摄制，孙道临主演。描写了1944年抗日战争时期，我国著名地质学家李四光逃难到贵阳后，在极端困难的条件下，仍坚持科学研究的一些情景。

六、中国地球环境科学的专家——刘东生

【光影星播客】

刘东生，我国著名地质学家。他是我国地球环境科学研究领域的专家，在该领域他做出了许多独创性的科研成果。他是黄土研究方面的先行者，被誉为“黄土之父”。他的杰出成就让中国在“全球变化”研究领域跻身世界前列。

【成功语录】

◎ 科学和登山运动一样，为你所看不见的观众而劳动，因而需要责任感。正是这种责任感，使我们感觉到用自己的知识为人民去工作才是最大的幸福。

【生平回眸】

刘东生，1917年11月22日出生于辽宁省沈阳市。1942年毕业于西南联合大学地质地理气象系，后来又旁听生物系的课程。1944年先后任中国地质工作计划指导委员会和地质部工程师，从事矿产勘探和工程地质工作。1949年南京大学生物系肄业。他曾任中国科学院地质研究所研究员，先后在北京大学、南京大学、中山大学、中国科技大学研究生院、吉林大学任教。1954年开始从事黄河中游的水土保持工作。1958年发现第四纪气候冷暖交替远不止四次，奠基了环境变化的“多旋回学说”。1964年研究青藏高原隆起与东亚环境演化，并开辟了地球科学一个新的研究领

域。1991年11月，前往南极的南设得兰群岛中的乔治王岛，进行了为期1个月的科学考察。1980年当选为中国科学院院士。1991年当选第三世界科学院院士。2002年获有"环境科学诺贝尔奖"之称的世界环境科学的最高奖"泰勒环境成就奖"。2003年获得国家最高科学技术奖以及中华绿色科技奖特别奖。2008年3月6日在北京逝世。

【成功路上】

坚毅刚卓

"坚、毅、刚、卓"是当时西南联大的校训，这四个字一直伴随刘东生，是他的座右铭，更是他的人生写照。

1937年7月，刘东生从天津南开中学乘火车赶回北京的家时，车到卢沟桥，过不去了。"七七事变"的烽火阻断了他的回家之路。辗转多日，他才得与母亲团聚，一同到天津避难。战火在祖国大地蔓延，报国热情无限高涨，在强烈的爱国主义精神和民主自由氛围的感召下，刘东生报考了西南联大机械系。

那时昆明有个易门铁矿，但谁也不知道它能不能开采，值不值得开采。见西南联大有能人，当地人请地质系老师去看看。老师看后断定：这矿很好，可以开采。听说此事后刘东生赶忙去找清华大学的老师，要求转到地质系。他发现昆明连墨水都不能造，牙膏、肥皂也没有，学机械能有什么用！但老师告诉他：现在学机械没用，以后有用。以后有了工厂，还要造飞机呢！但刘东生不死心，就又去找当时北大管理一年级学生的叶公超老师。叶老师爽快地签了字，刘东生顺利转到地质系1938级。从清华大学机械系转到北京大学地质系，真可谓名副其实的联大学生了！

西南联大的校训让刘东生的心始终没离开过西南联大，66年来他始终坚持"坚、毅、刚、卓"精神。他穿越黄土高原从南到北、从东到西完成10条1000多公里的剖面，吃住在野外，全部步行考察。从北京开车去西部进行野外科考，每天早上6点起床，夜里还要召集开会，研究问题。在长白山考察时,天气恶劣,他不畏严寒仔细地画图、记录。

刘东生身体力行,践行“坚、毅、刚、卓”精神。他首创了黄土“新风成说”和环境演化的“多回旋学说”,开辟了青藏高原隆升与环境演变新领域,建立了全球变化国际对比标准。他用卓越的科学贡献诠释了“坚、毅、刚、卓”寓含的精神。

他打开了“黄土”宝库

中国人世世代代休养生息的黄土高原,是一个巨大的地质文献库,隐含着地球环境变化的各种信息。它像一把钥匙,能够解开数百万年来无数的地球奥秘。

1954年,刘东生到河南省会兴镇,第一次参加黄土高原研究考察工作。一天傍晚,干旱的会兴镇突然下了一场雨,空气格外清新,刘东生和考察组的几名成员出去散步。突然,刘东生发现不远处有一排排整齐的水平方向的灯光。是楼房?这黄土高原的小镇里怎么会有楼房呢?到底是什么?第二天一大早,他就顺着昨晚看见的方向找了过去。原来,昨晚他看到的排排灯光是从当地老乡住的窑洞里发出的。这里的窑洞与城市的楼房一样,一层又一层。他发现,窑洞的顶非常坚硬,是由被老乡称为“料姜石”的石灰质结合层构成的。料姜石下是黄土层,黄土层下是红土层。老乡就用黄土做墙,红土做地。而这红土下面又是料姜石层、黄土层、红土层,这样的结构沿水平方向延伸得很长。一排排的灯光就是从这些酷似楼房的窑洞里散出的。他于是赶忙去请教土壤学家朱显漠,得知红土就是古土壤层。黄土层、红土层、石灰质结合层……刘东生意识到黄土高原是一部天书,它的每一层都有千言万语,述说着大自然的演变,冷暖、干湿,发育成森林,又演变成草原,人类的起源活动,尽在这部书中。

这次发现成为一个重要的转折,他开始倾其一生破译神秘的黄土高原。他还原了黄土高原250年的形成历史。如今风沙弥漫的黄土高原曾是一片美丽的草原,是风沙遮掩了它的美丽,塑造了它的狰狞。风沙暴将我国新疆的沙漠和戈壁沙漠的细粒搬运到黄土高原,最初，黄沙还遮不住草原的绿色，可是尘土越吹越多，越积越厚，再加上持续的干旱和半干旱天气，黄土高原就这样形成了。

【背后的故事】

数次“偷渡”

刘东生还有一个鲜为人知的身份：中国科学探险学会主席。为了更好地领导国家“八五”攻关项目，他多次亲自前往极地进行科学考察。后来，因为他年事已高，组织不再批准他亲自科考，但刘东生还是不断争取去野外的机会。在他74岁和79岁，先后两次赴南极和北极进行考察。因为他的行动没有得到领导的批准，有人开玩笑说他是“偷渡”去的。

刘东生始终以苦为乐，以苦为荣，洋溢着革命乐观主义激情。74岁时，他在南极的乔治王岛进行了一个月科学考察。他每天冒着大风，在永久冻土地带的多边形土、石环周围的粗糙石头上，为研究南极的第四纪地质而工作。79岁时，他又赴北极的斯瓦巴德岛并登上一座冰川。气温低，风力强，走路累，环境很是艰苦，但他却轻松面对，还笑称北极冷，细菌、病毒都冻死了，人不会感冒，不会生病。

野外科考于他来说是一种享受，是一种乐趣。他让科学探索和科学研究成为他生命的一部分。

【信息链接】

1.泰勒环境成就奖

泰勒环境成就奖是环境科学、能源、医学领域的国际性奖项。此奖项每年由南加州大学颁发，获奖者可获得20万美元奖金和金质奖章。泰勒奖被认为是国际环境科学的最高奖，世界科学界的最高奖之一。刘东生是首位获得该奖的中国内地科学家。

2. 全球环境变化研究的三大支柱

黄土研究，深海沉积研究、板地冰芯研究，其中黄土研究由刘东生开创，并做出了大量原创性的科学成果。

七、“星光中国芯”芯片的研发者——邓中翰

【光影星播客】

邓中翰，中星微电子有限公司董事长。他是中国最年轻的工程院院士。他从一个海外学子成为一名爱国创业者，他用两年的时间设计出一颗国际业界领先的百万门级超大规模芯片，并成功打入国际市场。微米的小空间是他创新的大舞台，他将“星光中国芯”闪亮地植入世界IT的银河。中国“芯”，中国创造，星光无限。

【成功语录】

◎ 高科技创业没有一帆风顺的，这是一个坚持不懈的过程，一个很艰难的过程。

◎ 让尽可能多的人享受到科技带来的文明进步，感受到先进科学技术的力量。

◎ 创新不单纯是科学研究，企业的自主创新还要能满足市场需求，实现大规模产业化，对社会、对人类的文明进程有推动作用。

◎ 任何一个强国，除了强大的军事、政治、外交以及经济力量外，一定还会具备强大的创新实力。不创新，没有领先于天下的创新成果，没有推动世界科技前沿发展的公司和品牌，就无法实现我们民族的伟大复兴。摆在所有中国人面前的，就是这样一个任务：我们不仅要发展得快，而且要发展得好，要创新，要敢于创新、努力创新，要敢于领先、勇于领先。这是新时期下，我们青年科技工作者的历史使命！

【生平回眸】

邓中翰,1968年出生于江苏南京。1987年考入中国科技大学。大学毕业后于1992年赴美国加州大学伯克利分校读书。在五年时间内取得电子工程学博士、经济管理学硕士、物理学硕士三个学位,是该校建校130年来第一位横跨理、工、商三学科的学者。1997年,加入IBM公司,做高级研究员,负责超大规模CMOS集成电路设计研究,并申请多项发明专利,获"IBM发明创造奖"。一年后,离开IBM硅谷,创建了集成电路公司PIXIM.INC。1999年10月,受中国政府之邀,作为留美华人代表归国参加新中国成立50周年大庆典礼。之后不久,回国与国家信息产业部在北京中关村共同创建了"中星微电子有限公司",任董事长及"星光中国芯工程"总指挥,成功地开发出"星光中国芯"。2005年11月15日,成功将"星光中国芯"全面打入国际市场,并在美国纳斯达克上市。2003年被中国科协授予"求是杰出青年奖"。2005年,获国家科技进步一等奖、中国青年五四奖章、CCTV中国经济年度人物奖。

【成功路上】

求知上进　大学起飞

1987年邓中翰考入了中国科技大学,学习地球和空间科学专业,这是一个很纯粹的科学探索学科。那时科技大学学生的刻苦是出了名的,全国的所谓天才、神童、超长生云集科大。天才们凑在一起,就看谁更加勤奋了。邓中翰自认自己不是天才也非神童,在学习上刻苦、勤奋、踏实,成绩一直很优秀。

在他的大学生活中,娱乐的时间很少,每天都是埋头读书学习。那时,邓中翰遇到一位在国外做过访问学者刚刚回国的老师,也是这位老师给他点燃了一盏通往成功的明灯。这位老师非常支持学生具有活跃和独立的思考能力,鼓励他们要有创新思维。有一天,在老师教他们电磁学的课程时,邓中翰觉得老师没有讲透彻,有可探讨的地方,他就把自己的想法整理成文稿寄给了老师。老师非但没有生气,还把他叫到家里,和他具体探讨,还鼓励他说,要坚持独立思考和判断,鼓励他多搞科研,自己主动钻研些课题。再后来,邓中翰有幸加入黄培华教授的小组做科研。他一边攻读量子力学课程,一边用量子力学原理研究地质学中的问题。这样的科研经历让邓中翰意识到:创新产生于交叉的前沿,越敢于突破思维框架,越能够创出成果。

毕业后,邓中翰以优异的成绩获得了赴美国顶尖大学深造的机会。勤奋刻苦让他有着扎实的知识积累,求实上进让他敢于突破,富于创新。邓中翰在大学插上了一双飞翔的翅膀,在这里他起飞了!

回国创业知识报国

1999年前后,我国芯片产业处在一个亟待突破的历史阶段,国家酝酿相关计划推动芯片产业的发展。当时还在美国的邓中翰受邀回国参加了新中国成立50周年大庆典礼。在信息产业部的倡议下,邓中翰决定回国创业,组建中国本土的芯片设计公司。当时中国的芯片产业可谓是一穷二白,邓中翰没有动摇,决心回国创业,知识报国。

1999年10月14日,邓中翰在北京注册了公司,在海淀区一间100多平方米的仓库里,中星微开张了,从此他开始了回国创业的旅程。中国芯是所有中国IT精英们心里一道迈不过的坎,但邓中翰自信、踏实,他带领他的科研团队,不断摸索,不断创新,先后突破八大核心技术。2001年3月他们推出第一枚具有中国自主知识产权的百万门级超大规模CMOS数码图像处理芯片"星光一号",成功实现了核心技术成果的产品化和产业化,彻底结束了中国无"芯"的历史。在为"中国芯"的诞生而激动的同时,新的挑战摆在了邓中翰的面前,如何让市场认可"中国芯"。于是邓中翰开始怀揣着他的"中国芯"到处奔走,然而,频频遭到冷遇。一次在索尼总部的经历让邓中翰很受触动。当时,他们联系到索尼,介绍他们的芯片,为了约定这一个小时的会面,他和他的团队做了精心的准备。他们飞到日本,来到索尼总部,一位主管听说他们是做图像芯片的,轻蔑地说:“我们公司是这项技术的鼻祖,你们想学的话,可以看看展览。”没等他们开口,那位主管就离开了。一看手表,见面不到5分钟。当时的邓中翰心里很压抑!回国后,他就立即召集公司人马开会,他告诉大家:“我们要打回去,一定要实现这个诺言。”

功夫不负有心人。2004年底,他终于让索尼的笔记本电脑装上了中国研发制造的“中国芯”。此后,“星光中国芯”数字多媒体芯片大规模实现产业化,占领了全球计算机图像输入芯片60%以上的市场份额,开创了互联网可视通讯大规模应用的时代。

满怀报国情,他开始了归国创业的旅程。高科技创业之路充满坎坷,但邓中翰走出来了,他用自己的智慧让中国的芯片产业从“贫穷”变得“富有”,让世人看到中国高新技术产业发展的希望。他是中国高新产业的旗帜,他的“中星微”是高新技术企业的典范。

【背后的故事】

中国心　在他心中重千斤

1999年,邓中翰在美国经营的公司正处于黄金期。而在祖国的召唤下,邓中翰毅然放弃了自己在硅谷的创业公司,回国开始组建中国本土的公司,这对谁来说都不是一件容易的事。而且,美国对知识产权,特别是高新技术的保护是非常严格的,人离开了,核心技术不能带走,邓中翰回国创业就意味着一切都要从头再来。

回国后,在国家信息产业部和财政部的支持下,邓中翰的中星微电子公司注册成立。与此同时,“星光中国芯工程”正式启动。在中星微的核心创业团队中,很多人和邓中翰一样,都是放弃了在美国的事业与成就,怀着强烈的报国之志和一腔干大事的热情,踏上了归国创业的征程。

邓中翰和他的团队,废寝忘食,埋头苦干,攻克一道道技术难关。但是技术研发创业是一个艰苦的过程,更何况是在芯片这一高科技领域。2003年,中星微电子遭遇了创办以来最大的一次危机。公司的运营成本不断扩大,而市场局面却尚未完全打开,公司随时面临着倒闭的危险。关键时刻,邓中翰和公司的核心高管毅然将自己的个人资产拿出来去银行申请抵押贷款,团队的责任感和对未来的希望,最终让中星微渡过了难关。

"中国芯"亦如它的名字一样,承载着亿万中国人的期盼,也注满了邓中翰的赤子之心。中国心,在他心中重千斤。

【信息链接】

星光中国芯工程

面对中国芯片设计产业长期裹足不前的局面,2000年6月,国务院颁布了18号文件《鼓励软件产业和集成电路产业发展的若干政策》,提出让国产集成电路产品能够满足国内市场的部分需求,进一步缩小与发达国家在开发和生产技术上的差距。在这样的历史背景下,中星微电子公司成立,承担并启动了"星光中国芯工程"。"星光中国芯工程"以数字多媒体技术为突破口,使得我国在PC图像输入、移动多媒体两大重点应用领域取得了全球领先的地位,实现了中国高科技产业由"中国制造"向"中国创造"的跨越。

八、中国光学之父——王大衍

【光影星播客】

王大珩，我国现代国防光学技术及光学工程的开拓者和奠基人。他制成了中国第一台激光器、第一台大型光测装备和许多国防光学仪器。他制定了中国第一个遥感科学规划，领导了综合性的航空遥感试验。他为国家尖端武器的研制发展作出了突出贡献，被誉为"中国光学之父"。

【成功语录】

◎ 作为一个科技工作者，创新是我们的天职，是我们进行科学研究和技术工作中最原始的责任。

◎ 科技工作者要做建设大军里真正的排头兵。这个排头兵不仅是要找一条路，还要披荆斩棘，让后面的建设大军能够跟上来。这个披荆斩棘，就是不断创新。

【生平回眸】

王大衍，1915年2月26日出生于日本东京。1936年毕业于清华大学物理系。1938年赴英国伦敦帝国学院留学，专攻应用光子学，1940年获硕士学位。1942年被英国伯明翰昌斯公司聘为助理研究员。1948年回国后到大连大学工学院任教。1955年被选为中国科学院技术科学部委员。1958年作为主要创始人，创办了长春光学精密机械学院（长春理工大学）。20世纪60年代，制成中国第一台激光器，第一台大型光测装备和许多国防光学仪器。20世纪70年代主持制定了全国第一个遥感科学规划，领导了综合性的航空遥感试验。1978年加入中国共产党。1985年获得国家科技进步特等奖。1986 年3 月和陈芳允、杨嘉墀、王淦昌等科学家向中央提出“发展中国的战略性高技术”的建议，由此国务院发出了“高技术发展计划纲要”（即“863 计划”）的通知。1994 年6 月当选为中国工程院院士。1999年，中共中央、国务院、中央军委决定授予他“两弹一星”功勋奖章。

【成功路上】

白手起家发展中国应用光学

新中国成立初，中国的应用光学是一片空白。学成回国的王大衍在钱三强的推荐下，于1951年1月24日被任命为中国光学仪器馆筹备委员会主任，负责仪器馆的筹备工作。

在仪器馆建立初期，王大珩结合国家实际情况，招兵买马，吸收来自全国四面八方的技术人员。为了建立光学设计基础，王大珩在仪器馆亲自领导组建光学设计组，并举办全国光学设计训练班，不断为国家培养大量的光学科研人才。仪器馆在他的领导和具体指导下，逐步建立起多项光学技术基础，继而建立起光学物理、光学玻璃和光学机械等3个实验室和2个实验工厂。

历经7年的建设发展，1958年王大衍带领他的团队，成功研制出晶体谱仪、大型摄谱仪、电子显微镜、万能工具显微镜等八种当时属于高级精密光学仪器的“八大件”。“八大件”的研制成功对中国独立自主、自力更生建立光学仪器制造业起到了促进作用。1960年，世界上激光技术问世，一年后，王大珩领导的长春光机所创制了中国第一台激光器。

经过多年的精心经营，王大衍领导创建的长春光机所成长为我国应用光学研究与光学仪器研制的摇篮。此后他脚步不停，继续致力于研究所的拓展延伸，先后组建了西安、上海、安徽和成都等4个光学精密机械研究所,在我国形成了4个光学基地的格局。与此同时,他为祖国培养了一支在应用光学与光学工程的研究水平上可跻身于世界之林的队伍,使中国的应用光学、光学机械及光电技术和光学工业的发展,取得了举世瞩目的成就。

致力国防光学　科学保卫国家

从1951年起筹建中国光学仪器馆，王大衍用七年的时间研制成功了高级精密光学仪器的“八大件”。此时,他又面临新的问题:光学研究为民用服务还是为军工服务？基于发展国防光学高技术必须靠独立自主进行研究的认识,他选择开展国防光学的研究工作。

1958年底,为探索弱光情况下进行观察的可能途径,王大珩提出了增大观察望远镜入射孔径以提高观察性能的设想。根据他提出的思路,光机所成功研制出了大倍率大口径观察望远镜,并成功运用在我国海防沿岸的观察。此后,他跟随国家发展动态,根据国家国防工程的需要,陆续开拓了红外和微光夜视、核爆及靶场光测、高空及空间侦察摄影、空间太阳辐射模拟、激光技术以及大气传输和目标、背景辐射测试等国防光学工程技术领域。20世纪60年代,中国原子弹爆炸试验迫在眉睫,但是测试设备却尚无着落。就在这紧迫状况下,他大胆提出征用当时我国已进口的设备改装以满足核爆测试要求的紧急措施。在他的指导下,改装后的普通高速摄影机在不改变焦距的情况下扩大视场四倍,满足了核爆火球发光动态测试要求,成功取得丰富的科学数据。1980年,长春光机所研制的船用激光、红外、电视电影经纬仪及船体变形测量系统，两项国防光学工程在我国向太平洋发射远程运载火箭试验中，独立解决了当今世界远洋航天测量的稳定跟踪、定位、标校和抗干扰等技术难题。

王大珩用他广博的知识和坚实的理论基础,在国防光学领域不断求索,提出具有独创性的设计构思,为国防光学的研究作出了杰出的贡献。他投身国防光学,用智慧和科学为祖国的国防事业发光发热。

【背后的故事】

他是科学事业积极的社会活动家

他是科学家，也是一位科学事业的社会活动家。他一心关注科学技术的发展，为祖国的科学事业奔走。

1983年3月，美国总统里根提出了"星球大战计划"，引起了全世界的警惕。当时，王大衍就意识到，这个计划表面上是对付苏联，为两霸争雄而显示威慑力量，实质上是一种加强美国高科技发展的措施。那么中国怎么办？王大珩以敏锐的科学预见性，于1986年3月由他发起，并与王淦昌、杨嘉墀、陈芳允等三位科学家联名向国家最高领导提出了"关于跟踪研究外国战略性高技术的建议"。这个建议很快得到中央批准，并演变发展为"863计划"。其主要目标是在选定的生物、航空、信息、自动化、新材料、能源、激光等7个高技术领域跟踪世界先进水平，缩小同发达国家的差距。这一计划的实施，使中国高技术追踪国际水平的研究不断取得累累硕果，对中国20世纪末乃至21世纪初高科技的发展，产生重要影响。

王大珩不仅活跃于国内科技组织活动，而且在国际科技舞台上也充分显示了他的科学社会活动家的才能。为了使中国光学研制工作与世界接轨，他多次率团参加国际光学会议、计量学会议以及空间学术会议。在他的倡导下，在国内召开了多次国际激光会议、国际遥感会议、国际高速摄影与光子学会议等。通过他的影响和努力，中国光学学会被世界光学委员会(ICO)接纳为会会员单位，并和世界上多数国家光学学术组织建立了广泛的联系，促进了学术交流活动。

科学事业，运用自己敏锐的科学嗅觉，在世界科技发展的关键时刻，为国家出谋划策，并不辞辛劳地奔走。他是中国光学科学事业的元勋。

【信息链接】

1. 王大珩光学奖

由王大珩出资在中国科学技术发展基金会设立的基金，其中一部分于1996年开始用于“中国光学学会科技奖”的颁发,并已执行了三届。在2000年3月31日举行的中国光学学会常务理事会会议上,将该奖的名称改为“王大珩光学奖”。

2. 王大珩科学技术学院

王大珩科学技术学院是在长春理工大学以王大珩名字命名的科学技术学院,于2005年7月揭牌成立。该学院以培养创新型人才为目标,实行导师负责制,采取两段式培养,执行单独的教学计划,重点提高学生的学习能力、实践能力和创新能力。首批180名学员是从6个学院的6个特色专业中选拔出来的优秀学生。

九、中国卓越的实验胚胎学家——童第周

【光影星播客】

童第周,我国卓越的生物学家、教育家,我国生物科学研究的杰出领导者。他一生致力于实验胚胎学、细胞生物学和1学家,是我国实验胚胎学的主要创始人。

【成功语录】

◎ 认真是成功的秘诀，粗心是失败的伴侣。

◎ 世上没有天才，天才是用劳动换来的。

【生平回眸】

童第周，1902年5月28日出生于浙江。1922年毕业于宁波效实中学。1927年毕业于复旦大学哲学系心理学专业，同年到南京中央大学（现南京大学）生物系任助教。1930年到比利时布鲁塞尔自由大学留学。1934年获博士学位后到英国剑桥大学作短期访问并于年底回国，任山东大学生物系教授。1938年辗转到重庆，先后任中央大学医学院教授、同济大学生物系教授和复旦大学生物系教授。1946年回山东大学动物学系任教授、系主任。1950年受聘兼任中国科学院实验生物研究所副所长和中国科学院水生生物研究所青岛海洋生物研究室主任。1955年当选为中国科学院学部委员（现称院士）。1960年任中国科学院生物学部主任。1963年用核移植的方法培育出了克隆鱼。1977年出任中国科学院动物研究所细胞遗传学研究室主任。1978年任中国科学院副院长。在将近50年的科学研究中，他一直从事实验胚胎学、细胞生物学和发育生物学等领域的研究。1979年3月30日在北京逝世。

【成功路上】

从倒数第一到正数第一

童第周出生在一个普通农民家庭，由于家庭贫困，没钱进学校读书，他一直在家里边做农活边跟父亲学点文化。他的几个哥哥希望童第周能接受教育，将来有出息。

童第周此时心中也已有高远的志向，他立志要进当时省内名望极高的宁波效实中学读书。大哥们为小弟的志向感到高兴，又为小弟感到担心。但他坚定地告诉哥哥们："我一定能考上效实中学！"他一丝不苟地进行备考。功夫不负有心人，童第周最终考取了效实中学，成为三年级的插班生，可是当时他的成绩是全班倒数第一。面对成绩单，童第周流下了伤心的泪水……

但童第周坚信：自己并不比别人笨，别人能做到的，自己经过努力也一定能做到。为了赶上别人，童第周不分白天晚上，抓紧一切时间去学习。一天深夜，教数学的年级主任陈老师办完事情回到学校，发现在昏黄的路灯下有个瘦小的身影在晃动。陈老师想："深更半夜的，谁还不回寝室就寝呢？"于是，老师带着疑问走过去一看，原来是童第周在借着路灯光演算习题。"这么晚了你怎么还不回寝室休息呢？""陈老师，我要抓紧时间把功课赶上去，我不要当倒数第一名。"陈老师望着他瘦小的身躯，关心地劝童第周回去休息，可是走出不远，童第周又站在路灯下捧着书本读了起来。陈老师被深深地感动了，他理解童第周的志气，为自己有这样的学生感到自豪。

很快期末考试到了，童第周凭借自己刻苦的努力，各科成绩都达到了70分，其中几何还得了满分，他摆脱了倒数第一。但童第周不放松、不泄气，他一如既往地刻苦学习，在自己的努力和老师的关心下，到了高三期末考试，他的总成绩名列全班第一。

世上没有天才，天才是用劳动换来的。正是这种意志让童第周从倒数第一成为正数第一。

"六万五千块"的显微镜

1937年抗日战争爆发，童第周谢绝了专家和同学们的挽留，毅然回到了灾难深重的祖国。他来到四川宜宾一个村镇教书，但就是在紧张的教学中，他也始终不忘搞科学研究。可是，这里没有科学仪器，连一架显微镜也没有，无法继续开展胚胎学的研究工作。

有一天，在小镇的旧货摊上童第周看到了一架旧显微镜，要价六万块，这个价钱相当于他和妻子两年的薪水。当时他和妻子掏尽了口袋还凑不足一半，没办法，两人只好空手而归。梦寐以求的东西就放在眼前，可是又不能得到。晚上，他们翻来覆去，就是睡不着觉。第二天，两人又到了旧货摊前，跟昨天一样，显微镜还在那儿。可唯一不同的是，老板居然还涨了价，要卖“六万五千块”了。他们又是空手而归。接连几天，他们一趟又一趟地往旧货摊上跑，生怕心爱的显微镜被别人抢走。老板很不耐烦，后来干脆不理他们了。夫妇俩狠下决心，为了搞科研，这台显微镜非买不可。家里没有钱，他们就到处向亲友借钱，还变卖了不少衣服。这笔外债，很可能他们多少年都还不清。但为了事业，他们宁可一辈子受苦。东凑西拼，他们终于买回那架旧显微镜。

显微镜是有了，但没有所需要的灯光照明，还是不能进行操作。童第周就把显微镜搬到室外，冬天就利用雪地微弱的反光，聚精会神地工作。夏天烈日当头，汗流浃背，汗水滴在视镜上模糊了视线，风把一粒小沙子吹进了载物器，甚至占据了整个视野……童第周仍然坚持攻关。一般情况下每一个试验数据只要重复一两次就可以了，但因为设备陈旧，他往往要重复五六次。就是在这样简陋的显微镜下，在低矮的小土屋里，童第周撰写了一篇篇具有学术价值的论文，震惊了国内外生物界的学者。

【背后的故事】

我是中国人　中国人是优秀的

大学毕业后，在亲友的资助下，童第周远渡重洋，来到布鲁塞尔自由大学留学，跟随欧洲著名生物学家勃朗歇尔教授研究胚胎学。

那时，外国留学生对中国人抱着一种藐视的态度，说“中国人是弱国的国民”。和他同住的一个洋人学生，公开说：“中国人太笨。”听到这些，童第周再也压抑不住满腔的怒火，对那个洋人说：“这样吧，我们来比一比，你代表你的国家，我代表我的国家，看谁先取得博士学位。”他更是在日记中写下了自己的誓言：“中国人不是笨人，应该拿出东西来，为我们的民族争光！”

研究胚胎学，经常要做卵细胞膜的剥除手术。有一次做实验，教授要求学生们设法把青蛙卵膜剥下来，这是一项难度很大的手术。青蛙卵只有小米粒大小,外面紧紧地包着三层像蛋白一样的软膜,因为卵小膜薄,手术只能在显微镜下进行。许多人都失败了,他们一剥开卵膜,就把青蛙卵也给撕破了。只有童第周一人不声不响地完成了这项实验任务。勃朗歇尔教授知道后,特地安排了一次观察实验,让童第周做演示实验。实验开始了,童第周不慌不忙地走到显微镜前,熟练地操作着。在显微镜下,他细心、灵巧,每个动作都一丝不苟。他做得又快又利落,顺利地把青蛙卵的卵膜从卵上剥离下来。

"成功了!成功了!"同学们纷纷涌上去祝贺。勃朗歇尔教授更是激动万分,这是他搞了几年也没有搞成的项目啊!他抑制不住内心的喜悦,连声称赞:"童第周真行!中国人真行!"童第周剥除青蛙卵膜手术的成功,一下子震动了欧洲的生物界。四年之后,通过答辩,比利时的学术委员会决定授予童第周博士学位。在荣获学位的大会上,童第周激动地说:"我是中国人,有人说中国人笨,我获得了贵国的博士学位,至少可以说明中国人绝不比别人笨。"在场的教授纷纷点头,有的还伸出大拇指。而那位洋人学生却一篇论文也没有,更谈不上当博士了。

【信息链接】

1. 童第周故居

童第周故居坐落在风景秀丽的浙江鄞州区塘溪镇梅溪中游的童村,共有5间两厢房。2009年,遵照"修旧如旧"的原则对童第周故居进行了修缮,基本保持了名人故居原汁原味的风貌。

2. "金鱼"邮票

我国第一套动物邮票——"金鱼"邮票,设计时得到著名生物学家童第周的帮助,采用写实描摹的手法,终为成功之作。当年创作邮票时,童第周带领设计者孙传哲看了自己实验室里培养的各种金鱼,向他介绍了各种金鱼的特征,还给邮票设计室送了一车金鱼去,设计室顿时成了金鱼的世界。这些小生命给画家增添了灵感,就是在童第周如此的帮助下设计出了"金鱼"邮票。

十、商业才子、社会慈善家——李嘉诚

【光影星播客】

李嘉诚，香港长江实业集团有限公司董事局主席兼总经理。他是一位杰出的商人，一位优秀的管理者。他从茶楼跑堂到上市企业董事，一生诚实从商，稳重做人，创造了无数商业传奇。他用智慧创造财富，用诚信缔造人格。他于商场中叱咤风云，财富累累；他在社会里热心公益，慷慨捐资，送人玫瑰，手有余香。

【成功语录】

◎ 即使本来有一百的力量足以成事，但我要储足二百的力量去攻，而不是随便去赌一赌。

◎ 做人最要紧的，是让人由衷地喜欢你，敬佩你本人，而不是你的财力，也不是表面上的服从。

◎ 决定一件事时，事先都会小心谨慎，研究清楚；当决定后，就勇往直前去做。

◎ 在剧烈的竞争当中多付出一点，便可多赢一点。

◎ 人生自有其沉浮，每个人都应该学会忍受生活中属于自己的一份悲伤，只有这样，你才能体会到什么叫做成功。

【生平回眸】

李嘉诚，1928年7月29日出生于广东省潮州市。1943年，父亲病逝，为养活家人李嘉诚被迫辍学走上社会谋生。1947年在一家五金制造厂以及塑胶带制造公司当推销员，开始了香港人称之为“行街仔”的推销生涯。1948年升任塑料玩具厂的总经理。1950年用平时省吃俭用积攒的7000美元在筲箕湾创办了自己的塑胶厂，命名为“长江塑胶厂”。1957年到意大利考察，回港后率先推出塑胶花，成为“塑胶花大王”。1958年，在北角购入一块地皮，正式介入地产市场。1972年，组建“长江实业”。1979年“长江”购入老牌英资商行——“和记黄埔”。1981年被评为“香港风云人物”。1989年获英女皇颁发的CBE勋衔。1995~1997年任香港特区筹备委员会委员。1999年《福布斯》世界富豪排名榜中位列第十，是亚洲首富。1981年捐资创立汕头大学；1989年捐赠1000万港元，支持北京举办第11届亚洲运动会；1997年北京大学100年校庆期间，李嘉诚基金会向北京大学图书馆捐赠1000万美元，支持新图书馆的建设；2008年为5·12汶川地震灾区学生设立特别教育基金；2009年为上海世博会中国馆捐赠人民币1亿元。2010年被《福布斯》选为“全球最具影响力富豪”之一。

【成功路上】

稚嫩肩膀挑起养家重担

20世纪30年代末，日本帝国主义的铁蹄践踏着中国的土地。日本飞机整日整夜地狂轰滥炸，昔日宁静美丽的城镇变成了一片废墟。李嘉诚一家历尽千辛万苦辗转到香港，一家人寄居在亲戚家里。祸不单行，李嘉诚的父亲因劳累过度不幸染上肺病。为了给父亲治病，李嘉诚一家的生活过得相当清贫。两顿稀粥，再加上母亲去集贸市场收集的菜叶子便是一天的“美食”。全家人都希望父亲能尽快把病养好，让全家能渡过这一难关。然而，父亲终是没能打败病魔，还是撒手归西了。当时李嘉诚只有15岁，作为长子，他被迫离开学校，到社会上谋生，以维持一家人的生活。他用他稚嫩的肩膀，毅然挑起赡养慈母、抚育弟妹的重担。

李嘉诚先在中南钟表公司谋到一份当泡茶跑堂的工作。在这里，他察言观色，处处小心，每天总是第一个到达公司，最后一个离开公司。历经三年的辛苦和磨难，李嘉诚已经长成精瘦但结实、英气十足的小伙子。他到一家五金制造厂以及塑胶带制造公司当推销员，开始了香港人称之为“行街仔”的推销生涯。推销是一门十分复杂而且不容易学会的工作。李嘉诚每天白天工作之后，晚上还要买些旧书来自学，学完的旧书再拿到旧书店去卖，再用卖掉的钱买“新”的旧书。刚开始，李嘉诚向客户推销产品，总是心情十分紧张。为了克服自己的这种紧张心理，他就坚持每次在出门前或者在路上把要说的话想好，反复练习。日积月累，李嘉诚不仅推销有术，而且大有长进。他利用自己的观察能力和分析能力，迅速判断出客户是什么类型的人物，并且对客户的心理和性格作简要的分析，从而定好相应的推销策略。 李嘉诚踏实、自信，勤劳、肯干，由于他的出色表现，一年后他成为塑胶带制造公司的部门经理，两年后又提升为总经理。

从泡茶跑堂到公司经理，从一个懵懂少年到一个成熟青年，李嘉诚用他的智慧和勤劳，挑起了养家的重担。

意大利偷艺　实现企业转轨

20世纪50年代中后期，李嘉诚所生产的塑胶玩具在国际市场上已经趋于饱和状态，已经没有足够的生存能力。要想让企业生生不息，在国际市场中更具有竞争力，就必须实施企业“转轨”。

1957年春天，李嘉诚揣着强烈的希冀和求知欲，登上飞往意大利的班机去考察。刚在一间小旅社安下身，他就急不可待地去寻访那家在世界上开风气之先的塑胶公司。经过两天的奔波，终是找到了那个公司，可是当他站在该公司门口时，却戛然却步。他意识到按照行规，厂家对新产品技术是保守与戒备的，要想名正言顺地得到产品技术，就得购买技术专利。然而，自己的长江厂小本经营，绝对付不起昂贵的专利费，况且厂家也绝不会轻易出卖专利的。情急之中，李嘉诚想到一个绝妙的办法。这家公司的塑胶厂招聘工人，他就去报了名，被派往车间做打杂的工人。在工厂,李嘉诚负责清除废品废料。他不嫌脏,不怕累,推着小车在厂区各个工段来回走动,双眼不停地看,恨不得把生产流程吞下去。每到收工时,他顾不上吃饭,顾不上休息,急忙跑回旅店,把当天观察到的一切记录在笔记本上。整个生产流程算是熟悉了,可属于保密的技术环节还是不得而知。于是,李嘉诚就利用假日邀请工厂里新结识的朋友,到城里的中国餐馆吃饭,而这些朋友都是某一工序的技术工人。李嘉诚佯称打算到其他的厂应聘技术工人,用英语谦虚地向他们请教相关技术。经过用心地眼观耳听,李嘉诚悟出了塑胶花制作配色的技术要领。

回香港之前,李嘉诚购买了几大箱塑胶花样品和资料,还跑了好多家花店,了解塑胶花的销售情况。一回到长江塑胶厂,他就着手对企业实施“转轨”,将塑胶花生产作为主攻方向。经过一系列的商业打造,长江厂迅速成为世界最大的塑胶花生产厂家,李嘉诚也赢得了“塑胶花大王”的美名。

【背后的故事】

一枚硬币也是财富

成功源于点滴积累,细节决定成败。李嘉诚虽是资产万贯,但他的财富源自点滴积累。金钱于他的意义,不单单是一种财富的象征,而是承载了更多的人生哲学。金钱是一种付出的回报,是一种智慧的结晶,是一种人生态度的浓缩。对于他,一亿元和1元钱有着相同的意义和价值。

一次李嘉诚从家中出来,正当秘书为他开车门弯腰欲上车的刹那,不小心从上衣口袋掉出一个硬币。不巧的是这个硬币一直滚,滚落到路边的井盖下面。于是李嘉诚就让秘书通知专人前来揭开井盖,请他们找到那枚硬币。经过大约10分钟的仔细寻找后,终于找到了那枚硬币。为表达对这名服务人员的奖励和感谢,李嘉诚付给他100元港币。有人不解,亚洲首富如此抠门,犯不着和一枚硬币这么较真吧!况且,拿100元换回1元,值吗?李嘉诚却这样解释道:“一枚硬币也是财富,如果你忽视它,它‘落井’了,你不去救它,那么慢慢地财神就会离你而去;而那100元港币则是表示对服务的满意,是劳动者该得到的报酬。”

做事负责,对人诚恳,淡泊明志,心境安泰,这或许是对李嘉诚最好的写照。

【信息链接】

李嘉诚基金会

李嘉诚基金会1980年由香港富商李嘉诚创办,主要捐款于教育、医疗、文化及其他公益事业。基金会的使命是推动社会建立“奉献文化”本质的力量。李嘉诚希望透过教育强人力和文化资源,透过医疗项目建立一个关怀的社会。

十一、中国古代建筑的研究者和建筑教育家——梁思成

【光影星播客】

梁思成,中国著名的建筑学家和建筑教育家。他毕生从事中国古代建筑的研究和建筑教育事业,是中国古代这一学科的开拓者和奠基者。他完成了我国第一部《中国建筑史》,实现了中国建筑史由中国人来写的夙愿。新中国成立后,他主持了首都几项重大城市建设方案的设计,他是新中国首都城市规划工作的重要推动者。

【成功语录】

◎ 建筑是“社会的缩影”、“民族的象征”，它绝不仅仅是某一个民族的，而是全人类文明结晶具体象形的保留。

◎ 建筑师的知识要广博，要有哲学家的头脑，社会学家的眼光，工程师的精确与实践，心理学家的敏感，文学家的洞察力……最本质的应当是一个有文化修养的综合艺术家。

【生平回眸】

梁思成，1901年4月20日出生于日本东京。原籍为广东省新会县。梁启超之子。童年时代的梁思成在日本的华侨学校上学，自幼攻读《左传》《史记》等古籍，有良好的中国古文化基础。1912年由日本回到北京。1915进入北京清华学校学习。毕业后，于1924年赴美国入宾夕法尼亚大学学习建筑，先后获得建筑学士、硕士学位。1928年春，梁思成与林徽因在加拿大温哥华结婚。后到欧洲考察半年后，应东北大学之邀在沈阳创办了建筑系，任系主任、教授。1931年，参加了专门从事对中国古代建筑研究的学术机构——中国营造学社，从此投入了中国古代建筑的研究。1944 ~1945年，任教育部战区文物保存委员会副主任。1946年受聘美国耶鲁大学教授，赴美国讲学。因其在中国古代建筑的研究上作出杰出的贡献，被美国普林斯顿大学赠授文学博士，并被聘为联合国大厦设计顾问建筑师。同年，回到母校清华大学，创办了建筑系，并任建筑系主任。新中国成立后，被选为中国科学院技术科学部委员，先后担任过建筑科学研究院建筑理论与历史研究室主任、北京市城市建设委员会副主任等职。1972年1月9日在北京逝世。

【成功路上】

身体力行　投身建筑教育

梁思成的一生中，除了研究中国古建筑以外，他为祖国的教育事业也作出了卓越的贡献，为中国的建筑事业培养了大批优秀人才。1928年，应东北大学之邀，他放弃了在哈佛继续深造的机会，回国到东北大学创办建筑系，并亲自担任建筑系主任，他一心想要为中国培养新型的建设者。抗日战争胜利后，百废待兴，梁思成想着战后和平建设需要人才，于是回母校清华大学筹办了建筑系，从此他把自己的后半生投入了中国的教育事业。

在长期的教育工作中，梁思成总是站在教学第一线，虽然担负着十分繁重的行政工作，但是他依然坚持亲自教课。他十分重视对学生专业基础知识的培养，因此除了讲授中外建筑史外，他还经常给刚进大学的学生讲“建筑概论”，亲自教授低年级的“建筑设计”课程。他善于深入浅出地、用生动的语言和比喻向学生讲明什么是建筑，建筑师的任务和建筑师应该怎样工作等。他从课内到课外，经常教育和引导学生时刻注意周围的环境，观察所见到的建筑，研究与建筑师有关系的一切事物，启发学生对建筑事业的责任感，培养学生对自己专业的兴趣和感情。

他做事严谨，精益求精，对自自己的学生严格要求。他逐字逐句地审阅修改研究生的论文，从内容到错别字，连一个标点符号也不放过。他要求教师和学生要熟悉古今中外的著名建筑，能随手勾画出这些建筑的形象、记住它们的建造时期。他强调一个建筑师要对一个工程负责，要有严格和科学的工作作风。他要求每一张设计图纸都要制图清楚，尺寸准确，文字与图分布均匀，干净利索，一目了然。他的严谨认真，培养了学生扎实的功底，造就了他们高超的技艺。

严师出高徒，梁思成身体力行，言传身教。他一生兢兢业业，严谨认真，他尽其大半生的时间奉献在中国的建筑事业中。

守护中国古建筑

1928年梁思成留学归国。在国外他亲眼看到国外的古建筑受到妥善保护，许多学者在对它们进行专门的研究。而对比自己的国家，一个有着几千年文化传统的中华民族，祖先留下了如此丰富的古建筑遗产，如今却是满目疮痍。珍贵的龙门石窟、敦煌壁画任意被盗卖、被抢劫，千年文物流落异邦，大批古建筑危立在风雨飘摇之中。然而，国内学者却无力从事研究，甚至中国人学习自己祖先的文化遗产都要依靠国外编著的书刊，这是多么令人痛心的状况。强烈的民族自尊心让梁思成感到一种沉痛的民族耻辱。他下定决心：中国人一定要研究自己的建筑，中国人一定要写出自己的建筑史。从此，他将毕生精力投入到这项事业中。

所谓“百闻不如一见”，他坚持研究古建筑必须进行实地调查测绘。调查测绘中他坚持：测量力求细致，分析要有根据，绘图要严密。每到一个地方，他都身体力行，和助手们一起，对建筑物从整体到局部进行详细绘图测量；对各种构件与装饰，从里到外，从正面到侧面，都细致地加以摄影记录；对所有碑文、史料都一一抄录。凭着他的那份严谨和认真，他们当时测绘的许多图纸都达到了国际先进水平。

每调查一个古建筑，梁思成都会写出详细的报告，日积月累，他写出了《正定古建筑调查纪略》《大同古建筑调查报告》《赵县大石桥》《晋汾古建筑预查纪略》《曲阜孔庙之建筑及修葺计划》等10余篇论文和报告，将一座座从汉唐、宋辽到明清各代的古建筑珍宝展现在人们面前。1944年，脊椎软骨硬化病折磨着他，但他依然坚持戴着铁马甲工作。就是在这种状态之下，梁思成完成了《中国古代建筑史》——第一部由中国人自己编写的建筑史，完成了中国人自己写建筑史的夙愿。

他是中国古建筑的守护者、记录者，他用别样的方式传承中华文明，光大民族精神。

【背后的故事】

胸怀坦荡　保护奈良

二战期间，为了取得对日本作战的最后胜利，美国空军开始对日本本土进行空前规模的大轰炸。当时，日本的城市和城市建筑都受到了毁灭性的破坏。但是唯有日本古都奈良是个例外，好几次飞机飞到奈良上空，没扔炸弹就飞走了……日本老百姓说，这是托了天皇陛下的神明。但是，只有专家才知道，使京都、奈良免遭轰炸的，是对东方古建筑有特殊感情的梁思成。

当年，是梁思成劝阻了美国空军对奈良的轰炸。他面对空军上校恳切地说："上校先生，要是从我个人的感情出发，想到四万万中国人蒙受的深重灾难，我是恨不得马上炸沉日本四岛的。然而，一种职业与历史的责任感，让我马上冷静了下来。上校先生，您大概知道，'建筑'这一词在英语里叫'Architecture'，原是'巨大工艺'的意思。所谓'巨大'并非指它的面积与体积，而是指它是人类社会科学、工程技术和艺术发展的综合体。因而，建筑又是'社会的缩影''民族的象征'。但它绝不仅仅是某一个民族的，而是全人类文明结晶具体象形的保留。我图上所标上的地方，保留着东方最古老的建筑。像奈良的唐招提寺、法隆寺，那是全世界最早的木结构建筑，一旦炸毁，那是永远无法补救的。"他在以一个东方古代建筑专家，以一个遭受日本侵略的中国学者的身份呼吁保留日本的人类文明的古代建筑。他的宽广的胸怀和对建筑的真爱，感动了美国军官，奈良宏伟的古建筑得以保留。

【信息链接】

1.《城记》

王军著，由三联书店2003年出版。这本书记述了一个人和一个城市的故事，描写了新中国成立后围绕北京的城市规划和古城保护而发生的错综复杂的纷争，突现了梁思成为保护古都锲而不舍的努力，以及最终归于失败的悲剧。

2.《中国古代建筑史》

这是第一部由中国人自己编写的建筑史。这部书第一次按中国历史的发展将各时期的建筑从城市规划宫殿、陵墓到寺庙，园林居所都作了详细的叙述，并对各时期的建筑特征作了分析和比较。这部书也完成了中国人自己写建筑史的夙愿。

十二、新中国的建筑与城市规划先驱者——吴良镛

【光影星播客】

吴良镛，城市规划及建筑学家、教育家，长期致力于中国城市规划设计、建筑设计、园林景观规划设计的教学、科学研究与实践工作。他起草的《北京宪章》，扭转了长期以来西方建筑理论占主导地位的局面。他是“人居环境科学”研究的创始人，被誉为“新中国建筑与城市规划的先驱者”。

【成功语录】

◎ 不谋全局者，不足谋一域；不谋万世者，不足谋一时。

◎ 科学和艺术在建筑上应是统一的，21世纪建筑需要科学的拓展，也需要艺术的创造。

◎ 我毕生追求的就是要让全社会有良好的与自然相和谐的人居环境，让人们诗意般、画意般地栖居在大地上。

【生平回眸】

吴良镛，1922年生于江苏南京。1944年毕业于重庆中央大学建筑系，获工学学士学位。1946年协助梁思成创办清华大学建筑系。1948年赴美国匡溪艺术学院建筑与城市设计系学习，获硕士学位。1951年回国后任清华大学建筑系教授，长期从事教育工作，培养建设人才和师资队伍。同年，与北京农业大学合办园林专业，创办建筑与城市研究所并任所长。曾任建筑工程部科学规划建筑城市规划组副组长，国际建协、人类聚居学会副主席，中国城市规划学会理事长等职。新中

国成立以来参与天安门广场改建工作，北京图书馆设计，唐山地震改建规划，北京市亚运会建设研究，北京市危旧房改造等。1995年当选中国工程院院士。1999年6月23日，国际建协第20届世界建筑师大会上，通过了由他起草的《北京宪章》。1992年北京市菊儿胡同危旧房改建试点工程获该年度亚洲建筑师协会金质奖，在联合国总部获世界人居奖。1995年获何梁何利科技进步奖。1996年被授予国际建协教育评论奖。1999年法国政府授予法国文化艺术骑士勋章。2000年获得国家建设部颁布的首届“梁思成建筑奖”。

【成功路上】

国难当头　立志重建家园

1940年是吴良镛高中毕业之年，这年7月的一天，他和现在参加高考的孩子一样，在重庆合川二中的考场上挥汗如雨。作答完毕，已是身心俱疲，可曾想，警报骤响，日本的战机突然来袭。他和同学们赶紧躲进防空洞，一时间地动山摇，碎渣子不断落下来，火光冲天，瓦砾遍地，瞬间满目废墟。吴良镛敬重的国文教员戴劲沉父子不幸遭劫。就这样吴良镛的高中生涯画上了句号。国难当头，生灵涂炭，此时的吴良镛深刻地体会到“灾难深重的中华民族”这句话的真正含意，同时也感到了一种沉甸甸的责任和义务。两天以后，他悲伤地挥别家乡合川。家仇国恨，加之居无定所的生活，让他默默许下宏愿，“从事建筑行业，立志修整城乡”。

深重的民族灾难让年轻的吴良镛感受到了救国的责任，促使他走上了建筑之路。

言传身教　诲人不倦

1946年，抗战胜利后，吴良镛协助梁思成先生在清华大学创办建筑工程学系。建系之初，由于梁思成赴美讲学，只有林徽因与他二人执教。1948年在梁思成的推荐下，吴良镛赴美，在著名建筑师沙里宁主办的匡溪艺术学院进修。两年后，当他获得该学院硕士学位时，忽然收到梁思成来信:"新中国急需建设人才！"他毅然回国,重新回到清华执教。也是从这时开始,吴良镛开始致力于中国的建筑学教育。

回国后不久,吴良镛就在《人民日报》上发表文章,呼吁重视建筑教育,建议"更有效地更多地培养基本建设的生力军"。他还多次提出建筑专业和建筑教育要结合实践的建议。在他的倡导下,清华大学与农业大学合办了园林绿化专业,并在清华大学招收了我国第一批园林规划设计专业学生,这也就是后来北京林业大学园林规划系的前身。数十年来,吴良镛坚持严谨的学风,始终站在教学第一线。他培养了我国第一批建筑学专业的研究生,他培养出我国第一批城市规划与设计专业博士生。

在教育之路上,吴良镛的脚步从未停歇,他始终关注建筑界的前沿动态,并悉心研究,不断创新。20世纪80年代以来,他总结了我国建筑教学发展的经验教训,提出了对中国建筑教育的系统设想与建议:"建立多层次的教育结构,广泛培养多种建筑人才","教育机构、研究机构与生产实践结合","注意职业教育的地区性","重视建筑师的社会培养与社会联系","教学上将建筑设计扩展为人类居处环境的创造与设计"等。这是对我国建筑教育特点的概括,也是对建筑事业发展战略的倡议。他所致力探索开辟的具有中国特色的建筑教学道路,也为推动教育改革作出了重要贡献,在国内外产生了重要影响。在他的积极推动下,1988年清华大学建筑系改为清华大学建筑学院。

他言传身教,诲人不倦,研究不辍,关注时态,他为中国培养了一批又一批专业人才。

传承中国文化　建中国特色之城

随着经济全球化的不断推进,文化扩张的趋势也日益显现。韩流、欧美风盛行,中国传统文化受到前所未有的冲击。改革开放以来,形形色色的建筑流派蜂拥而至,中国的城市文化建设也进入一种误区:重经济发展,轻人文精神;重精英文化,轻大众关怀;重建设规模,轻整体协调;重攀高比新,轻地方特色;重表面文章,轻制度完善。"千城一面”的现状让吴良镛倍感揪心。

短短20年时间，尽管房子盖了不少，风格各异，但未经消化的舶来品破坏了城市原有的文脉与肌理，中国的城市正在变为外国建筑大师“标新立异”的建筑设计“实验场”。每当谈到这个问题，吴良镛总不免有些神情激愤。他觉得中国人丢掉了老祖宗留下的文化，一味地照抄照搬，失去了自己的建筑基本准则。他深切感到我们的民族文化是博大而深厚的，漠视中国文化，无视历史文脉的继承和发展，放弃对中国历史文化内涵的探索，是一种误解与迷失。当中国大地上遍地矗立着西式建筑，到处是支离破碎、格调不一的建筑群，我们毁掉的不仅仅是一座城市，而是一点点丢弃我们的民族文化，淡化我们的民族灵魂。吴良镛认为世界文化固然绚烂，但一味照搬照用，破坏的不仅仅是城市格调的和谐，更多的是对文化的漠视和亵渎。吴良镛看到繁华背后的本质，他举起建中国特色建筑的旗帜，光大民族文化。

【背后的故事】

对事业充满激情

吴良镛是认真而执著的人，他严格要求自己，除了坚持理论与实践平行并进外，他还在建筑与绘画上实现“两种平行的学习”。绘画是建筑学习的必修课，但他“并不满足于建筑表现技术的学习，而是希望从习画中加强对艺术和文化的追求”。他秉承良师梁思成的思想：建筑师的知识要广博，要有哲学家的头脑，社会学家的眼光，工程师的精确与实践，心理学家的敏感，文学家的洞察力……最本质的应当是一个有文化修养的综合艺术家。吴良镛希望学建筑、学规划的，要坚持科学的理性思维和艺术的形象创造相结合。他主张从东方的城市规划与城市设计美学上采风，并对东方固有的蕴藏刮垢磨光，进行新的创造。他倡导乡土建筑要现代化，现代建筑要地区化，实现两者的殊途同归。

不管是为人还是为学，吴良镛都深受良师梁思成及其夫人林徽因的影响。和恩师一样，他刻苦认真，每天凌晨4点起床工作，奋战两个多小时，再草草地眯瞪一会儿，然后准时上班，带上夫人备好的午餐。中午放在微波炉里一热，凑合完事，继续忙手边的活儿。

少有的刻苦、渊博，少有的对事业的激情，但他却乐之、好之。

【信息链接】

人居环境科学

人居环境科学是一门以人类聚居为研究对象，着重探讨人与环境之间的相互关系的科学。它强调把人类聚居作为一个整体，而不像城市规划学、地理学、社会学那样，只涉及人类聚居的某一部分或是某个侧面。学科的目的是了解、掌握人类聚居发生、发展的客观规律，以更好地建设符合人类理想的聚居环境。

十三、中国现代桥梁工程的先驱——茅以升

【光影星播客】

茅以升，中国著名土木工程学家、桥梁专家、工程教育家。他是我国现代桥梁工程的先驱。他在钱塘江上建成了中国人自己设计和施工的第一座现代钢铁大桥，在中国桥梁工程史上树立了一座不朽的丰碑。他始创启发式教育法，致力教育改革，为我国培养了一大批科学技术人才。

【成功语录】

◎ 困难只能吓倒懦夫懒汉，而胜利永远属于敢于攀登科学高峰的人。

◎ 人的大脑和肢体一样,多用则灵,不用则废。在掌握了所读东西的记忆特征后,就唯有勤奋二字了。

【生平回眸】

茅以升,1896年1月9日出生于江苏丹徒一个商人家庭。6岁读私塾,7岁就读于在南京的国内第一所新型小学——思益学堂。1905年进入江南商业学堂。1911年考入唐山路矿学堂。1916年从唐山工业专门学校毕业后,被清华学堂官费保送赴美留学。1917年获美国康奈尔大学土木专业硕士学位,因其成绩特优,从此康奈尔大学面试接收唐山交通大学的毕业生。1921年获美国卡内基·梅隆大学理工学院工学博士学位。其博士论文《桥梁桁架的次应力》中的科学创见,被称为"茅氏定律",并荣获康奈尔大学优秀研究生"斐蒂士"金质研究奖章。同年,应恩师罗忠忱教授之邀,回国到母校任交通大学唐山学校教授。1933年领导设计、修建杭州钱塘江大桥。新中国成立后,参加了新中国第一座现代化大桥——武汉长江大桥的建造。历任中国交通大学、北方交通大学校长,铁道科学研究院院长,中国科学院技术科学部委员等职。他在华侨知识分子中从事大统一、大团结工作,号召两岸科技工作者为祖国统一"大桥"各修一座"引桥",使海外华人、港台同胞深受鼓舞。1987年10月,光荣加入中国共产党。1989年11月12日病逝。

【成功路上】

学习上进 胸怀大志

茅以升从小酷爱读书并善于读书。他有着惊人的记忆力,许多人惊羡他神奇的记忆力,但其实他的这种记忆能力是靠他勤奋的背诵锻炼出来的。

为了锻炼记忆力,茅以升每天早上站在河边背诵古诗、古文。河面上,风帆往来,渔歌阵阵,他都能视而不见,听而不闻,完全沉浸在自己所要学习的知识海洋里。天长日久,他不仅背熟了许多古诗、古文,而且有效地增强了记忆力。有一天,他爷爷用毛笔抄写古文,茅以升就站在一旁默记，等爷爷搁下毛笔，他竟然把一篇《京都赋》一字不漏地背了出来。他不仅背诵古诗、古文，而且还不畏枯燥，背诵那些抽象的数字。一次，他看到有篇文章把圆周率的近似值写到小数点后面100位，就决定背诵这些枯燥的数字来锻炼记忆力。于是，他一节一节地来记这一长串数：14、15、92、65、35、89、79、32、38、46、26、43、38……尽管很难记，但从小数点后十几位到几十位，直到100位，他硬是熟练地背了下来。直到他八十高寿时，他还能奇迹般地背诵少年时代记下的这100位数字。

茅以升从小好学上进，善于独立思考。他出生于江南水乡，过端午节，家乡都会举行龙舟比赛，看比赛的人都站在文德桥上。在他10岁那年，因为肚子疼，没有看成比赛。那次由于人太多把桥压塌了，砸死、淹死不少人。这一不幸事件沉重地压在茅以升心头。他暗下决心：长大了一定要造出最结实的桥。从此，茅以升只要看到桥，不管是石桥还是木桥，他总是从桥面到桥柱看个够。他念书时，看到有关桥的文章和段落，都抄在小本子上，还把有关桥的画剪贴起来，时间长了，积攒了厚厚的几大本子。

好学上进，努力刻苦，心怀大志，终是成就了一位杰出的桥梁建筑专家。

克服万难险阻　建中国人自己的桥梁

钱塘江乃著名的险恶之江，地处入海口，潮水江流，汹涌澎湃，水文地质条件极为复杂。其水势不仅受上游山洪暴发之影响，还受下游海潮涨落的约束，若遇台风袭击，江面常呈汹涌翻腾之势。钱塘江底的流沙厚达41米，变幻莫测，素有“钱塘江无底”之说。民间有“钱塘江上架桥——办不到”的谚语，工程技术界也认为在钱塘江上架桥是一件十分困难的事情。茅以升少年立志于桥梁事业，当他看到祖国江河上的钢铁大桥均为外国人所建，颇为痛心，决心为中国人争口气，架设中国人自己的大桥。他于是迎难而上，慨然受命，自任钱塘江大桥桥工处处长，他要用自己的智慧来证明中国人有能力建造现代化大桥。

钱塘江的特殊水文条件，使得其潮头壁立的钱江潮与随水流变迁无定的泥沙成为建桥的两大难题。为了使桥基稳固，需要穿越41米厚的泥沙在9个桥墩位置打入1440根木桩，木桩立于石层之上。沙层又厚又硬，打轻了下不去，打重了断桩。茅以升从浇花壶水把土冲出小洞中受到启发，采用抽江水在厚硬泥沙上冲出深洞再打桩的"射水法"，使原来一昼夜只打1根桩，提高到可以打30根桩，大大加快了工程进度。钱塘江水流湍急，难以施工。茅以升又发明了"沉箱法"，将钢筋混凝土做成的箱子口朝下沉入水中罩在江底，再用高压气挤走箱里的水，工人在箱里挖沙作业，使沉箱与木桩逐步结为一体，沉箱上再筑桥墩。放置沉箱很不容易，开始时，一只沉箱，一会儿被江水冲向下游，一会儿又被潮水顶到上游，上下乱窜。他就把3吨重的铁锚改为10吨重，沉箱问题解决了。施工过程中，茅以升想办法，出主意，克服了重重困难，解决了建桥中的一个个技术难题，保证了大桥工程的进展。

20世纪30年代，正值国家动荡时期，钱塘江大桥同样经受了时代的洗礼，战火的考验。建桥末期，淞沪抗战正紧，日军飞机经常来轰炸。钱塘江桥正所谓冒着枪林弹雨，终是天堑变通途，于1937年9月26日建成通车。

一个伟大的工程背后，承载着太多的艰辛，承载着许多的期盼。茅以升用他的付出告慰战火中的国人，用实力告诉世界中国的强大。

【背后的故事】

他亲手炸掉了钱塘江大桥

1937年，日军进攻逐渐深入，上海的抗战形势一天比一天吃紧。如果杭州不保，钱塘江大桥就等于是给日本人造了。政府下达文件：杭州失守，就炸毁钱塘江大桥。

1937年12月23日，日军开始攻打杭州，当天下午1点多钟，茅以升接到命令：炸桥。集两年半心血建成的大桥，铁路刚刚通车，就要自己亲手去炸毁它，这真是一件痛心的事情，茅以升经历着一生中最痛苦的时刻。但是国难家仇在前,来不得半点优豫寡断,他迅速同工程技术人员商量炸桥方案,慎重考虑后订下了最后的实施方案。下午3点,炸桥的准备工作全部就绪,看着隐隐可见的日军骑兵扬起的尘烟,茅以升心头涌起对日寇无比的愤怒。他命令关闭大桥,禁止通行,实施爆破!随着一声巨响,这条1453米的卧江长龙被从六处截断。这座历经了925天夜以继日的紧张施工,耗资160万美元的现代化大桥,仅仅存在了89天。

大桥炸毁了,但茅以升暗自告诉自己:“抗战必胜,此桥必复,不复原桥不丈夫!”茅以升带着在钱塘江大桥建设过程中的所有图表、文卷、相片等14箱重要资料撤离杭州。抗日战争时期,虽茅以升一家也在躲避战乱的路途中四处奔波,但他始终不忘保护好这些珍贵的资料。

【信息链接】

1. 茅以升星

编号为18550的小行星是国家天文台位于河北省兴隆县的观测基地于1997年1月9日发现的。这一天正是茅以升先生的诞辰日。为了纪念茅以升为我国桥梁工程建设和科技、教育、科普事业作出的杰出贡献,国家天文台向国际小行星中心申请将其永久命名为“茅以升星”。

2. 钱塘江大桥纪念馆

坐落于钱塘江大桥北岸西侧引桥处,于1999年12月14日开馆。该馆占地1700平方米,分三个展厅。展馆收藏有建桥、修桥等实物70多件,以及茅以升手稿、著作和使用过的办公生活用品40余件。

第八章 水墨大师

一、20世纪中国画艺术大师——齐白石

【光影星播客】

齐白石，我国20世纪十大画家之一，书法篆刻家，世界文化名人。他将中国画的精神与时代的精神完美统一，他让中国画得到了国际的重视。他用经典的笔墨意趣传达中国画的现代艺术精神，为现代中国绘画史创造了一个质朴清新的艺术世界。他朴实谦虚，自信自强，他是人民的艺术家。

【成功语录】

◎ 欲立艺者，先立人。

◎ 画中要常有古人之微妙在胸中，不要古人之皮毛在笔端。欲使来者只能摹其皮毛，不能知其微妙也。立足如此，纵无能空前，亦足绝后。学古人，要学到恨古人不见我，不要恨时人不知我耳。

【生平回眸】

齐白石，1864年1月1日（清同治三年癸亥冬月廿二）出生于湖南湘潭县白石铺杏子坞。宗族派名纯芝，小名阿芝，名璜，字渭清，号兰亭、濒生，别号白石山人，遂以“齐白石”名行世。1877年跟随叔祖父学木匠，次年转拜雕花木匠周之美为师，学小器作。1880年从民间画工

入手,以残本《芥子园画谱》为师,习花鸟、人物画。1888年起始学画,曾任龙山诗社社长。1890年转从萧芗陔、文少可学画像,次年始从胡沁园、陈少蕃习诗文书画。1890年在家乡杏子坞、韶塘一带画像谋生。1896年开始钻研篆刻。1926年之后历任国立北平艺术专科学校名誉教授、中央美术学院名誉教授、中国人民对外文化协会理事、中国画院名誉院长、全国美术家协会主席。1951年2月参加了沈阳市"抗美援朝书画义卖展览会"。1953年10月4日当选为全国美协第一任理事会主席。1954年8月当选第一届全国人民代表大会代表。1953年文化部授予荣誉奖状及"人民艺术家"称号。1955年德意志民主共和国艺术科学院授予其通讯院士荣誉状。1956年4月世界和平理事会授予其1955年度国际和平奖。1957年9月16日与世长辞。1963年被世界和平理事会推举为世界文化名人。

【成功路上】

一生勤奋　砚耕不辍

齐白石从小体弱多病,8岁之前一直在家养病。他天资聪明,也勤奋好学。9岁时齐白石身体渐渐变得硬朗，于是外出和人合养了一头牛。但就算是放牛他也不放过学习的机会,常常一边牧牛,一边砍柴、拾粪,还一边温习功课。有时只顾读书,竟忘了砍柴。母亲见状,责备他:"好不容易你身体健朗能砍柴为炊,为家里分忧,但你却只管写字,忘了砍柴。"此后,齐白石多了一个心眼,每次上山他总是先把书挂在牛角上,拾满了粪,砍足了柴,然后再读书。有不懂处,他便在下山时绕道外祖父家里请教,就这样他坚持读完了大半部《论语》。

13岁时,父亲觉得齐白石体弱力小,决定让他学一门手艺。但因为他力气小扛不动大檩条,三个月后被便送回家。但生性不服输的齐白石并未放弃,后来他又拜齐长龄为师,齐长龄也是粗木工匠。有一次,齐白石随师做工归来,途中遇到3个专门做雕花木器的细木木匠,师傅恭敬让路并问好。还对齐白石说,做大器作的人,不敢和做小器作者平起平坐。不是聪明人,是一辈子也学不成细木作的。齐白石心中不服,遂暗下决心,改学小器作。他从师周之美,刻苦学习技艺,虚心听取教诲,数年跟师傅一起走乡串户做雕花木器,终成为一名出色的雕花木匠。他的谦逊、认真、质朴,一直伴随他的艺术人生。

齐白石一生好学勤奋,求知和挚爱让他砚耕不辍,艺术于他是渗入生命的血液。

不为五斗米折腰

齐白石是一位爱憎分明的老艺术家,他质朴、谦虚,品行高洁,尤具民族气节。

1937年日本侵略军占领了北平。齐白石为了不受敌人利用,坚持闭门不出,并在门口贴出告示,上面写着:"中外官长要买白石之画者,用代表人可矣,不必亲驾到门。从来官不入民家,官入民家,主人不利。谨此告知,恕不接见。"为了进一步表明自己的心迹,他又画了一幅画,他打破常态,画面显得很特殊。一般人画翡翠鸟时,都让鸟站在石头或荷上,窥伺着水面上的鱼儿;但他却不去画水面上的鲟鱼,而画深水中的虾,并在画上题字:"从来画翡翠者必画鱼,余独画虾,虾不浮,翡翠奈何?"齐白石就是这样,自喻为虾,把做官的比作翡翠,用自己独特的表达方式,深藏意义,发人深省。

对于民族战争中的特务汉奸,齐老更是辛辣讽刺。抗日战争时期,北平伪警司令、大特务头子宣铁吾过生日,硬邀请齐白石老人赴宴作画。齐白石来到宴会上,环顾了一下满堂宾客,略为思索,铺纸挥毫。转眼之间,一只水墨螃蟹跃然纸上。众人欣然赞美,宣铁吾更是喜形于色。但随后,齐白石轻轻一挥笔锋,一行题字也跃然纸上:"看你横行到几时",后书"铁吾将军",然后仰头拂袖而去,走得那么轻松,走得那么坦然。

他不为五斗米折腰,坚守着自己忠义之心。他只为人民,只为国家勾勒最美的画卷。

【背后的故事】

徐悲鸿和齐白石

1929年，徐悲鸿受聘担任北平艺术学院院长。他上任后不久，就亲自去拜访齐白石，希望能聘请他来校担任教授。两人一见如故，大有相见恨晚之感。可是当徐悲鸿提出聘请齐白石担任北平艺术学院的教授时，齐白石沉默了，他看了一会儿徐悲鸿，婉言谢绝了。他一生作画追求真实，谦虚和质朴成为他的内在品质。他觉得自己没进学堂读过书，连小学生也没教过，又是木匠出身，怎能挑起教大学生的大任？但徐悲鸿不气馁，不灰心，多次上门，反复拜访。精诚所至，金石为开，最后，齐白石终于被说服，担任了北平艺术学院的教授。

齐白石的画，妙造自然，浑然天成，徐悲鸿很是欣赏。但是在当时的美术界，这位木匠出身的艺术家却被一些人极力歧视与贬低。有一次画展，齐白石的作品受到冷落，被挤到一个不被人注意的角落里。当徐悲鸿在展厅内看到齐白石的作品《虾趣》时，心中暗喜道："真是一幅妙趣横生的佳作啊！"他立即找来展厅的负责人，把《虾趣》放在展厅中央，与他的作品并列在一起，并将《虾趣》的标价由8元改为80元，而自己的那幅《奔马》标价为70元。他还在《虾趣》下面注明"徐悲鸿标价"字样。此事引起轰动，齐白石也由此名扬京城。

【信息链接】

1. 齐白石故居

位于北京雨儿胡同中部，东邻南锣鼓巷。据传此宅为清代中晚期内务府一总管大臣的宅子，后分割出售。新中国成立后由文化部购买，作为画家齐白石的住所。由于老人思念在西城的旧居，在此住了不长时间便迁回西城，此地便改为齐白石纪念馆。

2. 齐白石墓

齐白石墓位于现北京市海淀区魏公村路南魏公村小区1号楼前，

西侧为其继室胡宝珠之墓，两墓并立。“文化大革命”时期石墓被红卫兵捣毁。1982年重修，碑文“湘潭齐白石墓”为其弟子李苦禅重书。现为海淀区重点文物保护单位。

3.《蛙声十里出山泉》

《蛙声十里出山泉》是现代绘画大师齐白石的代表作之一，是公认的杰作，是齐白石91岁时为我国著名文学家老舍画的一幅水墨画。齐白石运用特殊的联想手法，画上没有蛙，而观众有如闻蛙声之感。而这蛙声也非是即时可“听”见的，而是在十里山泉出山的溪水中。

二、中国现代国画大师——黄宾虹

【光影星播客】

黄宾虹，现代杰出国画大师。他登山临水，拜山川为师，他于丰富多变的笔墨中，蕴涵深刻的民族文化精神与自然内美的美学取向。他的艺术造诣历久弥新，不断释放巨大能量，至今仍影响中国画坛。他有着自己的画学理论建构，在金石篆刻、文字学、考古学方面也颇有建树。他是一位“不能仅以画史目之”的学者型艺术家，他是中国人民优秀的画家。

【成功语录】

◎ 我邦画者，不习书法，不观古今名迹，不读前人名论著作之书，不友海内外通人以扩闻见，而以展览欺愚众，以高值骇吓富豪，此颜习斋大儒所谓诗文书画天下四蠹，诚痛乎其言之也。

◎“三思而后行”，一是作画之前有所思，此即构思；二是笔笔有所思，此即笔无妄下；三是边画边思。

◎ 舍置理法，必邻于妄；拘守理法，又近乎迂。宁迂勿妄。

◎ 朝斯夕斯，终日伏案；十年面壁，朝夕研练。

【生平回眸】

黄宾虹，1865 年1月27日出生于浙江金华，原名懋质，名质，字朴存、朴人，亦作朴丞、劈琴，号宾虹，别署予向、虹叟、黄山山中人等。幼喜绘画，课余之暇，兼习篆刻。6岁时，临摹家藏的沈庭瑞山水册。1887年赴扬州，从郑珊学山水，从陈崇光学花鸟。幼年熟读四书五经。1892年放弃功名考试，到南京坐馆教书。1907年后居上海30年。前20年，主要在报社、书局任职，从事新闻与美术编辑工作；后转做教育工作，先后任上海各艺术学校的教授。1932年聘为四川艺术专科学校校董，兼中国画系主任。1933年撰《中国名画变迁说》。1937 年由上海迁居北平，被聘为故宫古物鉴定委员，兼任国画研究院导师及北平艺专教授。1938年开始衰年变法，撰《说蝶》。1939年日本画家登门造访，以国仇大于私谊，称病拒见。1948 年返杭州，任国立杭州艺专教授。1953年被授予“中国人民优秀画家”荣誉奖状。1955年3月25日去世。

【成功路上】

好学的小宾虹

黄宾虹出生于江南古城，一家人以经营布业为生。黄宾虹少年时期，父亲生意如日中天，家境较为宽裕。在他4岁的时候，父亲心血来潮想教他识几个字。令父亲没想到的是，小小年纪的他领悟性极强，记性也好，几天下来，就从墙上的描联上学了不少字。有一天，小宾虹忽然张着手问父亲：“手掌的‘掌’字怎么写？”父亲觉得这个字笔画多，恐怕他还很难认得。不想小宾虹说：“我想这个字里一定有个‘手’字，大概和‘手’字总分不开吧。”他说完，歪着脑袋看着父亲。父亲听了按捺不住惊喜,抱起儿子不住地夸奖。从这以后,黄宾虹学字的热情一发而不可收。他看《山海经》等绣像插图的少年读物,找家中的各类古代藏书看,看见什么就认什么,时间长了他的阅读能力大大提高了。

当时黄宾虹家有个倪姓的书画家邻居,他不仅善书画,且精于画理。倪老常到黄宾虹家来观赏他父亲的古书画。每当这时,黄宾虹总是侍立一旁仔细听倪老先生论画。当他知道倪家的两位哥哥正跟随其父学画,非常羡慕。一天傍晚,倪老先生又来到他家,黄宾虹倚在父亲身边,直望着倪老先生发呆。倪老先生好像看穿了黄宾虹的心思,笑着问:"你想跟我学画吗?"黄宾虹认真地点了点头。倪老沉思了一下,对他说:"学画可不是件容易的事,最关键的是要学画家的,不要学画匠的画,要学做画家,不要学做画匠。学画要像写字一样,一笔一笔都要交代清楚,千万不能描,更不能涂抹。"还给宾虹讲了几个古代画家的故事,最后语重心长地说:"当如作字法,笔笔宜分明,方不致为画匠也。"

一种态度,一个兴趣,一份热情,让黄宾虹书画比翼齐飞。功夫到了,成功得来理所当然。

心占天地　融身自然

黄宾虹书画创作主张:登山临水,深入细致地看,既与山川交朋友,又拜山川为师,要心里自自然然,与山川有着不忍分离的感情。

有一次,黄宾虹去青城山途中遇雨,全身湿透,于是他索性坐于雨中,置身自然,细赏山色变幻,心感大悟。第二天,他提笔创作了《青城坐雨》,笔墨攒簇,层层深厚,水墨淋漓。雨从墙头淋下来,任意纵横,云烟幻灭。有些地方特别湿而浓重,雨意滂沱,有些地方可能留下干处而发白,而顺墙流下的条条水道都是"屋漏痕"。看罢有身临其境、"雨淋墙头"的感觉。

还有一次。是发生在游青城后的5月份,在他回上海途中的奉节。一天晚上,黄宾虹想去看看杜甫当年在此所见的"石上藤萝月",他便沿江边朝白帝城方向走去。月色下的夜山深深地吸引着他,天地、自然在瞬间占满他的内心，创作灵感瞬时爆发，他就在月光下摸索着画了一个多小时的速写，创作了《瞿塘夜游》翌晨，黄宾虹看着速写稿大声呼道："月移壁，月移壁！实中虚，虚中实。妙，妙，妙极了！"

心动方能让物灵动，用心才能将物我合一。黄宾虹正是用一种最为单纯、最为执著的态度去绘画，去书写。他的画充满灵气，承载着他的思想。

【背后的故事】

耐此岁寒　以扬国光

抗日战争爆发后，黄宾虹境遇一直不好，经济困难，为养家糊口他一直以画换米。到了1940年，状况似乎更糟，他忧心如焚，不得不把心爱的名画卖掉，以补生活之急需。而此时，黄宾虹在国际上也日享盛誉，各国画家纷纷请他作序，向他求画。因此，北平文物研究会积极向日伪政府推荐黄宾虹出任北平美术馆馆长，并三番五次地来和他商议。

这让黄宾虹想起了1915年袁世凯窃国称帝时笼络知名人士为其使用的情景。当年的他就毫不犹豫地拒绝了袁氏及其爪牙的"热情"邀请。数十年以后，他又遇同样的问题，尽管朝不保夕，生活处境困难，但他视日本侵略者为粪土，对于他们出任日伪政府北平美术馆馆长的邀约，更是不屑一顾。朋友们担心，纷纷问他作何打算，他简洁而坚定地说了四个字："坚辞不就。"随即走到画室，挥笔画梅花一幅，题诗曰："烟云富贵，铁石心肠。耐此岁寒，以扬国光。"

在他心里，国家利益高于一切，艺术没有国籍，但艺术家有国籍。国仇、国难高于一切，耐寒暑饥饿，忍艰难困苦，宁死不折腰，以扬我中华国光。

【信息链接】

黄宾虹故居

黄宾虹故居位于安徽省歙县潭渡材，建于清中晚期。1876年黄宾虹从金华回歙县应童子试，在故里潭渡材生活约30年。故居正屋为三开间楼屋，前有底廊和小天井，黄宾虹自题为“宾虹草堂”和“虹庐”。左廊通“冰上飞鸿馆”。屋前为小院。出左院门，为“玉森斋”，是一座三开间平房。前院有假山石块，名“石芝”。黄宾虹常在画上题“写于石芝室”或“石芝阁”，即指此处。现辟为“黄宾虹纪念馆”，为安徽省重点文物保护单位。

三、中国画坛最具传奇色彩的国画大师——张大千

【光影星播客】

张大千，20世纪中国画坛最具传奇色彩的国画大师。他是天才型画家，绘画、书法、篆刻、诗词无所不通。其创作“包众体之长，兼南北二宗之富丽”，集文人画、作家画、宫廷画和民间艺术为一体。他开创了工写结合，重彩、水墨融合的新艺术风格。他的画风历经探索，但始终能保持中国画的传统特色。他是一位深受人民爱戴的伟大艺术家。

【成功语录】

◎ 任你天分如何好，不用功是不行的；不进则退，乃是自然趋势。

◎ 形成于未画之先，神留于既画之后。

【生平回眸】

张大千，1899年5月10日出生于四川省内江县城郊安良里的一个

书香门第庭。6岁开始读《三字经》等启蒙读物。原名正权，后改名爰，字季爰，号大千，别号大千居士、下里巴人，斋名大风堂。1911年就读于内江天主教福音学校（华美初等小学）。1914就读重庆求精中学。1916年随兄张善子赴日本留学，学习染织，兼习绘画。1919年由日本回国，寓居上海，曾先后拜名书法家曾农髯、李瑞清为师，学习书法诗词。接着因婚姻问题，削发出家，三月后还俗。还俗后，即以其佛门法名“大千”为号，从此全身心致力于书画创作。20世纪30年代，艺术趋于成熟，与齐白石齐名，素有“南张北齐”之称。1936年被聘为南京中央大学美术系教授，在南京、北京等地举办个人画展，创作了传世名作《中郎授女图》。20世纪40年代耗时三年大量临摹了敦煌石窟壁画。1949年赴印度展出书画，此后便旅居各国并在各地举办个人画展。1976年，到台北定居，完成巨作《庐山图》。1983年4月2日病逝。

【成功路上】

二进敦煌　临摹壁画

1941年，怀着对敦煌莫高窟的一种崇敬和好奇，张大千跋涉八千里，来到了甘肃敦煌。到达敦煌的第一天，他就迫不及待地去了千佛洞，天还没亮，就提灯入洞探视。里面的景象把他惊呆了，洞中壁画比他想象中不知伟大了多少倍！到敦煌之初怀抱的莫大雄心，在由顶到底的精美绝伦的壁画下，人瞬间显得渺小无比。张大千在千佛洞里巡视良久，细心的他发现，千佛洞位于坐西面东的山崖上，早晨有阳光射入，再加上气候干燥，所以洞内的壁画长达数百年而不损坏。但是，三百多个洞窟，洞与洞之间的路径大多崩坏，顺利开展临摹工作，不仅需要修路开道，更重要的工作是为三百多个洞编号。仅这一部分的工作，张大千就花了五个月时间。

准备工作完成后，大千开始着手临摹壁画。在临摹时，他坚持一丝不苟地描的原则，绝对不能掺杂自己的意思。每幅壁画，他都要标记色彩尺度，所有作品都力求真实。千佛洞里光线不够，张大千需要一手拿蜡烛，一手拿画笔，还得依地形随时转变自己的姿势位置，有时站在梯上，有时蹲着，有时还躺卧在地上。即便是冬天，勾画不久，他都要出汗喘气，头昏目眩。

敦煌远离城市，地处荒漠，自然条件恶劣，临摹敦煌壁画，有相当大的困难。为了补充食物、画具，张大千常常敦煌、兰州两地跑。由于作品恢弘，需要大量人手拼缝纸绢，于是张大千暂离敦煌，回兰州找拼接工。后来他费尽周折雇用了青海塔儿寺的喇嘛及他的五个弟子，浩浩荡荡地二进敦煌。

再进敦煌对于初进敦煌，有过之而无不及。每天清晨就进洞工作，黄昏才出来，有时候还要开夜工。洞内壁画色彩斑斓，但自然光却不佳，必须秉灯静观良久，才能依稀看出线条。为了做到完美，张大千往往数十次观研之后才下笔。为了不浪费材料，临摹时先以玻璃依原作勾出初稿，然后再把初稿粘在画布上，在强光照射下，先用木炭勾出影子，再上墨勾画。每幅画的完成过程都很繁复，极力求真，大幅壁画要两个月才能完成，小幅的也要十几天。就是这样辛勤地作画，历经两年七个月，张大千完成了276幅画。

再进敦煌，其中甘苦兼备，张大千用他的画笔展示了敦煌独特的魅力。他的画作让人们开始关注敦煌，保护敦煌，也为后人留下了宝贵的艺术遗产。

戒酒戒赌　严于律己

张大千出生于书香之家，因为是家中老小，从小备受家人宠爱。他淘气而有些不羁，但在原则面前，他严于律己。大千的二哥善画老虎，而且画得很出色。早年大千曾和二哥合作画虎，但经常是二哥画虎，他补景。其实，张大千也能画虎，但为了二哥他一直避讳画虎。然而，有一次在饮酒后，他借着酒劲画了一幅虎图，不幸的是这幅画流传出去了，不少商人登门出高价请他画虎。酒醒后的张大千后悔不迭，二哥以画虎享有盛誉，现在让他情何以堪。但二哥并没有因此不高兴，反倒倍加称赞他的虎图，还为他的画题了字。但是张大千仍然不能原谅自己，他本来是很爱饮酒的，这次后他发誓：从今以后誓不饮酒，也誓不画虎。果然，从此以后张大千跟饮酒和画虎绝了缘。

张大千27岁的时候学会了打麻将，刚开始只偶尔玩一玩，后来却越陷越深。当时上海有家诗钟社，老板叫江紫尘。那是文人墨客聚会吟诗作画之所，也是赌窟。有一次张大千在诗钟社打麻将，不想被人设了圈套，他很快就输光了带来的钱。江紫尘心术不正，知张大千家藏祖传的王羲之《曹娥碑》，上有许多唐宋明清大书法家的题跋，堪称举世无双的无价之宝。那天江紫尘“热情”援手，二百金、二百金不断地借给张大千。赌红了眼的张大千继续投注，结果全军覆没。而此时江紫尘不再借钱给他，反向他开出了条件：张大千如果愿意以《曹娥碑》抵债，他还愿借钱给他翻本。大千悔恨不已，但已经来不及了，他只能用家里祖传的无价之宝——王羲之的《曹娥碑》抵了赌债。母亲临终之前想看一看这件传家宝，张大千手足无措，欲哭无泪。张大千因为此事，发誓至死不进赌场。

犯错不可怕，可怕的是重复同样的错误。做有原则的人，原则面前，严于律己。

【背后的故事】

爱国不止步

作为文人画家的张大千是爱国的，他以自己独特的方式传达自己对于祖国的爱。虽然他的一生旅居世界各地，但他时刻关注国家大事。抗日战争时期，身在国外的他和哥哥在世界各地办画展支援抗日；祖国同胞受黄河之灾，他与溥心畬、方介堪办书画篆联展，捐款赈济黄河水灾灾民。1945年日本投降，他高兴至极，作《喜浪摇荷》，题诗曰：“夫喜收京杜老狂，笑嗤胡虏漫披猖。眼前不忍池头水，看洗红妆解佩裳。”1981年，四川发大水，他又捐画义卖救灾……

张大千一生都视收藏的古字画为珍宝，无论中国人或外国人，给多少钱他也不卖。但1951年张大千却在香港作出了一个惊人的决定：

出售五代南唐顾闳中的《韩熙载夜宴图》、五代南唐董源的《潇湘图》和元代方从义的《武夷山放棹图》三幅无价国宝。他表示不卖给外国人也不卖给香港古字画市场。最后他以2万美金的价格，半卖半送地卖给了北京故宫博物院。他的这一举动使很多人感到震惊和迷惑，直到张大千逝世后这个谜底才被披露出来。原来张大千是怕自己寓居海外，国宝流失成千古罪人。他要把国宝留给祖国，留给自己的同胞兄妹。

【信息链接】

1. 大千画派

大风堂画派，简称“大千画派”，是中国综合性绘画流派之一。由张善子、张大千、昆仲共同创建。它是一个延续、开放、包容性极强的中国画中的综合性画派。不管是山水、花鸟、人物画种，还是工笔、写意、泼墨泼彩等画法，其画风都呈现出百花齐放的景象，是一支生生不息、代代传承的中国画画派。

2.电视剧《张大千敦煌传奇》

该剧讲述了1941年春，国画大师张大千，不顾家人与亲友的反对，怀着对敦煌莫高窟的无限向往之情，去往敦煌的艰难旅程，以及其在敦煌创作的传奇故事。它展现了一个有着独特艺术魅力和追求的张大千。

四、中国现代美术事业的奠基者，杰出的画家和美术教育家——徐悲鸿

【光影星播客】

徐悲鸿，中国现代美术事业的奠基者，杰出的画家和美术教育家。他的作品熔古今中外技法于一炉，是古为今用、洋为中用的典范，在我国美术史上起着承前启后、继往开来的巨大作用。他长期致力于美术教育工作，为中国美术界培养了众多杰出人才，对中国美术队伍的建设和中国美术事业的发展做出了卓越贡献。

【成功语录】

◎一个人到了山穷水尽的地步而能自拔，才不算懦弱！

【生平回眸】

徐悲鸿，1895年7月19日出生于中国江苏宜兴屺亭桥。自幼随父亲徐达章学习诗文书画。1912年在宜兴女子初级师范等学校任图画教员。1916年入上海复旦大学法文系半工半读，并自修素描。1917年留学日本学习美术。不久回国，任北京大学画法研究会导师，并兼职于孔德学院。1919年赴法国留学，考入巴黎国立美术学校，学习油画、素描，并游历西欧诸国，观摩研究西方美术。1927年回国，先后任上海南国艺术学院美术系主任、中央大学艺术系教授、北京大学艺术学院

院长。1928年1月组织南国社，并在上海成立南国艺术学院，担任绘画科主任。1929年9月就任北平大学艺术学院院长。1933年起，先后在多国举办中国美术展览和个人画展。抗日战争爆发后，举办义卖画展，宣传支援抗日。后重返中央大学艺术系任教。1948年与吴作人、艾中信、董希文、冯法祀等人成立综合性艺术团体“一二七艺术学会”。1949年出席在前捷克斯洛伐克共和国首都布拉格举行的第一届保卫世界和平大会。1953年抱病指导中央美术学院教学工作，为抗美援朝的志愿军画《奔马》；9月26日，因脑溢血复发病逝。

【成功路上】

生活窘迫却痴狂爱画

徐悲鸿出生在一个穷教书人家，父亲是位半耕半读的村塾老师，同时也是位乡间画师，家里生活甚为艰苦。但徐悲鸿从小好学，对于画画他更是有着特殊的感情。

徐悲鸿6岁开始跟随父亲读书，从此就常常看父亲画画。年幼的他在父亲的耳濡目染下，对画画产生了兴趣，他很想学画画。父亲觉得他年纪太小，不肯教他。但是当他念书念到卞庄子刺虎的故事，就偷偷地求人画了一只老虎，然后自己依着样子描绘。父亲知道儿子实在是喜欢画画，于是在他9岁的时候开始教他画画。当时父亲只给了他一本《吴友如画本》，让他每天摹一幅，他的学画之路就这样开始了。

浓厚的兴趣加之认真刻苦的习画态度，仅学画一年徐悲鸿就能帮父亲在画上不重要的部分添染颜色。但时局动荡，生活艰难，17岁时他不得不辍学到一家中学里教图画来补贴家用。两年以后，他父亲病逝，19岁的他成了家里的顶梁柱。但沉重的家庭担子压不住他上进的决心，为了学美术，他来到上海。起初他把画寄给当时的《小说月报》，以求换得买米之钱，但却被无情退回。那时，他寄居在一家赌场里，白天学习，晚上等客人散了，才摊开铺盖在赌桌上睡觉。他常常吃不到饭,也找不到工作。1915年的新年,当人们都在用锣鼓爆竹迎接新年的时候,他却饿着肚子给一家叫做"审美书馆"的出版社,用颜色填染单色印刷的杂志封面。等拿到报酬时,他的肚子已经空了好几天了。生活的艰难让他有过自杀的念头,他曾经狂奔到黄浦江边,想要结束自己的生命。当一阵寒冷的战栗从脚跟慢慢传递到全身时,他突然清醒地认识到:一个人到了山穷水尽的地步而能自拔,才不算懦弱!他放弃了轻生的念头,继续上路,继续和生活抗争。

年轻的徐悲鸿,失业、饥饿常常困扰着他,但在山穷水尽的境地,他走了过来。是不服输的信念,是对绘画的追求,是对人生的坚持,让他挨过寒冬,终成就其国画大师的传奇人生。

我是中国人　中国人是优秀的

1919年徐悲鸿赴法国留学,考入巴黎国立美术学校,在那里学习油画、素描。当时的中国,军阀混战,贫穷落后,在世界上没有地位,在国外留学的中国学生常常受到一些人的歧视和嘲讽。

有一次,许多留学生在一起聚会,一个满身散发着酒气的外国学生站起来,恶毒地说:"中国人又蠢又笨,只配当亡国奴,就是把他们送到天堂里去深造,也成不了才!"坐在一旁的徐悲鸿被激怒了,他面带严肃,走到那个洋学生面前,大声说:"先生,你不是说中国人不行吗?我们比一比,等学习结业时,看看到底谁是人才,谁是蠢材!"四座鸦雀无声,在座的每个人都被这个中国小伙子的沉稳和坚定所震惊。

从那以后,徐悲鸿学习更加勤奋了。他跑遍巴黎各大博物馆去临摹世界名画,常常是带上一块面包一壶水,一去就是一整天,不到闭馆的时间不出来。这个小伙子的认真努力让法国画家达仰发现了,他非常喜欢徐悲鸿,主动邀请徐悲鸿到家里做客,让徐悲鸿在他画室里画画,并亲自指导徐悲鸿。

天道酬勤!有志者事竟成。在巴黎国立高等美术学校的学习过程中,徐悲鸿在各种竞赛和考试中都名列前茅。1924年,他的油画在巴黎展出,他内涵极高的艺术技巧和广博的艺术修养的画作,轰动了巴黎美术界。这时,那个在大家面前大骂中国人无能的洋学生,不得不承认自己不是中国人的对手。

徐悲鸿用自己的行动,向世人展示了中国人的坚毅;用杰出的艺术造诣,向世界证明中国人是优秀的。

【背后的故事】

人民画家　画传心声

徐悲鸿在1927年学成归来,一回国他就马不停蹄开始工作。他为祖国培养美术人才,进行中国美术队伍的建设。1953年已经抱病在身的他,依然坚持指导中央美术学院教学工作,为结业班的学生讲课,为教员的油画和素描进修小组上课。

画笔是他内心的明镜,他不断创作优秀的作品,以画传达自己的心声。1931年日军侵华加剧,民族危亡之际,徐悲鸿创作了希望国家重视和招纳人才的国画《九方皋》;1933年创作了油画《徯我后》,表达苦难民众对贤君的渴望。他的代表作油画《田横五百士》《愚公移山》等巨幅作品,充满了爱国主义情怀和对劳动人民的同情,表现了人民群众坚韧不拔的毅力和威武不屈的精神,表达了对民族危亡的忧愤和对光明解放的向往。他笔下的奔马、雄狮、晨鸡等,给国人以生机和力量,表现一种令人振奋的积极精神。

他用画笔,给同胞兄妹以精神的鼓励和支持;他用画笔,传达着自己强烈的爱国之情和对人民的挚爱。

【信息链接】

《奔马》邮票

我国前邮电部于1978年5月5日发行《奔马》邮票,全套共10枚,同时发行《奔马》小型张1枚。

第九章　公众之星

一、中国“第五代”电影导演杰出代表——张艺谋

【光影星播客】

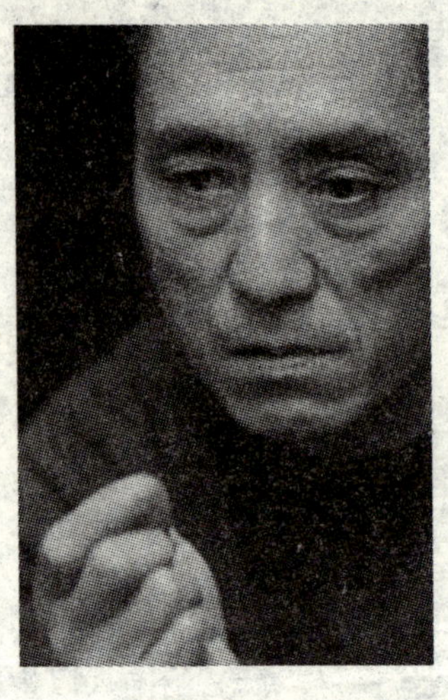

张艺谋，电影导演，北京奥运会开幕式总导演。他以执导充满浓浓中国乡土情味的电影著称，是中国“第五代”电影人的顶尖人物。他以直觉把握的形式天才地表达社会心理愿望，强烈而不失准确，适时而又超前地拨动中国百姓的心弦，展示中华大众心态。张艺谋让沉寂多时的中国影片开始受到世人瞩目，并在强手如林的世界影坛独占一席之地。

【生平回眸】

张艺谋，1950年11月出生于陕西西安市。1968年初中毕业后在陕西乾县农村插队劳动，后在陕西咸阳国棉八厂当工人。1978年入北京电影学院摄影系学习。1982年毕业后任广西电影制片厂摄影师。1984年拍摄影片《黄土地》。1987年主演影片《老井》，同年获第2届东京国际电影节最佳男演员奖。同年他还导演了影片《红高粱》。1990~2000年，张艺谋先后导演影片《菊豆》、《大红灯笼高高挂》、《秋菊打官司》《活着》、《摇啊摇，摇到外婆桥》、《一个都不能少》、《我的父亲母亲》等获得各类中外电影大奖。2000年之后，先后拍摄《英雄》、《十面埋伏》、等卖座商业大片。2008年执导第29届夏季奥林匹克运动会、2008年11

月7日获得了波士顿大学的“人文艺术荣誉博士学位”，成为中国第一位获得该校“荣誉博士”的中国电影人。2008年12月17日凭借成功执导2008北京奥运会开幕式获得美国《时代》周刊年度人物提名。2009年10月1日成功执导中华人民共和国国庆60周年联欢晚会。2010年5月24日获颁耶鲁大学荣誉博士学位。

【成功语录】

◎ 人的潜力是无限的，一个人就像橡皮筋一样，需要不断地拉，在这个过程中挑战自己的极限，不断扩展自己的能力。

【成功路上】

他原来是个工人

20世纪50年代初，他生于一个普通的中国知识分子家庭，因为父辈几人曾上过黄埔军校，是有“历史问题”的人，他们家的后代也受到了株连，受到了社会的歧视。1968年，张艺谋初中毕业后到陕西乾县农村插队，后在陕西咸阳市棉纺八厂当工人。在工厂的日子里，张艺谋迷上了摄影。美丽的自然风光令他沉醉，工作之余常一个人跑到郊外去拍照片。虽然那时他只能拍一些黑白照片，但通过他的精心构思，每张照片都是那么漂亮。他的摄影作品常常被工人们争相传看，名气渐渐大了起来。七年的时光就这样过去了，所幸在此期间张艺谋结识了一位懂艺术的人，这位知音告诉他，他的摄影水平已经达到了可以深造的地步，应该去报考电影学院的摄影系。

“文化大革命”结束后，中国恢复了高校招生，张艺谋在《人民日报》上看到了电影学院的招考启事。他抓住一个出差的机会，背上自己的摄影作品赶往北京。主考的老师们看了他的作品，一致认为不错，可是招生简章上规定入学的最高年龄是22岁，张艺谋当时已经27岁了！张艺谋在无奈之中不断奔波，后来又得到一位好友的建议，将自己的作品托人送给了当时任文化部部长的黄镇。惜才识才的黄镇看了他的作品，认为的确不错，遂促使电影学院破格录取了这个学生。张艺谋作为一名“代培生”开始了渴望多年的大学生活。1982年毕业后，他被分配到广西电影制片厂当摄影师，从此开始了电影生涯。

他向世界诠释了中国文化

缶声雷动，吟咏高扬；画卷舒展，文明绽放……2008年北京奥运会开幕式在极具震撼力的氛围下拉开了帷幕。

张艺谋作为第29夏季奥运会开幕式的总导演，用独具民族特色的中国元素，以简洁的手法和明朗的色调，向世界展示了一个更真实、更具魅力的中华文明古国。他以中国元素为核心，大胆吸收、融合西方元素、世界元素。整个开幕式表演，现代中不失浓浓中华韵味，画卷、文字、戏曲、丝路、礼乐等，再现了古代灿烂文明，以及古代中国礼乐之邦的盛世气象；太极、“和”字等元素，不仅体现了中华传统文化的精髓，也反映出中国对“文明与和谐”世界的追求。

在奥运会的开幕式上，张艺谋再次用他的文化积淀和独特的艺术视角向世界诠释了中国文化，让中国用五千年的文化向世界进行了一次“真情告白”，生动而准确地表现了“同一个世界，同一个梦想”的奥运主题。

【背后的故事】

从张诒谋到张艺谋

张艺谋原名张诒谋，这名字是父亲给起的。当时据说他的父亲想了又想，拿一张红纸条，写了三个字：张诒谋。为什么要起这个名字？诒者勋也。原来父亲是希望孩子将来能有所成就。

因为这名字，张艺谋上学后还出现了一些有意思的事。由于“诒”字不好写，有人把他的名字写成“张治谋”，有人写成“张冶谋”，还有同学跟他开玩笑，叫他“张阴谋”。后来他参加工作，厂里的工人陕北口音重，总是把他叫做“壹谋”，还有人不认得那个“诒”字，念成了“治”。他一想之下，干脆把名字中的“诒”改成了“艺”。这一字之改非同小可，他从此竟与艺术真的结缘。

顶八分钟质疑再造完美奥运会开幕式

在雅典奥运会的闭幕式上,8分钟,49平方米狭窄的舞台上,张艺谋从外国人的角度定位,用最能体现“中国文化”的茉莉花、太极拳、京剧表演以及28个孩童踩高跷、提灯笼等表演向世界展示了中国。然而这8分钟的展示遭到了国人的质疑，很多人评价这8分钟的表演更像是一盘大杂烩,整体上乱糟糟,感觉就像是春节联欢晚会中间过渡的大串联。其中使用的中国元素大多,和当年张艺谋申奥影片中所使用的元素雷同,这自然被人评为缺乏新意,甚至有人怀疑张艺谋“江郎才尽”。

委屈、压力把他夹在期盼和质疑中，四年的付出会是怎样的光景,是否还是在接受批评和质疑的恶性轮回中?但张艺谋用实力证明了他的能力，用一场大气而震撼世界的奥运会开幕式向世界展示了中国,也向世界展示了自己!

二、中国体育的代言人——姚明

【光影星播客】

姚明,一名出色的篮球运动员。他用高超的体育技能，在强手如林的世界篮坛占有了一席之地，成就了很多人的梦想，更成为中国人的骄傲。他的出色表现和随时听从祖国召唤的爱国精神，带给人们远远超过体育本身的思考。他不仅仅是一个中国体育的标志，更是中国精神的代言人。

【成功名言】

◎相信自己,年轻的自己不应平凡。

◎努力不一定成功,但放弃一定失败!

【生平回眸】

姚明,1980年9月12日出生于上海,身高2米26。9岁在上海徐汇区少年体校开始接受业余训练;5年后,他进入上海青年队;17岁入选国家青年队;18岁穿上了中国队服。2000年8月参加悉尼奥运会;2004年雅典奥运会担任中国代表团旗手;2008年北京奥运会担任中国代表团旗手。他两次登上《时代周刊》亚洲封面,两次被美国《时代周刊》评选为年度"世界最具影响力的100人"。2007年被评选为世界青年领袖之一。2009年,姚明全资拥有的上海泰戈鲨客投资管理有限公司与上海东方篮球俱乐部的股东,就俱乐部股权转让事项达成一致,并正式签署俱乐部股权转让的"框架协议",姚明成为上海东方篮球俱乐部老板。2010年5月4日,再次入选国家队集训名单。2011年7月20日,正式宣布退役。他曾经效力于上海大鲨鱼篮球俱乐部、NBA休斯敦火箭队。

【成长故事】

结缘篮球

姚明出生在一个篮球世家,他的父亲、母亲都是篮球运动员,父母身高的特征和对篮球的别样情感,都让姚明从小就和有关篮球的东西分不开。在姚明的4岁生日时,他得到了第一个篮球。6岁时就看美国哈里篮球队在上海表演,他知道了NBA。

对篮球的特殊情结以及潜在的篮球悟性,让他在篮球职业生涯中不断成熟,不断进取,不断创造着奇迹。2000年,姚明被NBA联盟的Tampa Bay ThunderDawgs选中。仅仅两年的时间,在2002年6月26日的美国选秀大会上,休斯敦火箭队顺利挑到了中国的中锋姚明,他也成为联盟历史上第一个在首轮第一位被选中的外国球员。被选中的中国小巨人也成为联盟历史上最高而且是第二重的状元秀。在姚明加盟休斯敦火箭队之后，他成为继王治郅和巴特尔之后第三位登陆NBA的中国球员。

深沉的爱国情

姚明说:“把我的名字印在国家队球衣上是种荣誉。”语言简单，分量却不轻,它承载着姚明满满的爱国情感。

在NBA赛场上的成功使他在国内外拥有了巨大影响力、尽管如此,他始终没有忘记祖国的培养,无条件地将国家利益放在首位。从2002年进入NBA到2006年,凡是涉及中国男篮的重大比赛,他都义无反顾地回到祖国,代表中国队参赛。2005年的亚锦赛,姚明在脚踝手术后一个月就回到国家男篮,并积极投入到训练和比赛中。2006年，姚明在脚部手术后曾多次表示要尽快恢复，争取能代表中国队参加世锦赛。

姚明曾经对《休斯敦纪事报》的记者说:“在我来NBA之前,我的最终目标是帮助国家队在奥运会上取得好成绩。来到NBA后,这仍然是我最重要的目标。只要能让我进国家队,不给我报酬没关系,没有球迷我也不在乎，甚至是让我当板凳球员都行——因为能为国家而战是一种荣誉。我第一次穿上国家队球衣时是17岁。第一天拿到球衣时,我像模特一样在镜子前摆弄它,球衣对我来说确实有点大,但能把我的名字印在上面是一种荣誉。”

姚明的爱国情怀是发自内心的。他并没有太多的豪言壮语,但是当国家需要的时候,他总是义无反顾地归国效力。尽管姚明今天已成为国际巨星,但他始终不忘祖国对他的培养之恩、教育之情。

公益大使回馈社会

作为明星,很多知名品牌都想邀请姚明参与商业活动,而对于姚明来说,从各类商业活动中获利是很轻易的事情。但是姚明却更热衷于社会公益活动，并积极利用自己的影响力来回报社会。

姚明做了很多公益事业，捐助了很多人。他担任中华骨髓库、特奥会、国际预防艾滋病协会的形象代言人，通过参与活动和拍公益广告片，号召大家从精神和物质上支持那些需要帮助的弱势群体。

在2003年全民抗击“非典”的过程中，姚明更是亲自策划参与了电视筹款，引起社会乃至全球的广泛关注和支持。姚明以他巨大的感召力和人格魅力，网罗了国内外诸多大腕明星，这件事在NBA也引起了轰动。总裁斯特恩先生赞扬姚明：“做出了一个很好的榜样，我们为他感到无比骄傲。”明星们以唱歌、谈话、捐赠等形式表达了全人类抗击“SARS”的决心。甚至连美国前总统克林顿都发来了声援的信件。这是一场规模空前、形式独特的爱心奉献。

球场内外的姚明充分展示了他的强烈祖国意识和民族意识，表现了他的拼搏精神以及社会责任感，他的行为释放出榜样的巨大力量。

【背后的故事】

“上帝”并不偏爱“小巨人”

一直以来，姚明被人们称为“上帝的礼物”，似乎姚明就是篮球天才。事实上，除了拥有2.29米的傲人身高外，他并不拥有成为一名优秀篮球运动员的诸多天赋。

姚明8岁时患了急性肾炎，病愈后留下了左耳失聪的后遗症。从那时起他的左耳丧失了大部分听力，他往往听不到从左侧传来的声音，这严重影响了他在场上、场下，和教练、队友的交流。当教练布置战术的时候，他必须用右耳倾听。

除了左耳听力的问题，其实姚明的身体条件也曾经受到过怀疑。他的两肩狭窄，胯骨宽大。对于中锋而言，这会影响他的篮下对抗能力和转身时的灵活性。在姚明刚刚开始训练的时候，有些教练据此而怀疑他的篮球天赋。一般人的臂长都和身高相同，天赋好的篮球运动

员的臂长往往比身高长很多。但姚明的臂长短于身高，他身高2.29米，臂长却只有2.20米，这让他在篮下争夺篮板球时常常处于劣势。此外，姚明的跟腱短，脚型为俗称的“刀削脚”，而这些都决定了他不具有良好的跑跳天赋。

身高2.29米的姚明的确拥有绝对身高，但是，他能够达到今天的高度，是通过勤奋努力，克服了很多自身条件上的不利因素所获得的结果。姚明并不是神人，他像我们任何一个普通人一样，有自己的优点和弱点。上帝不会偏爱任何人，成功是通过付出比别人更多的努力，克服很多不利因素而换来的。

曾经孤独的日子

2002年，姚明刚刚进入NBA火箭队，本就对中国篮球带有不屑的美国队友们，时不时会欺负和讽刺姚明。初来乍到的姚明在异国他乡不仅要适应东西方巨大的文化差异，还要去承受这些偏见和歧视。幸运的是火箭队有个喜欢这位来自中国的“大个子”的弗朗西斯，每次弗朗西斯都对其他人凶，让姚明不受欺负，让姚明在NBA可以享受更好的环境。当教练抱怨姚明时，他会站出来说，他只是个新人，以后的路还长。弗朗西斯已经把姚明当做了最好的兄弟。

但上帝总是让这个小巨人一次次接受考验。因为种种原因，弗朗西斯离开了火箭。弗朗西斯走了，姚明又开始了孤单的日子。赛前一个人静静地看录像，赛后悄悄地离开休息室。寂静的夜，健身房里，杠铃片互相间碰撞所发出的刺耳声却此起彼伏，姚明平躺在座位椅上做着推举，伴随着粗粗的喘气声。训练结束后孤独地返回房间，习惯地抱着电脑，右手利落地触击着鼠标，很长一段时间，姚明一直重复这样的生活，一个人在孤独中度过。

三、世界古典音乐新一代领军人物——郎朗

【光影星播客】

郎朗，国际著名钢琴家，世界古典音乐新一代领军人物，被誉为“当今世界最年轻的钢琴大师”、一位“将改变世界的年轻人”、一部“钢琴的发电机”，被数家美国权威媒体称作“当今这个时代最天才、最闪亮的偶像明星”。他是第一位与世界顶级的柏林爱乐乐团和美国五大交响乐团长期合作、并在全世界所有著名音乐厅举办个人独奏会的中国钢琴家；是第一位在美国白宫举办专场独奏会的中国钢琴家，并被美国总统称赞为“世界和平的使者”；也是第一位被英国皇室直接邀请参加纪念已故英国女皇音乐会，并演奏特别创作的《献给女皇》钢琴协奏曲。他是伟大的华人音乐家，他带给世界中国的声音。

【成功语录】

◎ 我从来没有当过主角，音乐会的主角永远都是音乐本身。

◎ 我们的使命，就是传达和分享——在心灵深处所体会到的音乐的愉悦，你需要分享这一切，并且把它传达给其他人，让所有人都能享受到你在音乐中所感受到的一切。

◎ 艺术本来就是自己做自己的事，愿意怎么追求就怎么追求，如果被操作就不好了。

【生平回眸】

郎朗，1982年6月14日生于辽宁沈阳，满族人。3岁由父亲启蒙开始学习钢琴，4岁师从朱雅芬教授。之后师从赵屏国教授。11岁获德国第四届青少年国际钢琴比赛第一名，并获杰出艺术成就奖。13岁获第二届柴可夫斯基国际青年音乐家比赛第一名。14岁考入著名美国科蒂斯音乐学院，师从著名钢琴大师、院长格拉夫曼。3个月后，与国际著名的IMG演出经纪公司签约，从此走向了职业演奏家的道路。两年后又签约了世界著名的德国DG唱片公司。2003年，被称为"将改变世界的20位年轻人"之一。 2004年5月，被委任为联合国儿童基金会国际亲善大使，成为第一位担任此职的钢琴家。2005年10月9日，应美国总统邀请到白宫举办个人专场独奏会。2008年在北京奥运会开幕式上上演长达8分钟的独奏。2010年上海世界博览会开幕式、2008年诺贝尔颁奖音乐会、2008年格莱美颁奖仪式、2007年上海特奥会开幕式、2006年世界杯足球赛开幕音乐会上，都留下了郎朗激情澎湃的声音。

【成功路上】

辛酸成长路

郎朗从3岁开始学钢琴，小小的他很能吃苦，每次练习一两个小时，都不喊苦喊累。练琴时，郎朗每隔一段时间，就给自己定下新的目标。谁弹得更好，他就会记住他的名字，发誓超越。在超越他人的同时，琴技提高了，把琴练好的信心也越来越足。

为了让郎朗能练好琴，他爸爸把整个客厅都腾了出来，宽敞的大客厅里只放着一架钢琴，全归郎朗一个人使用。平时他们一家人就挤在一张并不宽敞的双人床上睡觉。郎朗每天都要早起开始练琴，放学后还要练习到很晚。

有一次，郎朗前一天晚上跟着父母去了舅妈家。晚饭后，郎朗和舅妈家的孩子正玩得开心,爸爸突然对郎朗说:“不行,你得练琴了!”舅妈为难地说:“哎,我哪儿有琴啊?”爸爸说:“就让郎朗在地板上练习指法吧。”于是,郎朗就在地板上敲了起来。

郎朗9岁的时候,他爸爸想带郎朗去北京中央音乐学院学琴,于是给单位领导写了一封辞职信,大意是:我必须去北京培育我的儿子!到了北京后,郎朗跟着爸爸住在丰台区的一间筒子楼里,妈妈却一个人留在沈阳工作,用她一个人的工资来支撑着这个家。为了郎朗,妈妈每月只花掉100元的生活费,然后把剩下的钱全寄到北京。

但是初到北京的郎朗并不顺利,到北京第一天就被邻居骂;第二天警察上门查户口;第三天居委会说你别弹琴了,你的琴声吵死人了;第四天楼下小孩说,就因为你我的功课从100分降到70分了,再弹一个星期我就不及格了。坏消息一个个接踵而来,在学校他也被同学取笑,他的口音是东北农民……但他们父子没有放弃,郎朗每天上午去上文化课,下午去学琴。为了更多地了解钢琴知识,爸爸每节课都要站在郎朗教室外“偷听”,等下课回家后,父子俩一边吃饭一边还在讨论老师教的课。10岁那年,他以第一名的成绩考入了中央音乐学院附小。

学钢琴的日子里,郎朗每天要完成8个小时的训练,天赋加勤奋,郎朗打下了扎实的基础,渐渐地他可以熟练地弹奏难度很高的曲子。后来就连著名指挥家马泽尔都感到惊讶:“郎朗的钢琴基础在哪里打下的?”有人告诉他说:“郎朗是在中国学的。”

“梅花香自苦寒出”来,郎朗的成功没有捷径,而是付出辛酸和汗水,一步一步得来的。

用音乐传递深深爱国情

鲜花、掌声、荣誉将郎朗包围,他在世界的聚光灯下是耀眼的。光环没有让郎朗迷失,他一如既往地热爱着自己的祖国,他要通过音乐把中华民族的东西带到世界的各个角落,让全世界都知道中国。他的音乐会上经常演奏中国传统作品,有时还和父亲一起表演中国传统音乐作品。不管郎朗在国际上的音乐排期有多紧,他每年都必然会回国数次为国内观众演出。

忙碌的工作让他总是游走在世界各地，但他始终不忘关注祖国大事。2007年8月8日郎朗在天安门广场举行的北京2008年奥运会倒计时一周年庆祝活动上,激情演奏反映中华民族精神的《黄河钢琴协奏曲》,为北京奥运呐喊助威。汶川地震,他于2008年5月18日参加了青岛赈灾义演，并在地震中与5100冰山矿泉水联名捐款1000万。2008年，中国人的奥运年，郎朗作为奥运火炬手参与了火炬接力。2008年8月8日在这个万众瞩目的特殊日子里，他在北京奥运会的开幕式上现场演奏长达8分钟的《灿烂星空》。

星星点点的记录,巨细而凌乱,或许他仅仅停留可数的几分钟、十几分钟,但这背后却盛着对祖国深深地爱和敬意。

【背后的故事】

遭遇打击　坚强上路

除了辛酸求学路的回忆，年幼的郎朗还经历过一段被父亲逼迫自杀的鲜为人知的故事。

9岁来北京考中央音乐学院的郎朗意外地遭到了钢琴老师的当头棒喝,他的钢琴老师不喜欢他,每天都在说他不可能成为钢琴家,劝他早点回沈阳算了……一系列的挫折和求学条件的窘迫曾让郎朗的爸爸精神陷入了一种濒于崩溃的地步。爸爸无法面对这一切,有一天对郎朗说出了自己的想法:“给你三个选择,第一是回沈阳,第二是跳楼,第三是吃药。”郎朗在听到父亲给自己的选择时,他完全懵了,不知道该怎么办。当时他还真想选吃药,心想跳楼太恐怖了,说那就吃药吧。等到开始吃的时候,他突然意识到学琴的生活的确很苦,这也是一个令我讨厌的世界，但我不想吃药，然后他就拿着药扔向爸爸,说你吃吧,我才不吃呢。然后爸爸开始打他,他也头一次反抗了爸爸,然后他开始骂钢琴骂北京,把所有不高兴的事情都骂出来。遭遇

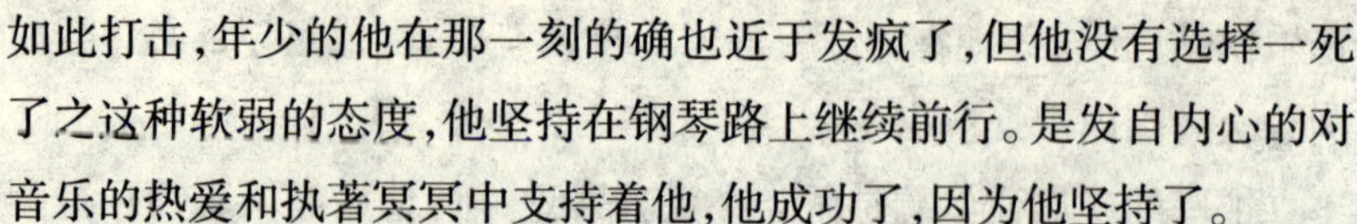

如此打击，年少的他在那一刻的确也近于发疯了，但他没有选择一死了之这种软弱的态度，他坚持在钢琴路上继续前行。是发自内心的对音乐的热爱和执著冥冥中支持着他，他成功了，因为他坚持了。

每一个成功者背后都有一段鲜为人知的故事，但郎朗的这段故事显得更惊险。或许正是这与众不同的经历成就了与众不同的郎朗。